李 静 著

ZHONG GUO CHENG SHI SHE QU WANG LUO
ZHI LI YAN JIU

中国城市社区网络治理研究

辽宁人民出版社

图书在版编目（CIP）数据

中国城市社区网络治理研究 / 李静著 . -- 沈阳：
辽宁人民出版社，2024. 12. -- ISBN 978-7-205-11391
-9

Ⅰ. D669.3

中国国家版本馆 CIP 数据核字第 20242GQ660 号

出版发行：辽宁人民出版社

地址：沈阳市和平区十一纬路 25 号　邮编：110003

电话：024-23284325（邮　购）　024-23284300（发行部）

http://www.lnpph.com.cn

印　　刷：沈阳丰泽彩色包装印刷有限公司

幅面尺寸：170mm×240mm

印　　张：18.5

字　　数：260 千字

出版时间：2024 年 12 月第 1 版

印刷时间：2024 年 12 月第 1 次印刷

责任编辑：张婷婷

装帧设计：G-Design

责任校对：吴艳杰

书　　号：ISBN 978-7-205-11391-9

定　　价：68.00 元

前　言

基层治理是社会治理的重心。加强社区治理体系建设，推动社会治理重心向基层下移，发挥社会组织作用，实现政府治理和社会调节、居民自治良性互动是构建社会治理共同体的前提。随着我国现代化进程的快速推进，政府、社会组织、社区居委会、居民等治理主体之间实现共建共治共享、在社会治理创新过程中实施网络治理成为必然发展趋势。对于实现国家治理体系现代化、优化基本公共服务供给、形成新型的国家与社会关系以及提升公众整体参与水平都有重要意义。

社区治理是指由政府、社会组织、企业、驻区单位、社区自治组织和社区居民以合作、互动和协商的方式，共同解决社区公共问题的过程。社区治理的主体包括政府、社区居民自治组织、社区社会组织、社区居民等，社区治理的客体则是社区公共事务。中国社区治理模式在经历了上海模式、沈阳模式和江汉模式等多种形式探索后，形成从政府全能到政府主导转变、从威权控制到体制吸纳转变、从地区模式探索向多种形式网络治理模式转变的特点。在网络治理与反思理性复杂人预设的耦合、网络治理与社会网络化的耦合的前提下，网络治理模式与中国城市社区治理模式完美契合。

网络治理理念逐渐进入社区治理模式实践探索的视野。

通过对泰山社区网格化管理、太仓"政社互动"、金台区"四社联动"、武汉市"五社联动"模式等典型案例进行深入分析，得出城市社区治理正逐步由网格化管理向社区网络治理演进。"政社互动"是政府行政管理与基层群众自治有效衔接和良性互动，核心理念是政府与基层权力主体平等，太仓市的"政社互动"经历了"清单式管理""引导式管理"（"三社联动"）与"能动式善治"三个阶段，有着分清各自职能、推进"三社联动"、实现协商能动的逻辑顺序，注重民生需求和基层群众自治、关注公共参与，最终目标是推动社会治理重心向基层下移，打造共建共治共享的基层社会治理新格局。金台区"四社联动"则由社区、社会组织、社会工作者、社区志愿者四方力量共同围绕社区居民需求，分工合作、沟通协调、彼此联动，从而有效实施社区治理、提供社区服务的一种独特的社区治理模式。武汉市"五社联动"则是在特殊时期，以党建为引领，以居民需求为导向，以社区为平台、以社会组织为载体、以社会工作者为支撑、以社区志愿者为依托、以社会慈善资源为助推，提升基层治理能力，建设人人有责、人人尽责、人人享有的社会治理共同体的关键模式。

网格化管理和"政社互动"都是对我国基层治理和社区治理创新的有益探索，党委领导、政府主导是根本前提，但不可避免地存在社区行政化掣肘社区居民自治的现象，复杂的社区网络角色影响社区网络治理结构的问题。中国城市社区网络治理模式构建，并从应重视社会和人的关系、克服社区居民"理性无知""三社联动"主体需清晰界定三个方面对中国城市社区网络治理模式推广进行再思考。

对中国城市社区网络治理模式优化包括四个方面，坚持"以党的领导为核心"的优化前提、坚持"以人为中心"的理念、建构"强国家、强社会"的国家与社会的关系为优化原则；治理主体优化方面，主要注重激励社区利益相关者积极参与，从提升政府社区网络治理的能力、提高社区居民参与能力、统筹发挥社会力量协同作用入手；调整关键要素以优化网络治理机制，从被动需求向主动需求转变、内部驱动与外部驱动并存、从会议沟通到多载体沟通转变为主要手段；最后从促使社区网络治理机制有效运行、提升社区网络治理主体合作意识、制定有效的网络管理策略三个方面实现网络管理。

目 录

第一章　绪论

第一节　研究背景和研究意义

一、研究背景

改革开放以来，我国城市社会生活发生巨大变革。城市社区在整个社会治理体系中发挥着不可忽视的重要作用。社区建设在全国快速发展的重要标志是 1998 年根据国务院政府体制改革方案，民政部基层政权建设司被基层政权和社区建设司取代。1999 年，民政部制定《全国社区建设试验区工作实施方案》，明确了社区建设的总体要求、基本原则、工作步骤以及工作内容，并先后确定 26 个城区为全国城市社区建设实验区，实验区的首要任务就是在全国范围内推进城市社区管理组织的建构工作。全国城市社区建设实验区工作座谈会也于 1999 年 8 月在杭州召开。2000 年，民政部《关于在全国推进城市社区建设的意见》（中办发〔2000〕23 号）中强调了推进城市社区建设对于巩固城市基层政权和加强社会主义民主政治建设的重要性。"社区建设"这一概念是民政部在 1991 年正式提出的。1998 年开始全面推进城市社区建设，出现了以"上海模式""沈阳模式"和"江汉模式"为典型代表的三种社区建设模式。从 20 世纪 90 年代至今，关于社区的研究成果层出不穷，逐渐成为我国学界关注的重要研究课题。

自此以后，我国政府实施的一系列举措引导和刺激了学者们的研究热情并兴起研究热潮。从 20 世纪 90 年代末至今，与城市社区有关的研究主题成果丰富，所涉猎的研究内容触及方方面面，包括城市社区协商民主建设、社区经济建设、社区党建、社区网格化管理、社区文化建设、社区居民自治等多个领域，为我国城市社区建设实践提供了强有力的理论支持及指导。目前不论是从指导理念还是实践操作上，我国城市社区建设水平都有很大的提升，"治理"的味道凸显，最明显的体现是在社区建设的多元参与和协同共治方面，政府、社区党组织、社区居民自治组织、驻社区机关企事业单位、社区物业公司等营利组织、社区社会组织以及社区居民都开始走上城市社区建设的舞台。多元化主体通过各种渠道参与到城市社区建设的各个领域，传统单一直线型控制模式被打破，多元参与和网络治理的格局逐渐形成。据此，我国城市社区建设已经从以管理模式为主进入治理变革阶段，从治理视角研究我国城市社区建设问题已是大势所趋。

党和政府对于社区建设的重视是显而易见的。党的十八大报告中社会建设被列为"五位一体"总体战略布局的一个重要组成部分，突出强调对构建社会主义和谐社会的意义。社区治理的成效性成为衡量社区建设非常重要的一个指标。党的十八届三中全会提出要"推进国家治理体系和治理能力现代化"，"创新社会治理体制，实现政府治理和社会自我调节、居民自治良性互动"的社区发展目标后，各地开始探索、创新多种形式的新型社区治理模式，逐步拓宽治理渠道，转变治理方式。党的十九大强调要"加强社区治理体系建设，推动社会治理重心向基层下移，发挥社会组织作用，实现政府治理和社会调节、居民自治良性互动"，说明城市社区居民自治呈现了良性互动的发展态势。党的二十大报告提出要"健全共建共治共享的社会治理制度，提升社会治理效能"。可见，随着我国现代化进程的快速推进，政府、社会组织、社区、驻区单位、志愿者、居民等治理主体之间的共建共享、网络共治成为社会治理创新的必然发展趋势。

虽然我国政府并没有明确提出"社区网络治理"的概念，但我国城市社区建设和发展的客观趋势是创新城市社区治理体系，要求从传统的单一行政管理模式向实现政府与社会互动模式转变，在城市社区建立起与以往不同的社区自治机制与行政调控机制相结合、自治功能与行政功能相互补、行政资源与社会资源有效整合、政府力量与社会力量充分联动为特点的新型社区治理模式①，这是将网络治理理论应用到城市社区治理实践中的潜在要求，而社区网络治理模式要将社区建设的主体——政府部门、社区、私人部门、第三部门等所有的利益相关者，在党组织的领导下以信任合作为共存前提形成新型的、多元化的互动关系。这种治理模式改变了传统的单一的政府治理模式，更加注重对"什么是公众关注的议题"以及"什么是适宜的解决方案"的探讨。政府在拥有合法性的前提下为社区发展提供服务。社区网络治理的理念也不再是片面的追求行政效率，而是对实现公共价值的追寻，即强调如何以最有效的方式充分利用现有的公共资源以达成最理想的结果。

二、研究意义

（一）理论意义

本文分析工具为网络治理理论，该理论兴起于西方，近10年来逐步为我国学界所重视。城市社区治理隶属于行政管理学的研究领域，但政治科学、社会学等学科的学者也多有涉猎，而且不乏优秀成果，因而中国城市社区治理属于跨学科、跨领域的交叉边缘性研究领域。论文将以公共管理的理论作为研究基础，从行政管理的角度提出实践方略，以期弥补这一交叉领域的研究空白。

① 陈伟东. 城市基层社会管理体制变迁：单位管理模式转向社区治理模式——武汉市江汉区社区建设目标模式、制度创新及可行性研究 [J]. 理论月刊，2000（12）：4-10.

（二）实践意义

首先，有利于创新社会治理体制，实现国家治理体系及治理能力现代化。

自党的十八届三中全会指出创新社会治理体制是实现国家治理体系建设和治理能力现代化的重要内容后，强调要通过构建合理的社会治理体制，在全社会实现充满活力、和谐有序的社会发展目标。在我国进行社区治理实践时，接纳了政府治理、社会治理、社区治理这些和以往不同的新鲜词汇，并提出创新社会管理体制的战略和价值理念，这些提法明显触及了治理主体、治理结构、治理主体能力和具体的运行方式以及体制建构等众多问题。国家治理表现出治理主体互动频繁、治理标的广泛和治理路径多重博弈的特点，社会治理体系及其运行方式所展示的社会建设成效，展示了国家治理体系的实践效果，因此，社会治理体系创新是衡量国家治理现代化得以实现的指标之一。尤其在党和政府提出实现政府治理和社会调节、居民自治良性互动的目标后，将网络化理论引入我国社区治理实践中，正是迎合了时代发展的基本要求，推动国家治理体系现代化在基层的探索与实践。

其次，有利于创新社区治理体系并优化社区基本公共服务供给。

引入网络治理概念，可以在党的领导下，以促进政府和社会互动作为前提，有效实现社会自我调节以及居民自治良性循环的社会治理目的，从而实现多元主体的参与协同、共同缔造，形成多层次互动网络，实现开发社会潜力、激发居民参与动力、提升社区活力的目的。同时要以社区居民的内在需求作为基本治理导向，优化创新社区公共服务供给方式以及渠道、途径，转变基层工作理念，促进居民形成社区归属感和认同感，力争形成群众诉求表达——群众利益保障——群众权利实现——群众需要满足的良性循环[①]，从而助力形成社区协同治理机制。

[①] 云治. 民族地区推进社会治理现代化的困境与举措 [J]. 现代经济信息，2017（08）：463-464.

再次，有利于形成新的国家与社会的关系模式。

引入网络治理理念利于利益相关者通过协商等民主方式建立平等互利的伙伴关系，同时建立彼此认同的共同目标，从而实现对社区公共事务的有效管理，其主旨是要实现以公共利益和共同认同为前提的合作，在实现利益过程中，要搭建合作网络，依靠合作网络的权威性。网络中权力向度是以多元形态存在且相互作用和影响，这与传统的单向的、自上而下的权力运作模式截然不同。国家权力的实现开始由统治向治理转变，这个过程恰恰是国家与社会实现良性互动关系过程。促进社会发展以适应"强国家、强社会"的关系模式，最终形成良性的国家与社会之间的互动关系。

最后，有利于拓展基层公众参与公共事务的范围并提升公众整体参与水平。

提升公众整体参与水平是实现社会治理有效性的重要指标，也是实现基层民主的先决条件，居民作为社区网络治理的重要主体之一，参与社区治理是公民参与国家事务和社会公众事务的基本途径，也是实现政府实施社会有效治理采用的重要举措，也会促进网络治理所倡导的民主观念、自由、平等、公平观念以及合作精神和契约精神的传播。

第二节　文献综述及研究评价

一、国外研究综述

（一）关于网络的相关研究

网络是当代最具有变革性的概念之一，也是最具有变化性的概念之一，具有明显的兼容并蓄的特征。网络是一种包含洞眼、结点和环路的结构形态。网络是在自然界和人类社会中普遍存在的一种客观现象。网络是所有系统的基础结构。社会学理论是网络理论出现的最初源头，主要用来描述人类社会中的各种复杂的关系。① 第一个使用"社会网络"概念的学者是英国学者拉德克利夫·布朗（Radcliffe Brown），他在1940年的文章《论社会结构》中使用"社会网"一词解释了社会分配和社会支持问题。后来巴恩斯（John Barnes）将这个概念运用到挪威一个渔村的阶级体系研究中，伊丽莎白·伯特（Elizabeth Bott）在《家庭与社会网络：城市百姓人家中的角色、规范、外界体系》中以其为工具研究了英国家庭与社会关系问题。② 奠定社会网络分析方法的基本概念体系及其方法论地位应得益于美国学者的研究，以林顿·弗里曼（Linton Freeman）为代表的学者展示了其擅长社会计量的特长，对紧密性、中距性、网络中心性等网络分析的核心概念的确立起到了至关重要的作用，这是网络可视化的研究基础；以马克·格兰诺维特（Mark Granoveter）、哈里森·怀特（Harrison Whitte）、林南（Nan Lin）为代表的学者则关注了人际网络如何影响网络中个体行为以及网络中的个体是如何通过和利用人际关系网络而组成社会团体。③

学者们也对进入社会科学研究领域的网络的思想来源进行梳理，认为来源有三：一是物理学力场理论对社会互动的研究，如库尔特·卢因（Kurt Lewin）等开创的认知和人际间影响的网络研究；二是数学方法对社会互动的研究，典型的有以图论工具开展研究的美国学者；三是以人类学方法研究组织问题的理路派系，如运用社会网络图所描绘的社会互动结构研究等。本源的网络理论主要有两种，即异质性理论和结构角色理论，前者包含弱

① 范如国. 复杂网络结构范型下的社会治理协同创新 [J]. 中国社会科学, 2014 (04): 100-122+208.
② 肖鸿. 试析当代社会网研究的若干进展 [J]. 社会学研究, 1999 (03): 1-11.
③ 朱亚鹏. 政策网络分析: 发展脉络与理论构建 [J]. 中山大学学报, 2008 (05): 192-199+216.

连接、结构洞等概念，后者则包括结构对等、结构内聚性和角色对等等；另外网络研究理论还汲取了原有组织理论的内容，比如资源依赖、权变理论及种群生态学等方面。①

西方学者关于网络的定义主要有两个视角，第一个视角相对广义，诺里亚（Nohria，1992）等认为网络是"社会系统的行为者间节点的结构"②。迪马乔（DiMaggio，1992）认为市场结构和官僚制结构都属于网络形式。这是一种基于信任关系和跨越边界的工具关系建立的非正式结构……这些可以使组织的目标追求更加便利。③ 狭义视角认为网络是一种与韦伯式的科层制完全不同的全新的理想组织类型。埃克尔斯（Eccles，1992）等赞成此种说法的学者认为这种网络促进了富有弹性、适应性学习能力的产生，这些更适合在"骚乱"环境里的竞争优胜者。④ 诺里亚（Nohria，1992）认为网络的多样性和可测量性可以全面反映整个组织关系结构。⑤ 关于网络的发生场域，迈克尔·麦克奎尔（Mcguire，2006）认为网络治理在呈横向的、水平关系的政府部门之间，呈纵向的、垂直关系的上下级部门之间和参与主体有关系的公共部门和私人部门之间都可以发生。⑥ 对于网络中的主体

① 李志强. 网络化治理：意涵、回应性与公共价值建构 [J]. 内蒙古大学学报（哲学社会科学版），2013（06）：70-77.

② Nohria, N.& Eccles, R.G. Face-to-Face: Making Network Organizations Work[A]. In N. Nohria & R. G. Eccles (Eds.), Networks and Organizations: Structure, Form, and Action[C]. Boston: Harvard Business School Press,1992:288-308.

③ DiMaggio. P. Nadel's Paradox Revisited: Relational and Cultural Aspects of Organizational Structure[A]. In N. Nohria &R. G. Eccles (Eds.) Networks and Organizations: Structure, Form, and Action[C]. Boston: Harvard Business School Press,1992:131.

④ Nohria, N.& Eccles, R.G. Face-to-Face: Making Network Organizations Work[A]. In N. Nohria & R. G. Eccles (Eds.), Networks and Organizations: Structure, Form, and Action[C]. Boston: Harvard Business School Press,1992:288-308.

⑤ Nohria, N..Is a Network Perspective a Useful Way of Studying Organizations? [A]. In N. Nohria & R. G. Eccles (Eds.) Networks and Organizations: Structure, Form, and Action[C]. Boston: Harvard Business School Press,1992:8.

⑥ MCGUIRE M. Collaborative Public Management: Assessing What We know and How We Know It[J].Public Administration Review,2006,66(s1):33-43.

之间的关系，有学者如马克·E. 沃伦（2005）则认为网络中"民主的成分越多，说明对权威的监督越多，信任也就越少"①。

综上，20 世纪 70 年代至 80 年代，社会网络概念的内涵和外延不断扩大，学者们的研究成果日益丰富，各种网络范式也层出不穷，并在实践中广泛应用于公共管理中公共政策及治理领域，并形成了影响力较大的政策网络理论与治理网络理论。本文主要从治理网络角度展开。

（二）关于网络治理的研究维度

1. 关于网络治理理论维度的相关研究

在国家与社会关系的研究进路方面。国家与社会的关系向来是人类社会关注的重要问题之一，也是政治学和社会学研究的热门话题和重要领域，围绕着国家与社会间的关系问题学者们进行的大量研究。

一般来说，国家与社会间关系的研究可以分成两个主要阶段。

第一个阶段是国家路线与社会路线呈对立样态。强调以国家为中心的学者关注国家的作用和价值，并形成国家路线，马基雅维利、不丹、霍布斯、黑格尔等是国家路线一派的代表人物。强调以社会为中心的学者更多的关注社会的能力和意义，并形成社会路线，持社会路线的学者观点明确，对国家持消极否定态度，通过社会契约论倡导社会的先天性②，洛克、孟德斯鸠和托克维尔是此路线的代表人物。托克维尔（1997）作为代表人物对这一路线进行了系统阐述，并阐述"以社会制约权力"这一基本思路，基于此，建议将政治权力进行分解并合理分配给多元化的各个社会部门，力求有效突出公民行动所展示出来的民主价值和民主意义，主张突出"社会的独立之眼"的监督和掣肘作用，并使之成为有效防止国家专制的一道

---

① [美] 马克·E. 沃伦. 民主与信任 [M]. 吴辉，译. 北京：华夏出版社，2005：1.
② 庞金友. 近代西方国家与社会关系理论的逻辑与特点 [J]. 天津社会科学，2006（06）：65–68+74.

屏障。^①托克维尔认为，多元的、独立于国家的公民社会是一个非常重要、不可或缺的实现民主的条件。国家权力需要制约，否则没有社会制约的权力总是危险的。^②这两种路线前者形成"国家中心型社会"，以强调国家对社会的安全保障、福利供给和利益整合为特点；后者容易形成"社会中心型国家"，过于强调国家与社会间的分离与对立，会忽视国家与社会的相对统一，过度倡导社会本身的自主性和自治性。

第二个阶段是国家路线和社会路线的相对融合阶段。进入20世纪以后，在第一阶段所展示的对立特征的国家路线与社会路线显现出了交融和整合趋势，多种新型国家与社会关系理论纷纷出现，其中有代表性的理论包括保守自由主义的"弱政府"理论、新自由主义的"大政府"理论。20世纪90年代"第三条道路"遵循的"中政府、中社会"理论、新自由主义推崇的"强政府"理论等，这些理论无一不是关注国家与社会统一性的问题。米格代尔（2013）提出了社会中的国家的这一模型，认为社会是一个由社会组织的混合体组成的，国家是构成混合体的成员之一，所以国家也包含在这个统一体中，这个社会组织的混合体是共生共存的。^③皮埃尔（Pierre，2019）和彼得斯（Peters，2019）以"伙伴关系"的观点重新描述了国家与社会的关系，认为国家关于权威的观点应体现在其可以处理问题的能力方面，新的治理模式应该集中塑造社会自主性及对社会变迁的反应，让社会本身能发展出广泛且各不相同的网络连接关系。^④

伴随着对国家、社会、市场之间关系的结构分析，网络的概念开始出现，

---

① [法]阿历克西·德·托克维尔. 论美国的民主[M]. 董果良，译. 北京：商务印书馆，1997：67+841-850.

② Christopher Pierson, The Modern State[M]. London and New York: Routledge,1996:70-91.

③ [美]乔尔·S.米格代尔. 社会中的国家：国家与社会如何相互改变与相互构成[M]. 李杨，郭一聪，译. 张长东，校. 南京：江苏人民出版社，2013：49-59.

④ [瑞典]乔恩·皮埃尔,[美]B.盖伊·彼得斯. 治理、政治与国家[M]. 唐贤兴，马婷，译. 上海：格致出版社，2019.

开创了新的国家、社会、市场间的关系架构。网络治理是一种在既定制度框架下通过互相配合、共同协作的途径在参与各方中达成约定的契约和规则，并依此实现公共价值的行动模式。[①] 斯蒂芬·戈德史密斯（2008）等认为应该建立自上而下的层级结构即纵向权力线和横向的行动线并存的结构模式，从而形成网络化治理的新形态。[②] 库曼（Kooiman，1993）将社会实体之间相互影响的关系称为互动，互动是国家、市场和社会网络之间的中心概念，可以区分为意向或行动与机构或系统的层次，认为在这些不同的层次当中，同时隐含着许多力量相互作用的动态张力，而这些张力源于权威（政府机构）、资金、合法性、正当性（民意支持）、资讯与组织能力。[③] 与传统的国家、市场与社会关系不同，网络治理是"倡导一种多元化、多中心的集体行动"，治理涉及各级政府及公共权威，也涉及一些活动在公共领域内的部分准公共行动者、社区社会组织、志愿部门及私营部门。[④] 新公共管理改革带来了公共组织的部门化、碎片化，福柯则认为现代社会权力具有"关系性"特点，将这种关系性权力描述为分散的、不固定的、不确定的、无中心主体的形态，存在于具备高度分化的特质的社会中，指出当代权力具有空前繁多的权力核心、无数的流通节点的特点，权力关系通过多个节点才得以支撑、维系并四处散播。[⑤] 权力是不能被某一固定群体所夺取、掌控以及专享，要构建独立于权力主体之外的、有多变形态且

---

① 李志强. 网络化治理：意涵、回应性与公共价值建构 [J]. 内蒙古大学学报（哲学社会科学版），2013（06）：70-77.

② [美] 斯蒂芬·戈德史密斯，等. 网络化治理：公共部门的新形态 [M]. 孙迎春，译. 北京：北京大学出版社，2008：62+68.

③ Kooiman·J., Governance and Governability: Using Complexity, Dynamics and Diversity[A]. Kooiman·J. (ed.) Modern Governance: New Government-Society Interactions[C]. London: Sage Publications,1993.

④ Robert Leach, Percy-Smith. Local Governance in Britain[M]. New York: Palgrave, 2001.

⑤ [法] 米歇尔·福柯. 规训与惩罚 [M]. 刘北成，杨远婴，译. 北京：生活·读书·新知三联书店，2012.

多样化的一套权力运行机制。因此在复杂性公共事务层出不穷的背景下，创建多元主体协同与合作的治理环境就显得非常迫切。

整个网络治理系统的演化，包括新合作层次的出现、权力分化及价值多元化的产生，都是在此基础上实现的，并同构于现实治理的环境中。刘易斯（Lewis）和康斯戴恩（Considine）认为网络治理是因为多元行动系统的缺失才顺势产生的，是一种将生产者、服务规划者与顾客三者有效连接在一起的合作机制。①索伦斯（Sørensen，2009）等认为要动员多元化的参与者和网络，国家需建立一种制度化的治理机制，并保证一定程度上的目标一致。网络治理被视为一种对新自由主义"更少国家和更多市场"目标失败的回应，将政府的负担转移给地方网络，这一网络充分调动了各种社会和政治行为体的力量，为共同目标（一般是公共价值）的实现展开联合行动。通过网络治理，社会和政治行为者成为（政府）权力的媒介。②布迪厄等（1998）思想中的"场域"概念被界定为在社会中各种位置（节点）之间存在的客观关系的一个特殊网络，这些客观关系包括控制关系、服从关系以及结构上的相互对应关系等。③

综上，国家与社会关系的理论研究进路对网络治理研究的贡献主要体现在：提出了建立新型国家与社会关系的必要性，强调多元主体的共同参与和协同合作，倡导新型合作形态及权力分化和价值多元性。但是这些更多的是注重理论分析而缺少实践探索和研究。

在社会网络的研究进路方面。认识网络是理解网络治理的起点，社会网络中将网络界定为无空间和地域限制的社会成员之间的相互关系。在英

---

① 赵永茂. 地方与区域治理发展的趋势与挑战 [J]. 研考双月刊（台湾），2008（05）.

② Eva Sørensen, Jacob Torfing. Making Governance Networks Effective and Democratic through Metagovernance[J].Public Administration，2009(2):234−258.

③ [法] 皮埃尔·布迪厄，华康德. 实践与反思：反思社会学引导 [M]. 李猛，李康，译. 北京：中央编译出版社，1998.

国人类学家拉德克利夫－布朗"社会网络"思想出现后，逐渐被学者关注，相继出现了一些社会网络的关键性概念，"密度"（density）、"中心度"（centrality）、"中心势"（centralization）、"块"（block）、"三方关系"（triad）等词汇纷纷涌现，网络分析进入了社会学研究的主流，逐渐对社会学及其他学科产生重大影响。

布朗在社会网络方面的研究具有非常深远的影响。布朗（1999）认为关注个体及群体协作方式才能更好地研究社会现象，他提出社会结构思想，认为社会现象是将人与人联系在一起的社会结构的产物。布朗（1999）使用"社会结构"这个概念表达人和人之间实际存在的关系网络，尤其是对澳大利亚的土著居民进行观察的时候，发现土著居民被一种非常复杂的社会关系网络紧密联系在一起。[①] 这里的社会结构就是根据一定行为规范所形成的人的关系的配置和组合。由于协作方式不同，每一个社会形成的关系网络也不同。布朗的研究局限是，他在理论上提出了研究"社会关系网络"的重要性，在实践中也有发现，并提出社会关系的结构形式是其需要研究的重点，但这些具体的关系模式如何并没有进行研究和说明。

霍桑实验是管理学研究的经典。在对自然条件下工人之间的关系和行为进行重点观察和研究后，发现了组织中存在的一种隐藏的社会结构——非正式组织对于生产效率的提高有很明显的促进作用。最后发现在这些由工人组成的非正式组织中有着自己的非正式核心领导人物或领袖，组织中拥有成员共同认可并自觉遵循的价值观念和衡量标准、行为规范及道德规范。同时通过对大系统中的"非正式关系"研究后又发现这些系统中还包含众多的子群体。霍桑研究的贡献被认为是首次运用社会网络图展开研究，并采用社会网络图描绘了组织中个体行使自由选择权而形成的社会互动结构。

---

① [英]A.R. 拉德克利夫—布朗. 原始社会的结构与功能 [M]. 潘蛟，王贤海，刘文远，知寒，译. 潘蛟，校. 北京：中央民族大学出版社，1999.

沃纳于 1930 年至 1935 年进行的研究被认为是对现代城市社区的开展的一项意义重大的研究。沃纳认为一个社区中人与人之间所形成的互动关系网构成了社区中的社会组织。并在齐美尔、莫雷诺等人研究的基础上，提出社会构型（social configuration）的概念，指出社会构型由许多诸如家庭、教堂、班级和协会等子群组成，并指出这是一个非正式群体，该群体中的成员都有着共同的感受及共同遵守的行为规范，由此开创了正式的社会结构研究方法。

J.A. 巴恩斯（John Barnes）对挪威的一个小渔村进行考察时，以一个简单社会中的社会组织作为研究对象，研究目的是更好地理解该社会组织中各个成员相互之间互动的各种方式，研究内容应该包括政治体制、农村生活方式、亲属制度等。其中，巴恩斯特别关注结构的研究，如研究形成该社区具有独特的整合性特点的亲属结构、朋友结构以及邻里结构，并观察所形成的独具特色的、有较高整合性的非正式人际关系域，这是社会整体网络系统中的局域网络之一。巴恩斯进一步提出"网络"概念，这也是他对于社会网络研究最大的贡献，"社会网络"的研究在社会学、心理学、人类学、管理学、政治学等学科广泛展开。

社会网络理论研究的拓展方面，一是波拉尼（Polanyi，1957）在 1944 年率先提出嵌入性概念，从经济学研究视角提出人类经济是嵌入而且萦绕在经济与非经济的制度中的。[①] 格兰诺维特（1985）发展充实了这一概念，认为一切经济活动都不可避免嵌入于社会关系中，从而把经济行为与社会关系联系起来，社会网络成为构建网络治理的基础之一，后又提出了关系嵌入和结构嵌入的概念，前者强调的重点是关系双方关系的质量问题，具体表现为参与交易的双方或多方都重视彼此间的需求以及实现交易目标的

---

① Polanyi, K., The economy as instituted process[A]. In Polanyi, K., Arensberg, C.& Pearson, H. (eds.), Trade and Market in the Early Empires[C], New York: Free Press, 1957:243−270.

程度，也关注信任、信用以及信息共享方面双方所展示的行为；后者重视的是多边关系的质量，即关注组织间的双边关系，也关注因与第三方发生联系而彼此产生的关系状态[①]，在此基础上形成了存在于群体之间的一种系统性关联结构。二是罗纳德·伯特（Ronald Burt，2008）在《结构洞：竞争的社会结构》中提出了所谓的结构洞理论，这里的"结构洞"表示的是两个关系人之间的非重复性关系，结构洞是起到缓冲器的功能，在网络中存在结构洞的两个关系人对于网络所做的贡献可以进行累计，而非重叠的。[②]研究者用这个理论研究人际网络的结构形态，根据这个理论探讨能帮助网络及网络行动主体获得最优收益或回报的网络结构应该是什么样子的。该理论更强调网络成员的积极性和能动性及其在网络中所发挥的作用。

总的来说，社会网络理论是网络治理形成的基础之一，社会网络资源是实现网络治理的重要前提性条件，通过社会网络可以为网络治理主体提供互补性的资源、可以共享知识和信息，强调网络中个体的积极性和能动性，为其提供了理论基础和分析模式。

在结构与功能的研究进路方面。结构功能主义（Structural functionalism）是现代西方社会科学研究的重要理论流派。认为社会是由多个子系统按照一定组织化形式组成的整体，是由这些子系统构成的一个相对稳定并且持久的结构；社会结构中的每个子系统都相互联系并对社会整体的存续发挥各自的功能。社会变迁始终存在，即使其中某一子系统发生变化但最终社会都将会趋于新的平衡。结构功能主义的思想渊源可以追溯至德国社会学家孔德，他认为社会是一个由固有功能的家庭、阶级、城市和社区等结构构成的生命有机体。斯宾塞则提出了结构、功能、分化等

①彭正银. 网络治理：理论与模式研究 [M]. 北京：经济科学出版社，2003.
②[美] 罗纳德·伯特. 结构洞：竞争的社会结构 [M]. 任敏，李璐，林虹，译. 上海：格致出版社，2008：18-30.

概念，认为任何系统都会自然地趋向均衡和稳定，社会各组成部分对社会的稳定都发挥一定的功能。法国社会学家涂尔干（2000）提出"社会整合与社会分化"这一社会学经典概念，并指出从传统社会（即"机械团结"的社会）向现代社会（即"有机团结"的社会）转变最重要的特点就是"社会不是由某些同质的或相似的要素复合组成"，而是由"各种不同的机构组成的系统，每个机构都有自己特殊的职能，而且它们本身也都是由各种不同的部分组成的"。[①] 美国社会学家帕森斯（Parsons，1991）对涂尔干的观点进一步引申，正式提出了结构功能主义这一名称，并成为这一学派的领军人，提出社会是一个具有不同功能的多层次的次系统所形成的总系统的观点。帕森斯（Parsons，1991）将社会系统之所以能保证其自身的维持和延续归结为四个功能性条件，即适应（adaption）、目的达成（goal attainment）、整合（integration）和潜在模式维护（latency pattern maintenance）四项基本功能，这四个功能分别对应的四个子系统为经济系统、政治系统、社会共同体系统和文化模式托管系统，这就是他著名的"AGIL功能模式"，社会系统以一个整体、均衡、自我调适的样态维持着社会运转的自然秩序，行动者之间的关系结构形成了社会系统的基本结构。[②]

优化主体的结构和功能是网络治理的核心宗旨之一，以结构功能主义作为理论基础以及分析工具研究网络治理也是国外学术界的重要流派。

国外学者对于网络治理结构的研究主要从以下两个角度进行：一是总结网络治理结构要素。斯科特（Schout，2005）、乔丹（Jordan，2005）指出治理网络有两个重要概念，一是网络的结构，牵涉到网络成员的组成、网络的界限以及网络的任务等；二是网络成员的互动，牵涉资源与权力的

---

① [法] 埃米尔·涂尔干. 社会分工论 [M]. 渠敬东，译. 北京：生活·读书·新知三联书店，2000：142.

② Talcott Parsons. The Social System[M]. London: Routledge,1991.

交换等。① 索伦斯（Sørensen，2005）等探讨实现民主政治过程中网络治理的重要意义，他认为独立理性的行动者、采用互动形式的谈判方式、成功的自我管理、相对合理成型的网络结构、致力于公共价值构成了网络治理五个要素。② 至于网络治理的主体如何构成、治理主体之间怎样的关系结构、主体间关系互动模式、主体间的沟通交流方式及交流机制是研究者研究的重点，同时如何进行利益协调、主体间的博弈与妥协、构建发挥治理主体最优化的网络结构也是研究者关注的焦点。在主体的构成方面，研究者大体形成共识，包括政府、社会组织、企业、公民四类主体。二是从网络治理的理念方面分析网络结构的有效性。约翰·奈斯比特（John Naisbitt，1984）认为这种非官僚式的且有效的结构坚持了多元参与和分权理念。③ 杰索普（Jessop，1998）认为这种治理不仅跨越了组织部门的界限，且关系到错综复杂的科层体制及其平行的权力关系网络，或跨越其他不同等级的政府职能领域的机构，构成了复杂的相互依存方式，并主张建立更为有效的协调机制以实现网络治理的目的。④

另外，学者们对于网络治理结构的功能的研究主要从以下三个层次进行：首先，可以实现价值提升。如罗宾（Robyn，2004）认为相互依赖的伙伴关系是网络治理模式的主要标志，目的是通过平衡和协调各种复杂的非政府组织及市场关系，以公共价值的提升为最终目的。⑤ 其次，可以回应市场失灵，网络作为一种调控模式的结构，很大程度上改变了传统官僚

---

① Schout Adriaan, Andrew Jordan. Co-ordinated European Governance: self-Organizing or Centrally Steered[J]. Public Administration,2005,83(1):201-220.

② Sørensen E, Torfing J. The Democratic Anchorage of Governance Networks[J]. Scandinavian Political Studies, 2005, 28(3):195-218.

③ [美] 约翰·奈斯比特. 大趋势 [M]. 梅艳，译. 北京：中国社会科学出版社，1984.

④ Jessop Bob. The Rise of Governance and the Risks of Failure: the Case of Economic Development[J]. International social science Journal,1998,50(1).

⑤ Robyn K, Mandell M, Brown K. Network Structures: Working Differently and Changing Expectations[J]. Public Administration Review, 2004, 64(3): 363-371.

制政府的政治体制结构和行政行为模式，当市场与官僚同时失灵，网络模式所蕴含着的平等、协调合作以及网络主体自我管理等特质则显得更为重要，网络中各组织间资源交换、权力依赖与游戏规则逐渐建立，发展成有共同的信任与共同价值的组织，并相较于国家还具有自主特性，网络实质上好像一种非官僚的"影子官僚"，可以对市场失灵做出回应与协调。[1]网络治理可以促进自由民主机制的转变，政治系统通过法律逐渐从科层组织、规则与管制的政府转变为水平式的、通过自我管理网络的治理。斯科特（Schout）、乔丹（Jordan）指出实现网络治理的两种方式：一是自组织系统，二是主动领控[2]，达到自主领控预设的标准需具备三要素，即具有独立意识的行动者、分权、明确管理对象，自我管理的治理则分为人际的、组织间及系统间三种层次[3]。

2.关于网络治理实践维度的相关研究

网络治理的实践维度研究主要是围绕着公共服务供给展开的。

法国社会学家皮埃尔·布迪厄（Pierre Bourdieu）构建的"实践理论"通过"场域"（field）及"资本"这些概念对这一问题进行了研究，通过这两个概念可以更好地理解行动者与社会结构之间的关系，并且将其放入公共服务供给网络体系中进行研究。所谓"场域"是一种位置间的存在客观关系的网络或形构，这些关系包括特定的社会结构、习惯、权力及其与具体行动者之间形成的结构关系，这些关系是客观存在的，是有力量的、有生气的、有潜力的交往主体间的关系状态；"场域"中的行为类型多样，功能多样，既可以是权力斗争的场所，也可以是社会资本再生产的空间。

---

[1] Börzel, T.A. What's so Special About Policy Networks? An Exploration of the Concept and Its Usefulness in Studying European Governance[M]. Metro: European University press,1997.

[2] 李志强. 网络化治理：意涵、回应性与公共价值建构[J]. 内蒙古大学学报（哲学社会科学版），2013（06）：70-77.

[3] 韩兆柱. 网络化治理理论研究综述[J]. 上海行政学院学报，2016（04）：103-111.

场域分析的具体环节包括以下几个方面：（1）分析与权力场域相对应的场域的具体空间；（2）分析具体场域中的行动者之间的具体关系结构的影响；（3）分析具体场域中各个行动者的行为习惯及性格。在这种思路的指引下，社区就成为网络治理实践中提供公共服务的场域之一，在这个场域中，政府、市场、社会组织在治理网络中的权力如何主要与各主体和其他行动者相联结的相应场域中所处的具体结构地位、所拥有的能力和各自拥有的属性决定。①

学者们还对和公共服务供给有关的网络治理资本进行了分析。依据布迪厄（Bourdieu）的理论观点，资本是一种由逐渐积累而形成的劳动形式，这种劳动形式在实践中以物质化和组织化两种具体形式得以累积下来，以等量或扩大来提升自身能力的方式表现出来。②那哈皮特（Nahapiet）和戈沙尔（Ghoshal）从网络角度将社会资本分为三种类型：一是结构社会资本，是治理网络中的各个治理主体通过互动网络联结而成的结构；二是认知社会资本，是治理网络中的各个治理主体所共享的价值观与目标；三是关系社会资本，是治理网络中的网络主体成员间形成的信任关系与认同度。③关于公共服务网络的类型，斯蒂芬·戈德史密斯（Stephen Goldsmith，2008）等指出政府所使用的网络类型包括服务合同、渠道性伙伴关系等6种不同网络类型，不同的网络类型服务不同的目的，在此过程中，政府的角色是集成商，拥有一定的权威地位和公平公正的中立形象并将不同方面集合在一起，在协调他们彼此活动的同时处理彼此之间可能发生的各种各样的争端。④

---

① 夏玉珍，杨永伟. 网络化治理：公共服务供给模式的新路径 [J]. 甘肃理论学刊，2014（03）：21-26.

② 杨善华，谢立中. 西方社会学理论（下卷）[M]. 北京：北京大学出版社，2013.

③ 李建鸿. 社会资本与组织公民行为——复合式镶嵌观点 [J]. 关系管理研究（台湾），2005（01）.

④ [美]斯蒂芬·戈德史密斯，等. 网络化治理：公共部门的新形态 [M]. 孙迎春，译. 北京：北京大学出版社，2008：62+68.

（三）关于网络治理的研究主题

1. 关于网络治理机制的相关研究

关于网络治理机制的问题很多学者都有研究，主要指实现网络节点之间的密切联系以保证网络可以有序且实现高效运行，同时对网络中的各个节点的行为可以进行有效制约与调节，最终实现最优化的资源配置过程中所采用的激励约束等一切规则的总和。合理的网络治理机制可以发挥非常重要的作用，如可以实现和协调网络治理主体间的相互合作，可以通过节点间的彼此互动以及主体间共享行为从而提升网络整体运作的有效性。鲍威尔（Powell，1990）的观点是保证网络组织得以有效运行的治理机制包括信任机制、学习机制创新机制等。[1] 琼斯（Jones，1997）等从网络的社会机制方面提出网络治理机制的类型，联合制裁（Collective Sanctions）、限制进入（Restricted Access）、提高声誉（Reputation）与文化建设（Macro culture）是其关注的问题。[2] 哈坎森（Hakansson，1996）则从网络的视角分析战略联盟，他认为联盟成功的基础和前提是合理的利益分配机制和信任机制。[3] 格兰多里（Grandori，1998）则从企业管理角度提出企业网络治理得以实现主要依据企业间的相互协调与学习机制。[4]

综上所述，网络治理机制包含内容广泛，具体来讲，信任、学习、利益分配、协调、声誉、文化、激励机制等都是网络治理机制具体构成内容，如果进一步加以分类，可以将其分为网络互动机制、网络共享机制和网络

---

[1] Powell, W.W. Neither Market nor Hierarchy: Network Forms of Organization[A].In B. M. Staw & L.L. Cummings (Eds.), Research in Organizational Behavior[C]. Greenwich, CT: JAI Press.1990(12):295-336.

[2] Jones, C., Hesterly, W.S., and Borgatti, S. P.. A General Theory of Network Governance: Exchange Conditions and Social Mechanisms[J]. The Academy of Management Review,1997,22(4):911-945.

[3] Hakansson, H., Sharma, D.D.. Strategic Alliances in a Network Perspectiv[A]e. In Dawn Iacobucci, (eds.), Networks in Marketing. Sage Publications, 1996.

[4] Grandori, A.. Preface, In Massimo G. Colombo, (eds.), The Changing Boundaries of The Firm: Explaning Evolving Interfirm Relations, Routledge London and New York.1998.

形成及维护机制，各自的目标和作用不同，分别承担着沟通、学习、信任、决策平衡、利益分配、声誉和联合制裁，知识共享和资源配置的具体任务。

对网络治理机制的研究的局限性主要体现在对网络理论的分析和网络规范的描述、网络机制的探讨和总结等方面，运用规范研究方法较多，案例分析法、实证分析法、比较研究以及模拟和实验分析等运用较少，同时，学者们对于网络治理机制、网络治理结构和网络治理绩效三者之间的互动关系也缺少必要的分析。

2. 关于网络治理结构的相关研究

古拉蒂（Gulati，1998）提出，治理结构存在于组织间伙伴关系中，是一种正式契约结构，他是以外生资源依赖以及内生嵌入驱动作为研究起点重点探讨联盟网络的动态演化进程。[①] 也有学者提出网络治理结构包括网络中的节点以及不同的节点之间的相互关系并由此展示出来的网络整体形态。

可以看出，学者们关于网络治理结构的研究成果很多，其中包含着对构成网络治理节点的各类组织所具有的特性的研究，同时研究者也关注这些节点在网络中的位置，研究各个节点如何联系，联系是否密切和直接、节点互动是否频繁等，还有的学者将组织网络看作一个整体，研究内容包括网络中节点的密集度、嵌入性、稳定性及动态演化机制。

二、国内研究综述

纵观中国学术期刊网（CNKI）上有关网络治理的学术研究，以网络治理或网络化治理为篇名进行检索，不加以年限设定，其中 CSSCI 文章来源为 196 篇，本文将以这 196 篇文献为研究对象总结中国城市社区网络治理的研究成果。

---

① Gulati, R.. Alliances and Networks[J]. Strategic Management Journal,1998,19(4):293-317.

（一）关于网络治理的相关研究

截至 2021 年年底，关于网络治理的研究呈曲折上升状态，网络治理的相关文章始见于 2003 年，仅有 1 篇，直至 2009 年情况并没有大的改观，直至 2010 年达到 21 篇，开始呈现平稳上升态势，即使 2015 年有所减少，但是大的趋势没有改变，并在 2018 年达到最高峰值，说明学术界对网络治理的研究热情是日益高涨的。

根据搜集到的文献信息，网络治理研究的主要群体在高校，党校、社科院及政府机关等部门的研究者对于网络治理的关注相对较少。作者的专业背景以公共管理、经济学、社会学、政治学教育背景为主，教育学、农学，甚至旅游管理等领域的研究者也有少量涉及，由此可见，网络治理研究是涵盖公共管理、经济学、社会学、政治科学等学科的新型交叉研究领域，不同专业的研究者都可以以自身的学科为研究背景，深入分析和研究网络治理研究的相关问题，从而丰富了网络治理研究的理论和实践内容。作者的空间地域分布非常广泛，基本遍及全国各地。其中重要的学术研究群体分布在陕西省、北京市、上海市和浙江省，为读者呈现了大量的有较高水平的研究成果。

网络治理理论的研究在各学科形成明显的交叉学科研究态势，根据对相关研究成果内容的总结，将研究主题划分为以下几种：围绕网络治理基本理论所展开的研究、网络治理理论应用的现状的研究以及网络治理理论实践应用情况研究、网络治理理论的国内外比较、网络治理理论在实践中的研究几大领域。

1. 网络治理出现的原因和条件

关于网络治理出现的原因，任志安（2008）的观点是网络治理是现代组织持续变迁演进的产物，尤其在经济全球化迅速发展的背景下，特别是在以知识经济为代表的新型经济力量备受关注并迅速崛起的背景下，以现代信息技术和发达的网络技术为依托而形成的一种新型的治理模式。① 传统官僚制已经不能有效解决当今政府面临的各种"棘手问题"。②

网络社会的挑战、网络社会的出现呼唤了网络化治理思维的衍生,其凸显和勃兴同时迎合了公共管理学科理论建构和实践治道的双重客观需求,是对信息化时代日趋分权的现象和多样化社会的回应。从公共管理学科理论建构及演变的角度来看,网络化治理理论的兴起同构于公共管理知识体系的拓展和学科思维进化的演变过程中。③ 网络化治理思维的勃兴除了作为回应传统治理缺陷的修缮机制愈加凸显之外,信息社会和多样化社会不断成长,福利国家与新自由主义的不足也是重要原因。④ 朱立言、刘兰华(2010)认为网络治理理论起源可以追溯到20世纪美国的多元主义理论兴起以及欧洲出现的统合主义思潮,同时影响网络治理兴起的还包括第三方治理、协同政府、数字革命以及公众需求的维度。⑤

关于网络治理的条件,孙健、张智瀛(2014)认为动员公众参与到公共服务供给事务中应具备三个条件,即卓越的网络管理能力、兼具公私合作特性和拥有现代信息技术,这三个条件可以推动政府部门和私营部门、第三部门和公民个人等众多公共行动主体实现彼此合作,共同管理和参与公共事务。⑥ 穆瑞杰、朱春奎(2005)等指出合作是网络运转的基础,组成网络治理结构的各个成员在通过发挥其各自的核心优势并在选择、优化后,彼此之间以最合理的结构形式组合而形成一个优势互补、匹配的有机体,从而达到1+1>2的整体协作效应。⑦ 夏玉珍、杨永伟(2014)等将

---

① 任志安. 网络治理理论及其新进展:一个演化的观点 [J]. 中大管理研究,2008(02):97-106.
② 陈剩勇,于兰兰. 网络化治理:一种新的公共治理模式 [J]. 政治学研究,2012(02):108-119.
③ 李志强. 网络化治理:意涵、回应性与公共价值建构 [J]. 内蒙古大学学报(哲学社会科学版),2013(06):70-77.
④ 陈剩勇,于兰兰. 网络化治理:一种新的公共治理模式 [J]. 政治学研究,2012(02):108-119.
⑤ 朱立言,刘兰华. 网络化治理及其政府治理工具创新 [J]. 江西社会科学,2010(05):7-12.
⑥ 孙健,张智瀛. 网络化治理:研究视角及进路 [J]. 中国行政管理,2014(08):72-75.
⑦ 穆瑞杰,朱春奎. 复杂性网络治理理论研究 [J]. 河南社会科学,2005(03):81-84.

网络分析的重点主要集中在政府、市场、社会三方的运行运制和相互协作机制方面,同时将"场域"和"资本"作为核心概念纳入公共服务供给治理网络中进行讨论并构建公共服务新的供给模式。在政府、市场、社会组织都是治理主体时,多主体间自然形成多元且动态互动关系,网络成为联结这些治理主体的关系形式,其中包括网络的动态和静态形式,如合作互惠、资讯交换及资源流动等。①

2. 网络治理的主要内容和特点

公共治理的一切行动以公共利益为向导。陈亚辉(2015)指出网络治理的主要内容包括政府选择合适的方式与经营能力和兼容性皆强的合作对象合作以获取公共利益最大化;核心价值是实现多元整合突破官僚制;网络的集成者可以是政府、承包商或第三方,但规制者和监督者只能是政府。②孙健、张智瀛(2014)认为网络治理主要探讨三个焦点问题,分别是网络治理对信息技术的依赖、公共部门职能变革与角色重塑、弱化参与主体之间的部门边界。③陈剩勇、于兰兰(2012)则指出网络化治理应从四个维度加以分析,包括可治理维度、相互依赖的维度、治理理性维度与整合维度。④

对于关注网络治理研究的很多学者也有其他的观点,郧益奋(2007)指出网络代表了在市场和科层之外的另一种可能的选择;网络是一种水平的、谈判的自我协调;网络意味着自主的行动者进行谈判和协商;网络有着自我管理、自我组织的特点,在节点与节点之间的自我协调中,网络达成了稳定的状态。⑤陈剩勇、于兰兰(2012)总结了网络化治理的

---

① 夏玉珍,杨永伟. 网络化治理:公共服务供给模式的新路径 [J]. 甘肃理论学刊,2014(03):21-26.
② 陈亚辉. 社区网络化治理模式研究 [J]. 人民论坛,2015(20):140-142.
③ 孙健,张智瀛. 网络化治理:研究视角及进路 [J]. 中国行政管理,2014(08):72-75.
④ 陈剩勇,于兰兰. 网络化治理:一种新的公共治理模式 [J]. 政治学研究,2012(02):108-119.
⑤ 郧益奋. 网络治理:公共管理的新框架 [J]. 公共管理学报,2007(01):89-96.

基本特征，需从网络治理中显现的关系网络、公共价值、多个参与者之间的关系、协商机制、风险共担机制、自我约束机制及政府角色几个方面分析。[①]田星亮（2012）则认为网络化治理是在公共部门出现的一种新的形态；是对合作网络的管理；是在公共政策制定以及执行过程中表现出来的政府与社会的互动，也被称为政策网络治理。[②]周义程（2013）沿着唐纳森和邓菲的研究途径，探讨了契约、信任建构在网络治理中的重要性。[③]刘雨辰（2012）等学者认为网络化治理模式主要包括下面几个方面的特征：公共事务网络治理主体多元，网络治理结构扁平，网络治理权力行使分散，网络治理过程主体平等、主体协商解决公共事务问题以及网络治理资源实现优化组合。[④]

3. 网络治理的价值

田星亮（2012）指出网络治理的价值有四点：促进资源的有效整合；提高行政效率和效度；保障公民的合法权利；有效回应公众的诉求。[⑤]

李志强（2013）认为网络治理的价值体现在包括制度化合作与信任机制的构建、权力结构的重塑与模式演变、利益均衡的调整与分配公平。[⑥]网络化治理的实质是体现一种权力的内在流变，表现在从政府组织对权力的独占到政府组织、营利组织、非政府组织、志愿者组织与公民对权力的分享的演变过程，再到各类组织和公民对权利的主张，并通过外部动力和技术动力的方式，创设专业性组织、志愿组织与公民等多元主体的利益的交汇点和连接点，其根本价值取向表现为从实现公共价值向发展

① 陈剩勇，于兰兰. 网络化治理：一种新的公共治理模式 [J]. 政治学研究，2012（02）:108-119.
② 田星亮. 网络化治理：从理论基础到实践价值 [J]. 兰州学刊，2012（08）：160-163.
③ 周义程. 网络治理中作为信任建构过程的社会契约 [J]. 学海，2013（04）：164-169.
④ 刘雨辰. 试析转型期我国公共治理结构的重塑——基于线型治理结构向网络治理结构转换的考察 [J]. 济南大学学报（社会科学版），2012（05）：67-73.
⑤ 田星亮. 网络化治理：从理论基础到实践价值 [J]. 兰州学刊，2012（08）：160-163.
⑥ 李志强. 网络化治理：意涵、回应性与公共价值建构 [J]. 内蒙古大学学报（哲学社会科学版），2013（06）：70-77.

公共价值再向创造公共价值的转型，昭示着政府从治理体系的主导者向治理体系的召集人角色转型，意味着治理体系的价值取向从传统的工具主义向人本主义转变，重新恢复作为主体的人以及作为行动者的人在治理中的地位和作用，进而实现制度与人的有机结合之目标，网络化治理途径能够激发公共精神和公民理性的成长意识。

夏国锋、刘辉（2012）以善治为出发点，指出网络化治理作为一种与众不同的新型公共治理理论，基本上是秉持合作型秩序观的基本理念，网络化治理强调主体互相合作、彼此信任、利益协调、实现公共服务供给与网络包容发展融合的基本价值，在理念和价值层面尽量追求公共利益最大化，在价值工具层面上尽量追求有限资源的最优配置[①]。

综上，学者们在探讨网络治理的价值理念时，形成了要尊重多元性与差异性、要实现治理主体的多元参与、构建信任合作与协调机制的价值共识。可见，公共、多元、信任、合作是网络治理公认的蕴含的价值核心。

4. 网络治理主体及其关系

学者们对于网络化治理的主体构成意见相对统一，认为我国目前的国情背景下，网络治理主体多元化，主要由党组织、政府、各类社会组织以及社会公众组成，其中党组织扮演着核心领导者的角色，政府是起主导作用的重要主体，而社会组织与公众则是网络治理的关键参与主体。

学者们认为网络治理在建构自身理论体系和行动逻辑时，亟须厘清如下问题：

首先，网络治理模式如若取代"单中心"治理模式，应该需要依赖怎样的力量才能有效助推和运作；其次，这种助推力量是如何联结成治理网络且能采取共同行动，其中动力源是什么？这当中涉及了网络治理的两个

[①] 夏国锋，刘辉. 从"网格化管理"到"网络化治理"——社会管理模式与秩序观的转型 [J]. 湖北文理学院学报，2012（10）：27-30+36.

核心内容：一是公共服务治理网络的结构构建与网络的任务、网络治理主体的组成和治理任务界限有关；第二个是多成员在公共服务治理网络中实现互动的途径和收益与权力和资源的交换以及依赖密切相关。①

关于网络各个主体之间的关系，孙健、张智瀛（2014）等认为网络重要的关系内容应该是合作，合作既符合网络治理的理念及具体规则要求，还可以为网络治理的具体运作提供机制保障；各个合作主体间关系主要从两个方面表现：一是网络治理中各主体间实现权力分享与明确责任划分；二是网络治理中的各个合作方可以维持友好合作关系，主要是通过共同认可的运行机制规范行动并且能以追求网络绩效最优化实现的动态平衡状态为目标，具体践行在网络治理中，明确网络主体间的责任分工，关注治理主体资源与能力互补的现实状况，重视维护网络主体间关系质量。② 杨涛（2013）认为在相对理想的前提下，多元化网络治理主体可以在经过相互交叠后复合成为一种网络化结构形态形成过程中，逐步按照自主自治的基本原则逐步发展成为融开发性、流动性和系统化特点于一体的综合性"复合体"。③

在此基础上，学者们分析了网络化治理的困境及缺陷，认为政府日益空心化、出现合法性危机、主体权责难以界定、具体的网络治理集体行动难以实现是网络治理理论和实践逻辑体系难以规避的现实困境。

陈剩勇、于兰兰（2012）认为网络治理的缺陷包括效率与广泛参与之间的矛盾、内部合法性和外部合法性之间存在的张力、灵活性与稳定性之间的冲突这三对固有的矛盾；不同行为者实现"目标一致"性的困难；有效管理多个行为主体在内的网络关系是不容易的。④

---

① 夏玉珍，杨永伟. 网络化治理：公共服务供给模式的新路径 [J]. 甘肃理论学刊，2014（03）：21-26.
② 孙健，张智瀛. 网络化治理：研究视角及进度 [J]. 中国行政管理，2014（08）：72-75.
③ 杨涛. 从自主自治到复合共治的逻辑演变 [J]. 黑龙江社会科学，2013（01）：29-34.
④ 陈剩勇，于兰兰. 网络化治理：一种新的公共治理模式 [J]. 政治学研究，2012（02）：108-119.

5.网络治理理论的实践应用

治理实践表明，与传统的官僚制度、市场化治理模式相比，在公共物品或公共产品的供给方面，网络治理模式在增强顾客满意度、提高决策制定和执行质量、提高组织灵活性和回应性以及整合和利用资源等方面优势更明显。而且对传统的官僚制结构及理论造成了冲击。

学者们也对网络化治理理论在中国的实践状况进行了多角度、多层次研究。

王力立等（2015）认为地方政府网络治理协同行为，就是指地方政府为了创新公共服务供给方式，提高公共服务质量水平，通过在政府部门之间或者政府与企业和社会主体（包括社会组织、社会团体以及公民个人等）之间组建治理网络，实现资源共享和优势互补，从而使治理网络中的各个主体之间产生一种既竞争又合作的行为，包括政府部门之间的横向协调，同时也将政府与市场和社会主体之间的分权分工与合作互动纳入了研究范畴。地方政府网络治理协同行为从低到高可以划分为相互支持、彼此互动、资源互补和关系持久4个维度，也据此划分为四种不同的网络类型，即支持型、互动型、互补型和稳定型。[①] 刘波等（2013）认为地方政府网络治理风险包括环境风险、主体风险和运行风险三个主要方面。[②] 在治理实践方面，姚引良等学者提出地方政府网络治理主要是指地方政府以建设整体型政府为目标，以层级制政府为基础，在一定合约和框架下，通过购买服务、行政授权等多种合作方式引导其他社会组织主体（包括私营企业、社会团体、非营利组织等），一起创造并最优化公共价值，共同实现公共利

① 王力立，刘波，姚引良. 地方政府网络治理协同行为实证研究 [J]. 北京理工大学学报（社会科学版），2015（01）：53-54.
② 刘波，李娜，王宁. 地方政府网络治理风险的实证研究 [J]. 西安交通大学学报（社会科学版），2013（03）：49-57.

益使之最大化而采取的协同行为。[①]陆小成（2016）将网络治理的理念运用到城市治理，建议通过加快公共治理变革从而整合整个城市空间资源，以治理主体的多元化、治理结构的网络化、治理客体的协同化、治理能力现代化为重要路径实现城市低碳发展。[②]

毛羽等（2014）通过分析社会保障发展现状，参考国内外学者主流的观点，着重探讨我国当前政治体制下运行的网络治理模式，他认为由政府、社会以及个人构建的三维网络养老模式更合理。所以提出通过搭建社会网络体系、将政府职责具体化同时整合第三方力量等措施，以公共服务基本目标为目的，总结了构建社会居家养老服务体系的可行性思路。[③]杨蓓蕾、孙荣（2008）总结了独居老人精神慰藉的网络治理模式[④]，见图1-1。

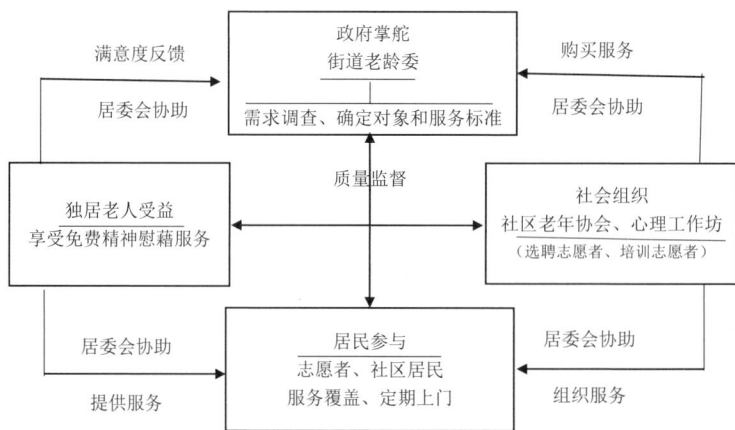

图1-1　独居老人精神慰藉的网络治理模式

资料来源：杨蓓蕾，孙荣. 城市社区网络治理：内涵、建构与实证[J]. 中国行政管理，2008（09）：90.

[①] 姚引良，刘波，汪应洛. 地方政府网络治理与和谐社会构建的理论探讨[J]. 中国行政管理，2009（11）：91-94.

[②] 陆小成. 城市低碳发展的空间网络化治理路径研究——基于"兰州蓝"的经验考察[J]. 中国行政管理，2016（08）：76-80.

[③] 毛羽，方彦晓. 用网络化治理的视角探析失独家庭养老模式[J]. 社会科学论，2014（11）：210-215.

[④] 杨蓓蕾，孙荣. 城市社区网络治理：内涵、建构与实证[J]. 中国行政管理，2008（09）：87-91.

（二）关于社区网络治理的相关研究

1.社区网络治理

学者们也将网络治理理论运用到社区治理中，提出了社区网络治理的概念，对社区网络治理的概念界定主要有以下几种：陈亚辉（2015）是在多中心治理、社会资本、协商民主等理论基础上界定社区网络治理，强调治理主体间要形成彼此信任、互利互惠的关系网络，重视平等、包容、交互、公开和责任。[①] 杨海涛、李德志（2012）社区网络治理是指以社区为平台，基层政府与其他非政府部门（包括企业组织、社会团体、社区居民等）在一定的框架机制和合约规定下，为了实现社区资源配置最优化和公共利益最大化而采取的协同行动，是一个社区多元互动主体共同构建和参与社区治理网络的过程。[②] 杨蓓蕾、孙荣（2008）指出社区网络治理是指众多的社区公共行动主体为了实现与增进社区公共利益，彼此合作，相互依存，分享公共权利，并实现共同管理社区公共事务的治理过程。[③]

2.社区网络治理兴起的原因

学者们也对社区网络治理兴起的原因进行了探讨，桂玉（2014）认为社区治理的科层制已经跟不上现代社区生活的多元化趋势，转变社区治理方式是社会发展的选择，也是社区发展的必然选择。社区失灵也是网络化治理兴起的原因。[④] 吴晓林、郝丽娜（2015）分析了社区失灵表现，如社区承接政府职能的能力不足、社区组织合法性欠缺、社区封闭排外

---

① 陈亚辉. 社区网络化治理模式研究 [J]. 人民论坛, 2015（20）: 140-142.

② 杨海涛, 李德志. 我国社区网络治理的障碍与对策探析 [J]. 东北大学学报（社会科学版）, 2012（06）: 506-510+515.

③ 杨蓓蕾, 孙荣. 城市社区网络治理: 内涵、建构与实证 [J]. 中国行政管理, 2008（09）:87-91.

④ 桂玉. 社区治理路径的选择——基于政策网络的分析 [J]. 云南行政学院学报, 2014（03）: 103-106.

等。① 这些都会导致社区在有效配置治理资源方面能力不足。杨海涛、李德志（2012）分析如何通过资源共享、分工及合作把传统社区中的唯一治理主体——城市基层政府——和其他利益主体融合到一个横向联系的网络中，共同对社区事务进行治理，社区网络治理也存在着障碍，主要有社区行政干预过多，服务功能不健全；社区非政府组织发展滞后；社区居民的参与意愿不强四个方面。② 陈亚辉（2015）认为社区网络化治理面临一系列挑战，包括：官僚制对社区的侵蚀、社区治理主体地位不平等、社区失灵、社区自治与元治理的矛盾四个方面。认为社区网络治理的核心思想包括公共价值最大化、社区公共服务集成者可以多元化、政府的最终责任是社区公共服务质量监管。③ 王庆华、宋晓娟（2019）社区网络治理与共生价值有极高的契合度。④ "共识是基层治理的重要合法性基础，共识的呈现需要借助公正、合适的协商程序。"⑤ 杨蓓蕾、孙荣（2008）指出社区网络治理模式和社区建设模式的区别主要体现在建设主体、建设客体、治理结构、建设手段、建设重点几个方面。⑥ 谢登旺认为网络治理可以带动社区发展，具体关系模式见图1-2，并认为网络治理可以密切社区各组织关系。⑦

① 吴晓林，郝丽娜."社区复兴运动"以来国外社区治理研究的理论考察 [J]. 政治学研究，2015（01）：47-58.
② 杨海涛，李德志. 我国社区网络治理的障碍与对策探析 [J]. 东北大学学报（社会科学版），2012（06）：506-510+515.
③ 陈亚辉. 社区网络化治理模式研究 [J]. 人民论坛，2015（20）：140-142.
④ 王庆华，宋晓娟. 共生型网络化治理：社区治理的新框架与推进策略 [J]. 社会科学战线，2019（09）：218-214.
⑤ 王卫. 中国基层协商民主共识形成机制研究——基于"温岭模式"实践的分析 [J]. 社会主义研究，2017（04）：105-113.
⑥ 杨蓓蕾，孙荣. 城市社区网络治理：内涵、建构与实证 [J]. 中国行政管理，2008（09）：87-91.
⑦ 谢登旺. 社区网络治理之评析 [A]. 海峡两岸"行政改革与公共治理能力现代化"学术研讨会论文集 [C]. 2015：214-223.

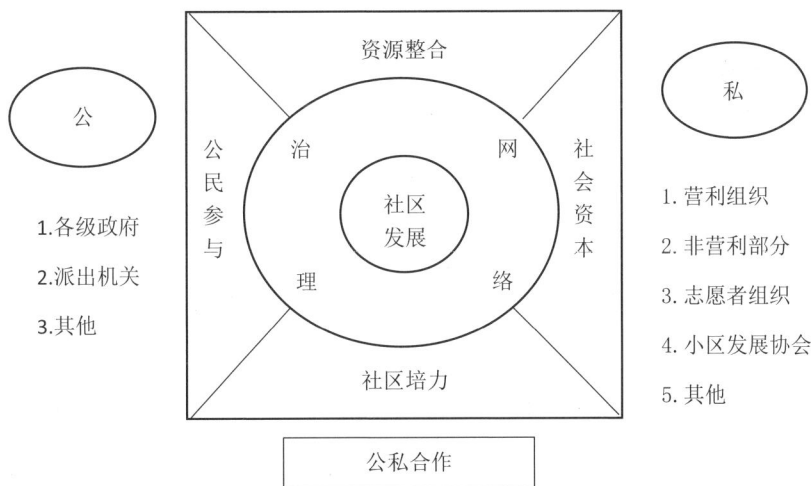

图1-2 网络治理改变社区

资料来源：谢登旺.社区网络治理之评析[A].海峡两岸"行政改革与公共治理能力现代化"学术研讨会论文集[C].2015：217.

3.社区网络治理的主体

有学者认为社区共生型网络化治理的先决条件是主体共存，要求多元主体独立自主地共同存在于某一社区空间内，而且各主体之间承认彼此存在的合法性与权利的正当性，在合法平等的权利基础上进行公共交往。[①]王燕（2010）认为街道办事处、社区居民委员会、社区内的营利组织、社区内的各种非政府组织（或称非营利组织、社会组织）、社区内的物业管理公司、社区内的志愿组织、居民都是社区网络治理的主体。[②]杨蓓蕾、孙荣（2008）认为参与社区建设的多元参与主体主要包括社区政府、社区自治组织、社区居民和社区企业。不同的主体各自承担不同的作用并发挥

① 王庆华，宋晓娟.共生型网络化治理：社区治理的新框架与推进策略 [J].社会科学战线，2019（09）：218-224.
② 王燕.论网络治理模式下中国特色的城市社区网络治理：公民治理 [A]."中国特色社会主义行政管理体制"研讨会暨中国行政管理学会年会 [C].2010：1513-1518.

相应的功能。①

在实现社区网络治理的基本策略方面，陈亚辉（2015）提出实现社区网络治理推动方略：战略变革（推进社区公共价值最大化）、组织创新（培养社区多元化公共服务集成者）、人员再造（塑造社区公共服务职业人员）、流程重组（促进社区服务网络化连接）四个方面。② 杨海涛、李德志（2012）指出我国社区网络治理的对策包括优化整体制度环境、激活社区社会资本、改革社区议事流程、制定网络治理游戏规则。③

随着全球政府治理理论的发展和各国政府改革实践的推进，网络治理的模式得到广泛认可，王燕（2010）认为要在完善社区治理的体制框架、重整社区决策运行机制、培养和提高公民决策能力、促进社区非政府组织的发展以及保护社区公民参与志愿组织的积极性等方面构建社区网络治理模式。④

三、国内外研究评价

（一）网络治理的内涵存在歧义

网络治理概念起源于美国，经过多位学者探索，网络治理的概念内涵多达十余种，其侧重点各有不同，过程、方法、价值等不同角度各有代表人物，这也足以说明网络治理的研究尚不成型，但可以肯定的是，学者们达成的共识是以网络治理方式实现服务供给。

（二）注重案例分析，规范研究尚需进步

国外研究网络治理的文献，更多的是侧重于如何通过网络方式提供公共服务以及所提供服务的模型，但对于其中所蕴含的理论意义及价值

---

① 杨蓓蕾，孙荣. 城市社区网络治理：内涵、建构与实证 [J]. 中国行政管理，2008（09）：87-91.
② 陈亚辉. 社区网络化治理模式研究 [J]. 人民论坛，2015（20）：140-142.
③ 杨海涛，李德志. 我国社区网络治理的障碍与对策探析 [J]. 东北大学学报（社会科学版），2012（06）：506-510+515.
④ 王燕. 论网络治理模式下中国特色的城市社区网络治理：公民治理 [A]. "中国特色社会主义行政管理体制"研讨会暨中国行政管理学会年会 [C]. 2010：1513-1518.

分析尚不多见。也就是说国外网络治理的理论研究与实践发展相比显得相对落后。

（三）对国外的相关研究成果的引介较多

网络治理理论源于国外，国内学者对于网络治理研究的热情较高，经济学、政治学、行政管理、社会学等领域的学者涉猎较多，单以对国外研究成果介绍为主，缺少将理论研究本土化的高水平的研究成果。

（四）研究内容相对分散，尚未形成明显的研究路径

国内学者对网络治理的研究涉及多个方面，但总体而言这些研究的内容比较零散，研究领域不明显，没有反映出作者学科背景的差异，也没有形成明确的研究视角和研究进路，以追风研究和浅尝辄止为研究特色，缺乏接续性，尚未形成系统性的研究。

（五）社区网络治理研究的内容少

截至 2022 年 12 月，CNKI 中以社区网络化治理或社区网络治理为篇名检索成功的各层次论文（不包括硕博论文）仅有 20 篇，第 1 篇出现于 2008 年，刊于《中国行政管理》。研究者多从概念界定、存在的问题或面临的障碍入手，最后提出社区网络化治理的策略，总体研究略显单薄。

第三节　研究思路和研究方法

一、研究思路

网络治理萌发于 20 世纪 90 年代初，主要指企业间或企业内部部门之间的合作，并在实践中获得广泛应用，网络治理的范围随着网络关系的变化无限延伸，为分析组织间的关系、组织内部成员的关系提供有益借鉴。

网络的开放性、主体间的平等和互动性对于处理现代社会复杂的公共事务提供了有效的分析工具。

社区治理是国家治理体系的重要组成部分，在社会转型期及城市发展过程中，我国城市社区表现出了社区结构复杂化、利益冲突复杂化以及矛盾复杂化的特点，社区治理难度成倍增加。实践证明，传统的由上而下的社区管理模式已经不能有效解决社区治理所面临的问题。因此，要实现社区有效治理，实现社区居民的广泛参与，要求必须引入新的治理理念、探索新的治理模式，才能快捷有效解决社区治理中可能出现的新矛盾以及新问题。

本书的研究思路（见图1-3），利用网络治理这一治理理论和工具，探讨中国城市社区治理模式的变迁，以网络治理的视角分析社区治理实践探索模式，分析网络治理理论应用于城市社区治理的可行性，通过分析城市社区治理从"网格化管理"→"政社互动"→"三社联动"（"四社联动""五社联动"），以城市社区网络治理案例为基础对网络治理理论进行实践验证，进而提炼出网络式城市社区治理模型；并且为了进一步推广和应用该模式，

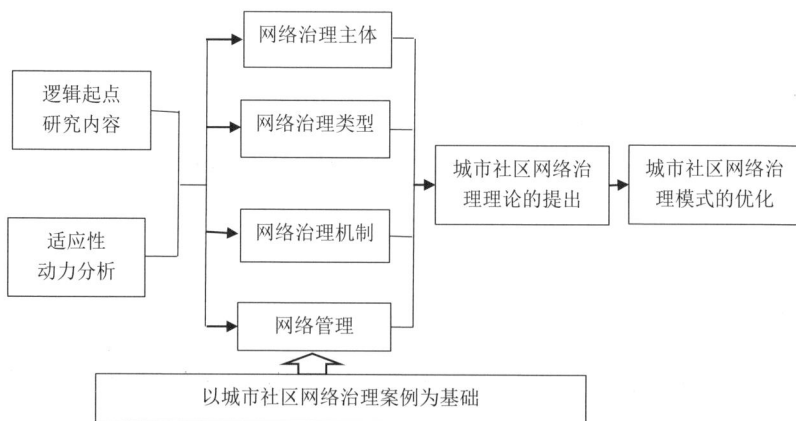

图1-3　研究思路

对城市社区网络治理模式进行了优化。

二、研究方法

（一）文献研究法

文献研究法，也被称为间接研究方法、图书馆分析方法，主要指搜集、鉴别、整理文献，并通过对文献的研究形成对事实的科学认识的方法。这是一种古老而又富有生命力的科学研究方法。文献研究法超越时空限制，可通过查阅现有的古今各类历史、文献资料，包括法律法规条文、政策文件、文书档案以及书刊、论文、研究报告等文献，寻求对一定问题或现象的理解并加以剖析。

文献研究法肯定了前人的研究工作及研究成果，对前辈研究成果的掌握程度可影响到研究者本人研究问题的深度、层次和水平，具有省时、省钱、效率高的特点。作者在研究城市社区网络治理这一问题的过程中，利用东北大学各类数据库、互联网站、档案馆查阅了大量中英文文献，并从中汲取和借鉴了相对丰富的研究素材。

（二）规范分析与案例分析相结合的方法

在本篇论文的写作过程中，笔者将充分运用规范分析的方法。规范分析法是 20 世纪 60 年代后期美国管理心理学家皮尔尼克（S.Pilnick）提出的一种研究方法。规范分析涉及已有的事物现象，对事物运行状态做出是非曲直的主观价值判断，因此规范分析和价值密切相关，更多的使用定性分析和演绎的方法，偏重于逻辑推理和价值判断，力求回答"事物的本质应该是什么"，故而"应当是什么"或"应该怎样"是学者关注的重点。本文对网络治理和社区治理变革进行分析和探讨、分析了社区网络治理的逻辑前提和运行机制、社区网络治理的结构及结构模型等基本理论问题进行探讨，从理论上解决社区网络治理视角中治理"应当是什么"的问题。

案例分析是指对某一个体、某一群体或某一组织在较长时间里连续进行调查，从而研究其行为发展变化的全过程，这种研究方法也称为个案研究法。案例研究是同事实和经验相关的分析，关注的重点是可观察到的事物，研究者根据实证材料分析"是什么"。是对一个或几个个案材料的收集、记录。当前我国城市社区治理实践中出现大量典型案例，对网络化社区治理也有大量探索。在管理学研究中，案例分析法是管理学中的一种具有探索性研究的科学分析方法，对于构建理论和实践创新，力争实现理论和实践相结合及相互促进具有重要意义。

（三）社会网络分析方法

网络主要指的是各种要素间的相互联系，社会网络被称为由多个社会关系所构成的复杂网络结构。社会网络分析是社会学常用的分析方法，强调通过研究网络关系，可以发现社会中存在多种网络关系类型，研究目的就是将社会系统的"宏观"网络结构、"微观"网络以及个体间关系紧密结合起来。社会环境中的个人相互作用关系可以表达为建立在这种关系基础上的社会结构，是一种建立在结构模式和规则上的社会关系，对这种结构关系的分析是社会网络分析的开始。

社会网络分析既是一种分析工具、分析方法，也是一种与关系论有关的思维方式。通常利用这种方法研究社会学、经济学、管理学等问题。如果将结构分析法和社会网络分析法结合起来，可以分析个体、群体或社会等不同社会单位而构成的社会关系结构及其属性。本文采用这种方法可以分析社区行动者之间的相互关系。

（四）访谈法

在案例研究中运用了访谈方法，选择全国不同城市（泰山、宝鸡、杭州、松原、沈阳市和平区和沈河区、辽阳市白塔区等）来自民政局、社区、社会组织的受访者，也随机访谈了部分社区居民，以非结构式的面对面访谈为主，为本研究获取了相对完整和深入的信息。

受新冠疫情影响，太仓市和武汉市调研主要利用社交软件的网络访谈为主。面对面的实地访谈中，与受访者访谈时间基本都能保持在 20 分钟以上。访谈方式兼具个别访谈和座谈会的形式，尽量使访谈信息达到饱和性和充分性。

第二章　网络治理理论与分析框架

第一节　核心概念界定

一、社区

西方学者给出的关于"社区"五花八门，大概有 140 多种定义。英国学者 S.H. 梅因在 1816 年出版的《东西方村落社区》一书中首先使用了社区（community）一词。

一般认为最早提出社区这一概念的学者是德国社会学家斐迪南德·滕尼斯（Ferdinand Tönnies），滕尼斯将在人类历史上一直存在着的、人们因聚居一地而逐渐形成了相互依赖和彼此合作的一种社会生活形式，称为"社区"。这是基于自然意志、地缘、血缘和心态形成的社会有机体。在这个有机体中，形成了人与人之间密切、友好和互助的关系，人们实现结合的依据是基于逐渐形成得以代际相传的价值观念和共同的情感。作为个人来说，因生长于此间而属于某个团体不是自己可以选择的结果。因为契约、分工等原因而逐步形成了目的以及价值取向不同、关系紧密程度不同的团体，人们开始从自然形成的共同体逐步向取向完全不同的团体过渡，并最终形成社会。[①] 滕尼斯所提的社区属于原发型社区，是一种被放大的

[①] Wood Me. Making the Global Challenge of Community Participation in Eco-tourism: Case Studies& Lessons from Ecuador[R]. Washington DC: The Nature Conservancy,1998.

宗教与家庭关系，既突出伦理色彩，又涵盖了居住地、组织关系、生活方式等广泛内容。

美国社会学家 R.E. 帕克（Robert Ezra Park）在 1936 年《城市社会学》一书中首次明确对"社区"进行了概念界定，认为社区是"占据在一块被或多或少明确地限定了的地域上的人群汇集"[①]，认为社区是人和制度同时聚集的地域。明确了社区应该是具备一定数量人口及有划分界限的地域、土地是这些人口的依靠、人与人是相互依存的关系这三个基本特征。美国社会学家乔治·希拉里（Hillery，1955）在对 94 种社区概念综合比较后提出："社区包括社会互动、地理区域、共同关系这三个特征，这是大多数社会学家持有的观点，其他关于社区的性质等，都没有完全相同的解释"[②]。沃伦（Warren，1963）认为社区是一种关系结构，定位于地域倾向的社会交互作用，人们在其中可以满足基本的日常需求，表达共同利益。[③] 也有学者认为，社区是社会单元和完成一定主要社会功能，有着地方关联性的系统综合体，可以解决社区参与者基本的社会生活问题。

纵观西方学者对社区概念内涵的理解，维度各自不同。一是强调社区作为人群共同体的精神层面，注重社区成员对共同价值的拥有；二是强调社区作为地域的共同体的物质层面，注重社区成员是"在一个地区内共同生活的人群"这一特性；三是强调社区作为满足成员需要的功能层面，注重社区承担的主要功能包括生产—分配—消费、社会化、社会控制、社会参与、互助等。

国内"社区"概念最早是由社会学家费孝通先生在翻译英文

① R.E. 帕克，E.N. 伯吉斯，R.D. 麦肯齐. 城市社区学 [M]. 宋俊岭，郑也夫，译. 北京：商务印书馆，2012.

② George A.Jr.Hillery. Definitions of Community: Areas of Areas of Agreement [J].Rural Sociology,1955(20):118.

③ Warren, Roland L. The Community in America[M]. Chicago: Rand McNally,1963.

"Community"时采用的表述，并将社区的概念界定为"若干个社会群体或社会组织聚集在某一地域里形成的一个在生活上相互关联的大集体"[①]。20世纪80年代后期，在对我国国情深刻分析及借鉴国外的先进理念后，民政部门提出"在城市中积极开展社区服务"的号召，这是我国城市社区建设的初始。2000年，民政部给出社区的官方解释，指出"社区是指聚居在一定地域范围内的人们所组成的社会生活共同体"[②]。国内学者也对社区的概念进行了阐述，普遍的观点认为社区是由人口、地域、文化以及组织结构作为基本构成要素，有一定数量的居民作为族群基础，并由内在的居民互动关系和共同认可的文化作为维系纽带的地域生活共同体。以上是城市社区的广义界定，认为社区是市、区、街、居辖区的共同体。这些概念阐述强调社区的聚集性和共同性，为与中国社会中社区管理的实际情况相对接，有学者认为城市社区既是我国城市街道办事处辖区共同体也是居民委员会辖区共同体。在此概念基础上，中办发〔2000〕23号文件中也对我国城市社区做了狭义界定，"一般是指经过社区体制改革后作了规模调整的居民委员会辖区"。

本书所使用的社区概念所采纳的是民政部对于城市社区的狭义界定范畴，是指以城市社区居委会服务和管理范围为基本单元的民众共同生活的"场域"。需要指出的是，把"社区"界定为"场域"，并不意味着"共同体"含义的丧失。在以社区居委会为核心的"社区"场域中，社区诸多公共事务的解决以及利益资源的分配都是通过这一基层群众自治组织来解决的。目前在我国一些社区中，以居民居住为核心而形成的生活共同体依然是普遍存在的。

---

① 徐永祥. 社区发展论 [M]. 上海：华东理工大学出版社，2001.
② 中共中央办公厅国务院办公厅关于转发《民政部关于在全国推进城市社区建设的意见》的通知 [EB/OL]. http://zfgb.fujian.gov.cn/7527.

二、治理

治理一词是政治学、公共管理、公共行政学、社会学、经济学、法学等社会科学学科研究的高频词汇。治理（Governance）含有统治、管理、管制等多重意思，原意是控制、引导和操纵的行动或方式，是掌舵之意。据塞缪尔·亨廷顿在《第三波：20 世纪后期的民主化浪潮》中的观点，世界自 1974 年开始第三波民主化席卷全球，在 1989 年达到高潮；同一时期，全球化浪潮也席卷全球，在国际货币基金组织、世界银行等国际组织的支持下，在许多国家和地区推行政治改革以换取经济援助；国际社会也遭遇了全球气候变暖、恐怖主义、跨国有组织犯罪、环境污染、贫富差距过大等全球性难题。"治理"一词被赋予新的内涵。甚至有学者为了将其与传统等同于"统治"概念区分，在治理前加上限定词，即新治理（new governance）。

现代意义"治理"的概念最早是由世界银行于 1989 年提出的，一般认为治理的含义源自 2000 年小劳伦斯·E. 林恩（Laurence E. Lynn Jr）等人的研究或者是世界银行 2004 年的发展报告。1995 年，联合国全球治理委员会对"治理"的内涵做了权威解释，认为治理的内涵应该包括以下几个方面：首先，治理是管理公共事务过程中，由公共的或私人的机构与个人合作所采用的众多方式及手段的总和；其次，治理是在协调不同的利益纠纷或彼此冲突中，由治理主体采取共同行动的一个持续的动态的过程；再次，治理同样具有一定的强迫性，同样有权力要求人们在服从正式规则和制度的同时，也要服从人们和机构共同认可的非正式的制度和规则的安排；"是各种公共的或私人的个人和机构管理其共同事务的诸多方式的总和。它是使相互冲突的或不同的利益得以调和并采取联合行动的持续的过程。"①联合国发展署（UNDP）的定义也比较全面地阐释了治理的核心特点：治理是指一套价值、政策和制度的系统，在这套系统中，一个社会通过国家、市民社会和私人部门之间或者各个主体内部的互动来管理其经济、政治和社会事务。它是一个社会通过其自身组织来制定和实施决策，以达成相互理解、取得共识和采取行动。治理由机制（institutions）和过程（process）组成，通过这些机制和过程，公民和群体可以表达他们的利益，缩小其之间的分歧，履行他们的合法权利和义务。规则、制度和实践（practices）为个人、组织和企业设定了限制并为其提供了激励。治理有社会、政治和经济三个维度，可以在家庭、村庄、城市、国家、地区和全球各个人类活动领域运行。②

治理理论和传统的管理模式的区别在于前者强调国家与社会之间、公共机构与私人机构之间、政府与社会组织之间开展多种形式的合作，而后者则将政府看作唯一的权力中心和行为主体。

国外学者对治理概念的界定以罗茨（R. Rhodes）、格里·斯托克（Gerry. Stoker）、基斯·冯·克斯伯根（Kees Van Kersbergen）和佛朗斯·冯·瓦尔登（Frans Van Waarden）为代表，罗茨（R. Rhodes, 1996）认为治理意味着"统治的含义有了变化，意味着一种新的统治过程，意味着有序统治的条件已经不同于以前，或是以新的方法来统治社会"。罗茨列举了六种不同的治理定义：（1）作为最小国家的管理活动的治理，它指的是国家削减公共开支，以最小的成本取得最大的效益；（2）作为公司管理的治理，它指的是指导、控制和监督企业运行的组织体制；（3）作为新公共管理的治理，它指的是将市场的激励机制和私人部门的管理手段引入政府

---

① 申剑. 治理理论及其评价 [J]. 广西大学学报（哲学社会科学版），2006（06）：80-85.
② 杨雪冬，季智璇. 政治话语中的词汇共用与概念共享——以"治理"为例 [J]. 南京大学学报（哲学·人文科学·社会科学），2021（01）：74-88+160.

的公共服务；（4）作为善治的治理，它指的是强调效率、法治、责任的公共服务体系；（5）作为社会—控制体系的治理，它指的是政府与民间、公共部门与私人部门之间的合作与互动；（6）作为自组织网络的治理，它指的是建立在信任与互利基础上的社会协调网络。[①] 罗茨（R. Rhodes，1996）从不同的角度阐述了治理丰富的内涵，但严格意义上来讲，这并不是真正的对治理进行界定，提供的仅仅是治理所涵盖的丰富的特征。格里·斯托克（Gerry Stoker，2000）提出了五种有关治理的不同观点，（1）治理意味着一系列来自政府但又不限于政府的社会公共机构和行为者；（2）治理意味着在为社会和经济问题寻求解决方案的过程中存在着界限和责任方面的模糊性；（3）治理明确肯定了在涉及集体行为的各个社会公共机构之间存在着权力依赖；（4）治理意味着参与者最终将形成一个自主的网络；（5）治理意味着办好事情的能力并不仅限于政府的权力，不限于政府的发号施令或运用权威。[②] 基斯·冯·克斯伯根（Kees Van Kersbergen）和佛朗斯·冯·瓦尔登（Frans Van Waarden，2004）提出了"治理"的九种用法。[③]

埃里克·克利因（Erik Klijn，2010）、布雷姆·斯坦因（Bram Steijn，2010）和朱里恩·埃德兰博斯（Jurian Edelenbos，2010）认为，治理是政府通过分权方式来运行一个多元行动者参与的网络[④]。克里斯托夫·尼尔（Christoph Knill）和德克·莱曼库尔（Dirk Lehmkuhl）根据公私部门治理能力，将治理划分为四种不同的类型。第一，妨碍型的规制（interfering regulation）：此时政府能力低下，它既不能提供公共物品，也不愿意改变

① R. Rhodes, The new governance: governing without government[J].Political Studies,1996(44):652.

② [英]格里·斯托克. 作为理论的治理：五个论点 [A]. 俞可平. 治理与善治 [M]. 北京：社会科学文献出版社，2000：31-36.

③ Kees Van Kersbergen & Frans Van Waarden. 'Governance' as a bridge between disciplines: Cross-disciplinary inspiration regarding shifts in governance and problems of governability, accountability and legitimacy [J].European Journal of Political Research，2004(2):143-171.

④ Erik Klijn，Bram Steijn and Jurian Edelenbos. The Impact of Network Management on Outcomes in Governance Networks[J]. Public Administration,2010,88(4).

治理结构以将私人部门引入到公共物品的供给中来，甚至还通过权力干预或阻碍等方式制造负外部性，从而使得私人部门活动效率低下；第二，干预型的规制（interventionist regulation）：政府的角色相当强势，几乎渗透并控制着社会治理的方方面面；第三，私人部门的自我规制（private self-regulation）：在这种关系模式下，政府的治理能力低下，而私人部门具有较强的能力并承担了部分公共物品的供给。政府需要做的是对社会的自我规制进行引导，比如对社会的自我规制赋予合法性、促进不同社会行动者的交流与协调等；第四，规制型的自我规制（regulated self-regulation）：在这种关系模式下，公私部门有着更多的良性互动，具体的合作方式也是多样化的，政府通过给私人部门提供财政支持、授权等方式，激励私人部门参与公共物品的供给。①

学者俞可平（1999）对治理概念进行权威界定，认为治理是在一个既定的范围内运用权威维持秩序，满足公众的需要。②毛寿龙（2001）则指出"治道，就是人类社会治理公共事务、解决公共问题、提供公共服务的基本模式"。③娄成武、董鹏（2014）根据学者对于治理的不同定义可以将治理理论的基本内容分为制度的治理、管理转型的治理、政治过程的治理、权力实践的治理、协作的治理和管理方式的治理六类，认为网络治理是管理方式的治理之一。④

综合以上观点，作者认为，治理是由权威主体主导，吸纳组织或个体利益相关者作为参与主体按照一定的规则通过秩序性安排，高效处理公共事务、快速解决公共管理问题以提供优质公共服务的过程。

---

① Knill, C. and Lehmkuhl, D.. Private actors and the state: Internationalization and changing patterns of governance[J]. Governance, 2002,15(1):41-63.
② 俞可平. 治理和善治引论 [J]. 马克思主义与现实，1999（05）：37-41.
③ 毛寿龙. 现代治道与治道变革 [J]. 南京社会科学，2001（09）：44-47.
④ 娄成武，董鹏. 西方治理理论缘起与发展探析——基于美国公共行政学的视角 [J]. 中共青岛市委党校青岛行政学院学报，2014（04）：58-64.

三、治理结构与治理模式

治理毫无疑问是一个结构概念，是治理活动中个体（或组织）之间的关系，应避免从单个主体个体（或组织）要素出发去界定和理解。治理结构是治理活动中角色的组合，角色是治理活动的基本主体之一，也就是治理的各种主体，"一个角色就是一种规则化的行为模式，它是通过人们自己的和他人的期望与行动而建立起来的"[①]。结构是由有多个相互联系和相互影响的主体或角色构成的，相互作用的结构构成了治理模式。因此，治理结构是同类治理主体之间，如政府之间、社会组织之间、公民之间和不同的治理主体之间，以及政府与社会组织之间、政府与公民之间、社会组织与公民之间，在一定的价值理念和制度性安排的基础上所形成的处理公共问题和解决公共事务的基本关系。

治理结构是分析治理的重要维度。

由不同的主体构成的结构类型分为两类：一是平等模式，二是等级模式，前者所有角色在形式上都有相等的影响，自主性较强，后者则以服从上层命令为主。

模式是结构主义用语，指用来说明事物结构的主观理性形式。模式是对事物发展形态、结构及内在规律的概括及凝练，指对某一事物主要组成要素的结构性安排。[②] 模式有的是在以前经验中形成，有的是面对现象时立即形成。

治理模式是治理的具体外在表现形态，是参与治理的各个主体间的相对稳定的结构。治理模式总体发展趋势是从全能政府向有限政府、人治政

---

① [美] 加布里埃尔·A. 阿尔蒙德，小 G. 宾厄姆·鲍威尔 . 比较政治学：体系、过程和政策 [M]. 曹沛霖，等，译 . 北京：东方出版社，2007：6.

② 耿国阶 . 中国治理变革的模式研究 [D]. 沈阳：东北大学，2009.

府向法治政府、专制政府向民主政府、集权政府向分权政府、封闭政府向开放政府转变。

四、社区治理

城市社区建设一直是我国基层社会管理体制改革的重要内容之一。吉登斯（2000）认为"社区这一主题是新兴政治的根本所在"[①]。张卫、成婧（2013）认为实现社区良性健康发展可以实现有效提升国民素质、增加公民福祉并减少矛盾冲突的目标，社区治理反映的是国家与社会之间关系的重构，成为政治权力与社会权力结合的重要场域。所以，两位学者认为从国家与社会关系角度分析社区治理成为揭示社区内在问题的关键环节。[②]

2013 年，中央政府提出创新社会治理的体制机制，认为在发展新型城镇化过程中，城乡社区治理是城市治理的重要基础和核心。中央文件使用了"治理"一词，这更加凸显了国家治理理念的变化，不仅反映了社会发展的现代化进程，也反映了中国的民主法治进程。基于此，"管理"这一概念更加倾向于强调政府对城乡社区的管理和控制，突出强调政府的管控能力；而"治理"这一概念则更加倾向于促进政府、市场和社会的互动，最终实现社会整体利益和公共事务的治理目标，突出强调政府主导下多元治理主体的共同参与及协商合作。

在以上概念辨析的基础上，大体可以看出对于"社区治理"这一概念的界定主要有以下几个角度：

一是认为社区治理是在对社区公共事务的管理过程中，基层政府及

---

① [英] 安东尼·吉登斯. 第二条道路：社会民主主义的复兴 [M]. 郑戈，译. 北京：北京大学出版社，2000：83.

② 张卫，成婧. 中国式社区治理模式的深层分析 [J]. 中南民族大学学报（人文社会科学版），2013（05）：88-92.

多元治理主体之间的组织、协调及互动过程。葛天任（2014）认为社区治理是一个多主体协同治理及互动过程①；席军良（2016）认为社区建设的共同目标是社区协同治理的前提，可以从构建治理秩序、协调社区治理主体间关系，实现可持续社区治理整体合力并形成协同效应入手②。魏娜（2013）③、胡小君（2016）④，认为"社区治理是指在一定区域范围内，政府与社区组织、社区公民共同管理社区公共事务的活动"。

二是从制度角度界定社区治理。田舒（2016）认为社区治理是一种由政府、社区社会组织和社区居民等通过多方协调及合作，力求满足社区居民需求、提供公共服务和优化社区秩序的机制，对市场原则的认可、对公共利益和社区的认同是其得以存在的基础⑤；杜玉华（2014）认为在"总体性社会"中形成的是一种以"国家—单位—个人"为脉络的单线条为特征的纵向治理模式，而"后单位时期"的社区治理则具有创新基层社会管理体制和促进社会横向整合以及有序引领现代社会生活等意义⑥。

三是从网络角度界定社区治理。夏建中（2010）认为社区治理是在居民生活的地理空间中，形成的一种依托政府组织、民营组织、社会组织和民间组织等各种组织网络体系，主要任务是应对社区中各类公共问题，协作完成并实现公共服务及社会事务管理改革和发展过程⑦。

笔者认为，社区治理是指由政府、企业、社会组织、社区自治组织和

---

① 葛天任. 社区碎片化与社区治理——Y 市基层社区变迁实证研究 [D]. 北京：清华大学，2014.
② 席军良. 社区"双重减负"的整体性治理研究——基于 H 省 5 市 15 社区的调查 [J]. 社会科学家，2016（04）：36-40.
③ 魏娜. 我国城市社区治理模式：发展演变与制度创新 [J]. 中国人民大学学报，2013（01）：135-140.
④ 胡小君. 从分散治理到协同治理：社区治理多元主体及其关系构建 [J]. 江汉论坛，2016（04）：41-48.
⑤ 田舒. "三社联动"：破解社区治理困境的创新机制 [J]. 理论月刊，2016（04）：145-150.
⑥ 杜玉华. 马克思社会结构理论视角下的国家治理体系构建 [J]. 华东师范大学学报（哲学社会科学版），2014（06）：100-107.
⑦ 夏建中. 治理理论的特点与社区治理研究 [J]. 黑龙江社会科学，2010（02）：125-130.

居民多主体构成的利益相关者展开合作和互动，以期能够有效满足社区居民需求及共同解决社区面临的各种公共问题的过程。政府、社区社会组织、企业、志愿者、驻区单位、居民等构成了社区治理多元化主体，社区公共事务则为社区治理的客体，实质是社区多元治理主体围绕社区公共事务、共同参与、协商并展开的一系列社区治理活动。

笔者利用Cite Space软件以检索式：主题词"社区治理"，检索类型：中文期刊，检索时间：不限，对全部的5867篇CNKI中文期刊文献进行分析，关键词点中心度、词频和出现年份如表2-1所示，可看出，点中心度和词频较高的有社区治理、城市社区、城市社区治理、治理等；社区自治、社区建设、社区居民、社会组织次之，街道办事处、多元共治、居民自治、社会工作、社会资本、业委会、非政府组织、智慧社区、协同治理、协商民主、居委会、三社联动、社区党组织、社区精英、网格化管理等也是学者关注的重点。从研究时间上看，关于社区治理的大规模研究始于2002年，且一直持续；研究内容与党和政府对社区建设的重视程度及基层社区治理的实践紧密联系，如智慧社区、三社联动、网格化管理等高词频成为研究热点。

表2-1 主题词"社区治理"的关键词聚类分析

关键词	点中心度	词频	出现年份	关键词	点中心度	词频	出现年份
社区治理	0.51	1108	2003	治理结构	0.03	52	2005
城市社区	0.18	378	2004	基层治理	0.03	49	2013
城市社区治理	0.18	410	2006	多元主体	0.03	41	2013
治理	0.17	224	2003	业主委员会	0.03	41	2006
社区自治	0.16	180	2005	社区党组织	0.03	35	2006
社区建设	0.11	171	2002	多元共治	0.03	31	2012

续表

关键词	点中心度	词频	出现年份	关键词	点中心度	词频	出现年份
社区居民	0.09	143	2009	和谐社区	0.03	30	2007
社会组织	0.07	114	2014	法治	0.03	24	2017
治理模式	0.06	98	2006	村改居	0.02	24	2014
居委会	0.06	75	2009	智慧社区	0.02	16	2015
街道办事处	0.06	20	2009	社区意识	0.02	8	2018
居民自治	0.05	46	2014	协商民主	0.02	17	2015
协同治理	0.05	98	2013	非政府组织	0.01	12	2011
社会资本	0.04	110	2007	社区服务	0.01	12	2008
社会工作	0.04	49	2013	三社联动	0.01	12	2015
公民社会	0.04	21	2008	网格化管理	0.01	11	2014

资料来源：自行绘制。

五、网络治理

（一）网络治理内涵

对于"网络治理"的理解国内外学者关注的重点主要是以下两个角度：一是在社会网络结构下，社会治理多元主体在此结构中开展相互分工协作的治理形式，有学者也将这种治理方式称为网络化治理；二是将网络治理直接定位于对互联网或者对网络虚拟空间的治理。

本文从第一个角度着手，下文统一概念为网络治理。

罗茨（Rhodes，2007）根据英国治理实践，指出治理网络是一种自组织形式，不需要对国家权力负责，网络治理注重政府、私有部门、非营利组织、社区及民众等多方行动者之间的相互依赖关系，认为治理是依靠网络的治理，其主要特征有：第一，组织间的相互依赖。治理改变了国家权力的边界，它意味着公共部门、私人部门与第三部门之间的界限变得模糊。第二，网络成员之间的持续性互动。各成员之间存在着共同的目标，为了实现这一目标，他们需要进行资源的交换。第三，博弈性互动。这种互动根植于信任，并受到网络成员共同协商认可的规则约束。第四，治理网络具有不受国家权力控制的高度自主权。[①]

李志强（2013）认为目前对于网络的研究主要集中在三个方面：一是重点聚焦于关系和关系模式而非行动者的属性；二是以微观和宏观相连接需要多层次分析法为工具；三是将定量、定性与图标结合的特点。[②]因此网络研究具有明显的独特性，主要体现在网络注重微观研究，注重深入到网络内部的因果链条和微妙互动关系，关注组织元素动态平衡和角色演化情势。

20世纪90年代以来，伴随着私营部门、第三部门先后出现以及各种社会运动蓬勃展开，非政府部门逐渐与政府部门之间建立起相互依存的网络合作关系，并对共同关注的热点问题采取集体协商联合行动，于是学者将网络概念移植于治理领域，出现了网络化治理的研究趋势。俞可平（1999）从多视角对治理实践进行梳理，他认为研究者对治理的概念和提法虽然各不相同，但学者们共同的观点是治理体现的是多元治理主体共同参与互动以及权力的分散性。[③]网络治理就是治理的理念在实践中加以具体化和可操作化的表现。

很多国内学者从不同角度介绍网络治理理论，朱德米（2004）认为网络治理是治理理论在一般组织网络形态中的具体应用的现实表现[④]。彭正

① Rhodes,R.A.W., Understanding Governance:Ten Years On[J]. Organization Studies,2007,28(8).
② 李志强. 网络化治理：意涵、回应性与公共价值建构 [J]. 内蒙古大学学报（哲学社会科学版），2013（06）：70-77.
③ 俞可平. 治理与善治引论 [J]. 马克思主义与现实，1999（05）：37-41.
④ 朱德米. 网络状公共治理：合作与共治[J]. 华中师范大学学报，2004（02）：5-13.

银（2002）①，朱立言、兰华（2010）②在对网络治理与科层治理系统比对基础上提出了相对系统的网络治理理论的框架。

学者对于网络治理内涵的理解主要有以下几种角度：

（1）网络治理模式说。奥图尔（O'Toole，1997）指出网络治理是在多元视角下重新建构治理主体的网络关系，动员各个治理主体采取集合行动，力争达成多边横向协调机制，并认为网络治理模式是未来公共管理实践必然走向，原因如下：第一，公共问题大部分密切相关，不可能完全割裂，需要由不同部门之间共同协作完成；第二，网络治理结构完全具备承担并执行完成复杂公共事务的条件；第三，网络还可能产生于一种实现政策目标所需要的政治压力；第四，网络还是将各种联系实现制度化的必然要求；第五，不同层次管理和跨部门管理的需要。③网络治理理论提出者斯蒂芬·戈德史密斯和威廉·艾格斯（2004）共同提出这一全新的治理模式，指出网络治理是政府关注公私部门合作，彻底转变角色，并有意识地将企业、非营利组织等纳入公共服务供给体系中。④网络治理理论认为在制度化的治理结构中，政府、社会组织、志愿者和居民等社会多元治理主体通过网络治理机制，共同为实现社会公共价值而采取联合行动。

姜晓萍、田昭（2017）认为网络化治理是"为了实现公共利益，社会成员之间依托社会网络互动协同，共同参与公共事务的一种新型治理模式"⑤。

（2）网络治理战略说。约翰（John C.，2010）认为网络治理作为政府

---

① 朱立言，刘兰华. 网络化治理及其政府治理工具创新 [J]. 江西社会科学，2010（05）：7-12.

② 彭正银. 网络治理理论探析 [J]. 中国软科学，2002（03）：50-54.

③ O'Toole, Laurence J. Treating Networks Seriously: Practical and Research Based Agendas in Public Administration[J]. Public Administration Review,1997 (1): 45-52.

④ Gold Smith, William De. Governing by Network: The New Shape of the Public Sector[M]. Brookings Institution Press,2004:3-5.

⑤ 姜晓萍，等. 网络化治理在中国的行政生态环境缺陷与改善途径 [J]. 四川大学学报（哲学社会科学版），2017（04）：5-12.

的重要战略之一，其目的是在公共服务提供过程中有效聚集政府、企业、非政府组织以及公民等代表，甚至包括学术团体，共同协商和配合以期解决复杂的问题。①

（3）网络治理实体说。唐（Tang S. Y., 2009）认为网络治理是针对某些不能由单一组织单独解决的公共政策问题，而进行的建立、掌舵、运营、监管等一系列解决问题的跨组织安排的过程，跨组织安排的组织概念是以共同的努力和自愿参与为原则形成的正式自治实体。②

（4）网络治理过程说。欧克利（Oakley）和凯特（Kate）提出网络治理就是一个依靠技术手段，促进公共部门与社会实现互动，完善公共服务供给为目的的过程，也就是由多元治理主体——政府机构、企业、社区社会组织、社会团体以及公民——共同参与、处理公共事务，并增进公共价值的过程。③陈振明（2003）将网络治理看作一个过程，率先提出了公共部门网络治理这一概念，认为网络治理是为了实现公共利益最大化，政府部门、私人部门、非营利组织或公民个体等多个公共治理主体共同参与合作、彼此依赖，通过参与管理社会公共事务、分享公共权力并有效提升公共利益及价值的过程。④治理所显示的外在特征就是政府与多个社会力量通过多样化的相互合作方式而组成的服务公共事务的网络状管理模式，在此网络中政府和其他各个主体之间的关系是平等的，建立网络的原因是实现依靠自身无法实现的目标，这些目标通过一定的规则，以对话的方式与其他主体建立良好的合作伙伴关系，然后借助其他主体的优势资源为实现目标做铺垫。一般来说，网络治理中的网络自发形成的可能性小，多数网

① John C.. Explaining coordination networks in collaborative partnerships[C]. West Political Science Association Annual Conference,2010(3):1-34.

② Tang S. Y., Daniel A M. Collaborative governance approached through theory[R].2009(12):1-45.

③ 陈祥荣. 电子政务与电子治理 [J]. 成都行政学院学报（哲学社会科学），2005（05）：53-55.

④ 陈振明. 公共管理学：一种不同于传统行政学的研究途径 [M]. 北京：中国人民大学出版社，2003：78-81+82-100.

络都是政府部门主动建构的结果。谭莉莉（2006）是这一观点的追随者，指出网络治理是在各级政府、政府与企事业组织、社会团体等多个主体之间秉承相互信任、责任共享而形成的协同互动的新型网络关系，目的是更好地实现公共价值和有效管理公共事务。①

（5）网络治理工具说。马汀·奇达夫、蔡文彬（2007）认为社会网络化研究是一种变革中的研究范式，而且应当是这样一种研究方法，以理论为指导，跨层次的，能对随时间演化的过程做出考察，并且置身于当代思维方式的前沿。②

（6）从形态角度理解。诸大建、李中政（2007）认为网络治理是一种存在于公共部门的全新的治理形态。网络治理是由公共部门、私人部门、非营利组织共同组成的网络联盟提供公共服务的模式，政府扮演的角色从管理者和规划者向协调者转变，从传统的"掌舵加划桨者"向"掌舵者"转变。③陈剩勇、于兰兰（2012）持类似观点，认为网络化治理是特殊的网络和特殊的治理，是连接公共部门、营利组织、非营利组织和个人的网络化结构治理形式。④

（7）从系统角度界定。李志强（2013）认为网络化治理是指参与公共事务的各种政府机构、社会团体、利益组织及公民个人之间，通过协调和信任机制维系的组织间的相互依赖和持续互动，在共同协定的制度框架内，通过凝聚自我管理以及采取共同行动最终以实现公共价值为目标的一种公共管理新治理范式和新的运作系统⑤，是通过整合集体效率的弹性结

① 谭莉莉. 网络治理模式探析 [J]. 甘肃农业, 2006（06）: 209-210.
② [英] 马汀·奇达夫, 蔡文彬. 社会网络与组织 [M]. 王凤斌, 朱超威, 等, 译. 北京: 中国人民大学出版社, 2007.
③ 诸大建, 李中政. 网络治理视角下的公共服务整合初探 [J]. 中国行政管理, 2007（08）:34-36.
④ 陈剩勇, 于兰兰. 网络化治理: 一种新的公共治理模式 [J]. 政治学研究, 2012（02）:108-119.
⑤ 李志强. 网络化治理: 意涵、回应性与公共价值建构 [J]. 内蒙古大学学报（哲学社会科学版）, 2013（11）: 70-77.

构并将其最优化，要求治理者本身兼具超越单一组织所拥有的治理能力和治理知识以及技术手段。

此外，李维安（2003）等还提出了网络治理的理论框架，该框架以结构嵌入的社会学理念为基础，在供给稳定的状态下，因为治理环境中存在需求不确定性、面临任务复杂性等方面因素，要求确定治理机制以实现治理目标[1]，见图2-1。

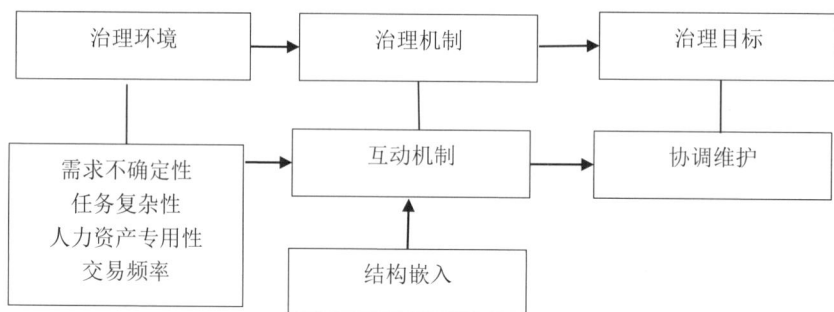

图2-1　李维安网络治理的理论框架

资料来源：李维安，等．网络组织：组织发展新趋势经济[M].北京：经济科学出版社，2003：275.

还有学者讨论了网络治理与社会资本之间的关系，陆海燕（2008）强调网络治理是国家与社会之间的一种全新关系，强调公共利益最大化是其根本目的，本质是实现政府与社会的互动合作，由双方共同提供公共服务和管理公共事务。[2]

关于网络治理内涵，学者们主要有两种意见，一种是从公共治理角度探讨，认为网络治理与网络状公共治理是等同的，是伴随着社会变革的大趋势，公共治理日益明显的网络状趋势也日益显现，这种模式是为适应社会关系调整而出现的，需要政府和社会进行双向互动才能实现；另一种是

①李维安，等．网络组织：组织发展新趋势[M]．北京：经济科学出版社，2003：275.
②陆海燕．社会资本——建构网络治理的支柱[J]．理论界，2008（05）：14-15.

公共服务提供角度。认为网络治理等同于公共服务供给的新形式，是针对公共服务的实际情况以实现公共服务的供给为目的，由多治理主体一起组成协作网络共同实现。

网络治理既是一种管理形态，也是一种治理机制。作为管理形态的网络治理将科层、市场与网络组织及其协调机制集于一体，兼具互动性和综合性；作为治理机制——网络治理机制，这是不同于科层制和市场治理机制的第三种基本治理机制；也意味着一种与科层组织和市场组织不同的新型组织——网络组织或中间组织的出现。

综上所述，网络治理的关键要素包括多元主体、互动协作和公共利益。网络治理以政府为核心治理主体、其他非政府部门为参与治理主体，通过不同的互动方式建立协调合作的关系网络，共同提供公共服务并协同处理公共事务的过程或模式。社区网络治理是指为实现社区公共利益，由政府、企业、社区社会组织及社区居民等多元主体依托其平等参与而构成的网络并对社区公共事务展开协同治理的过程。

社区网络治理模式是对社区网络的发展形态、结构及内在规律的概括及凝练，指对社区网络主要组成要素的结构性安排，是参与社区网络治理的各个主体间的相对稳定的结构。

（二）网络治理的近义术语辨析

网络治理在实践中的表现形式极为丰富，如多元共治、伙伴关系以及政策网络等。此处主要介绍和网络治理更为密切的多元共治和政策网络，府际关系也是网络治理的一种实践表现形式，但因其是政府间伙伴关系的主要表现形式，本文将略去不谈。

1. 多元共治

多元共治形式理论源于西方学术界之多中心治理理论，由奥斯特罗姆夫妻共同创立，主张通过多中心或无中心的制度的方式，将受限且独立之规则制定权与规则执行权同时分配给多个管辖单元。这是基于"公地悲剧"和"囚徒困境"以及"集体行动的逻辑"三大理论模型都不能解决公共事务的前提下而出现的必然结果。

理解"多中心"和"多中心秩序"是理解"多中心"治理理论的逻辑前提。迈克尔·博兰尼（Michaael Polanyi，2002）在其《自由的逻辑》著作中对社会的两种秩序加以区分，这两种秩序一是自上而下的指挥秩序，强调设计，维持秩序依靠权威，体现的是一元化、单中心秩序；二是多中心的秩序，强调独立的行为单位可以自由地追求和实现自己的利益，同时还可以为适应彼此调整自我，在受到特定规则制约的同时还可以在社会的一般规则体系中寻求到适合各自的定位，最后实现相互关系的整合。①

多元共治是指在对国家或某一区域内的公共问题或者公共事务寻求解决策略的过程中，由包括政党组织、政府组织、公民组织、相关利益团体、营利组织和公民个体在内的治理主体以谈判、对话、协商、和解、妥协等方式达到实现集体选择和集体行动的目的，最终实现共同的治理目标，在此基础上形成资源共享、相互依赖的合作关系，构建互惠、合作机制及组织结构，寻求搭建解决公共问题的纵向的以及横向抑或两者结合的组织网络②，这个网络具有弹性化、协作性的特征。多元共治具有以下四个特点，即主体多元、权威多样、主体间自愿且平等协作、治理的目的是实现社会公共事务治理的效能，以实现维护和增进公共利益的终极目的，各个主体之间既有竞争也有合作。

治理主体包括政府及政府部门、企业、社会组织、自治组织（如社区居委会），面对的对象都是公众，呈多元共治下的网络治理态势，合作

---

① [英]迈克尔·博兰尼. 自由的逻辑 [M]. 冯银红，译. 长春：吉林人民出版社，2002.

② 杨志军. 多中心协同治理模式研究：基于三项内容的考察 [J]. 中共南京市委党校学报，2010（03）：42-49.

与竞争关系存在于政府内部各个部门之间、政府与企业之间、社会组织与政府之间、自治组织与政府之间；企业之间、社会组织与企业之间、企业与自治组织之间；自治组织与社会组织之间，这些合作与竞争的关系构成网络治理，见图2-2。

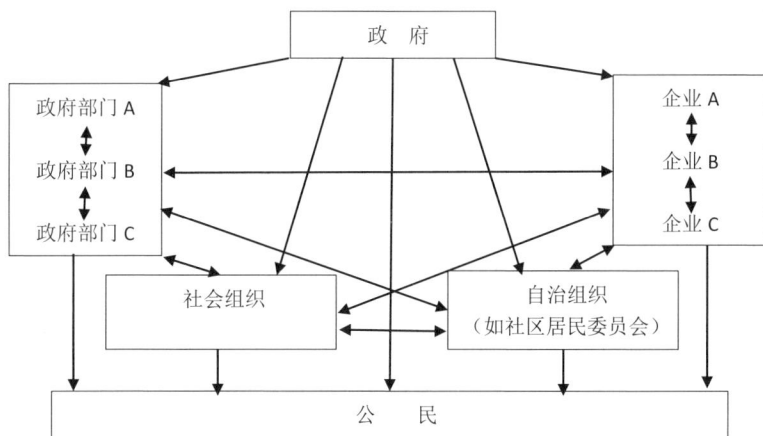

图2-2 多元共治模式

资料来源：根据多元公共理论自行绘制。

在多元共治模式中，利益的获取是必须存在的。正如亚里士多德所说："凡是属于最多数人的公共事物常常是最少受人照顾的事物，人们关怀着自己的所有，而忽视公共的事物；对于公共的一切，他至多只留心到其中对他个人多少有些相关的事物"[1]。可以通过增加选择治理方式、减少搭便车行为、提高决策合理性以实现治理目的。

2. 政策网络

将网络分析应用到政策研究中就顺势而生政策网络分析框架。从理论来源上看，政策网络的理论来源非常庞杂，理论基础极为丰富，包括政治科学中的多元主义理论以及政策科学中的过程理论、组织间关系理论等，

---

[1] [古希腊] 亚里士多德. 政治学 [M]. 吴寿彭，译. 北京：商务印书馆，1997：48.

可以说，政策网络是在对多种理论研究成果兼收并蓄的基础上通过融会贯通而形成的具有一种综合性特点的分析框架。

目前政策网络分析通常主要有两种分析研究途径：途径一是侧重政治学的研究角度，核心是对政治问题的研究，体现作为一种公共政策的概念分析框架的特性，重点关注的问题是政策网络合法性的问题，尤其是将网络作为利益中介来探讨它在政策制定过程中的作用。途径二是侧重管理学的研究视野，核心是网络治理中的管理策略问题研究，体现了作为公共事务治理的研究特点，此视角说明政策网络的合法性已获得承认。

政策网络研究开始并发展于西方的美、英、德、荷等国，一般认为20世纪40年代至50年代美国学者提出的"次级政府""次系统"等理论是政策网络的思想源头。美国学术界随后出现更具知名度的"铁三角"理论。彼得斯（Peters 1986）将"铁三角"的特点描述如下："铁三角中的每一个行动者都需要其他两个行动者才能取得成功，而且，其所形成的风格是共生性的……铁三角所涉及的所有相关人员都具有共同的利益"[1]。70年代后，美国乔治·梅森大学休·赫克洛（Hug Heclo）和加州大学伯克利分校阿伦·威尔柴达夫斯基（Aaron Wildavsky）开始使用"政策社区"的概念，在政策网络分析概念的演进上，一方面体现了传统政治学、行政学理论的思想争论，另一方面也反映出了西方国家决策结构和决策实践的差异。赫克洛（Hug Heclo）教授对原有的"铁三角"模式进行了批驳，认为"铁三角"模式已经不能完全解释现代网络中复杂的利益代表关系，已经不适合公共政策制定所面临的日益复杂化的社会背景，相关利益代表也不适合经常以制度化的形式固定下来，因此，他提出"问题网络"的概念。在问题网络中，参与者可以随时更换，流动性强，同时政策过程也将被迫充满各种不确定

---

① Peters,G.. American Public Policy[M]. Basingstoke:Macmillan,1986:6.

性。而后，理查德森（Richardson）和乔丹（G. Jodan）在对英国政府决策过程的研究中，提出政策网络和政策共同体观点。从问题网络、政策网络到政策共同体，罗茨（Rhodes）对这三个概念进行了梳理，并提出政策网络共有政策共同体、专业网络、政府间网络、生产者网络、问题网络五种类型[①]，如表 2-2 所示。

表2-2　罗茨（Rhodes）的分类：政策网络类型

网络的类型	网络的特点
政策共同体/地域共同体 （policy community）	稳定、严格限制的成员资格、纵向的相互依赖、有限的横向联结
专业网络 （professional networks）	稳定、严格限制的成员资格、纵向的相互依赖、有限的横向联结、为专业的利益服务
政府间网络 （inter-government networks）	有限的成员资格、有限的纵向相互依赖、广泛的横向联结
生产者网络 （producer networks）	波动的成员资格、有限的纵向相互依赖、为生产者利益服务
问题网络 （issue network）	不稳定的大量成员、有限的纵向相互依赖

资料来源：[英]R.A.W. 罗茨 . 理解治理：政策网络、治理、反思与问责 [M]. 丁煌，丁方达译 . 北京：中国人民大学出版社，2020：39.

简单来说，政策网络分析的演化是从最初的侧重政策偏好到关注权力资源，然后逐渐扩展到研究参与主体的组织方式以及政策过程中各个参与主体之间形成的互动关系，既强调宏观层面的制度分析也强调微观层面的理性选择分析，并很好地将二者结合起来。政策网络参与主体在政策过程中经过相互作用形成复杂的结构性关系以及政策网络参与主体所采用的运行机制和具体方式将决定着具体的政策后果，一般来说，政策网络参与主

[①] [英]R.A.W. 罗茨 . 理解治理：政策网络、治理、反思与问责 [M]. 丁煌，丁方达，译 . 北京：中国人民大学出版社，2020：39.

体采取的方式以谈判、妥协以及博弈行为为主。政策网络运行中形成了参与主体之间复杂的相互关系，这种关系如何决定了政策后果。另外，即使在政策得以实施之后，政策网络内各个参与主体之间结构性关系也不是一成不变的，权力关系演化、利益的变动和角色的分化都会导致政策网络结构变化，从而引发政策变迁。由此可见，政策网络分析是网络治理在政策领域的具体运用，试图在政策制定主体结构与行动者、政策网络与政策结果间可能引发的矛盾问题后，关注行动者如何在既定的制度以及文化条件下实现高效参与政策制定和创建治理最优化的格局。

政策网络和网络治理的区别还是比较明显的：

首先，运行机理明显不同。政策网络的本质是实现价值共识（最终政策）和共赢，因此在由多个利益相关者组成的政策网络（政策共同体）内，各利益相关者之间往往会通过谈判、协商、讨价还价以及妥协，最终形成各方皆可接受的政策结果（利益），实质就是经过民主治理的方式兼顾各方利益。网络治理是由多个治理主体组成复杂的网络提供公共服务的治理模式，其中每个治理主体将基于自身优势承担复杂公共服务的一部分，从而提高公共服务水平。

其次，存在的问题不同。政策网络实现价值共识的目的决定了政策形成过程中不可避免的讨价还价行为，也就是说协商和讨价还价是政策网络的必要条件，但事实上，理性的行动者可能发现不合作比合作的收益要高，或者不合作对对方的损失要大的结果，导致实现政策网络共识非常艰难。其次是政策网络进行协商的只能是行动者代表，协商过程中代表很难能够完全自治和自主。网络治理存在的问题一是要解决网络成员间的目标冲突的问题；二是成员间如何协调行动；三是如何监督；四是如何保持沟通畅通问题。

再次，政府角色不同。政策网络中所有的行动者之间都是平等的关系，追寻的依然是西方政治价值的民主理念，崇尚的依然是程序正义，致力于实现公共政策的形式上的价值共识。而网络治理中政府依然在公共服务供给中扮演最重要的角色，只是政府供给公共服务的形式和途径更为多样化；政府另一主要职能则表现在挑选合作者、协调合作者之间的关系等。

与网络治理相近的术语很多，除了多元共治、政策网络，还包括社会网络、政策网络治理、网络化治理等，相似概念比较见表2-3。

表2-3　相似概念比较一览表

概念	学科领域或方向	来源（来自于国外理论术语或自创）	出现时间	代表学者（国内）	关注的重点
社会网络	社会学	Social network	1990	李培林、张文宏等	社会成员间的联系和互动
政策网络	公共政策公共管理	Policy network	2005	孙柏瑛、娄成武等	行动者及其之间的关系对政策结果的影响
网络治理	工商管理	公司网络治理	2002	彭正银等	企业间的关系和资源依赖
	公共管理	Policy network、Governing By network	2003	刘霞、姚引良、陈振明等	①网络内互动②公私合作③兼备网络互动和公私合作
网络化治理	公共管理		2008	陈剩勇、陈荣卓等	

资料来源：田华文.从政策网络到网络化治理：一组概念辨析[J].北京行政学院学报，2017（02）：49-56.

注：在田华文研究整理基础上有修正，代表人物选择根据发表所文献被引用次数选定。

本文网络治理是融网络化治理和网络状治理特点于一体的网络治理。

3.公私伙伴关系

公私伙伴关系（也称政府与社会资本合作，public-private partnerships，缩写为PPP），是治理的核心要素，指公共部门和私人部门之间多样化的制度安排，泛指政府与私人部门之间的任何协议。

公私伙伴关系(PPP)是治理与统治最主要的区别。海伦·沙利文(Helen Sullivan，2002)、克里斯·斯凯奇(Chris Skelcher，2002)指出，"公私伙伴关系是一种半自主的组织机制，借助这一机制，政府、私人部门、志愿组织等参与到不同层次公共政策的辩论、协商与制定中来"[①]。德里克·W.布林克霍夫(Derick W. Brinkerhoff，2011)和珍妮弗·M.布林克霍夫(Jennifer M. Brinkerhoff，2011)认为，相对于政府、市场、公民社会这样的单一行动者而言，公私伙伴关系在资源动员、复杂社会问题的解决等诸多方面具有比较优势。[②]治理的关键是如何在各行动者之间寻求利益与激励的平衡，并将包容性、透明性、平等、责任、效率与效益等价值和规范整合到公私伙伴关系中来。斯凯奇(Skelcher，2005)、内夫迪普·马瑟(Navdeep Mathur，2005)和迈克·史密斯(Mike Smith，2005)认为，在伙伴关系这种元话语(meta-discourse)中，存在着管理主义式话语(managerial discourse)、协商式话语(con-sociational discourse)和参与式话语(participatory discourse)三种类型。[③]管理主义型伙伴关系重视管理过程中管理者对一系列管理工具的运用，主导权仍然掌握在政府手里，私人部门只是参与者。协商型伙伴关系重视精英政治框架下不同社会行动者之间的合作，主张通过协商来寻求共识。尤其值得注意的是，为了减少决策过程中不同行动者之间的价值冲突，协商型伙伴关系往往会把意识形态方面的价值问题界定为"手段—目的"的技术性问题。参与型伙伴关系更为民主，它主张把决策权下放给多元行动者。民众对公共决策的参与是参与型伙伴关系必不可少的一部分。

---

① Helen Sullivan and Chris Skelcher. Working across Boundaries: Collaboration in Public Services[M]. Basingstoke: Palgrave Macmillan,2002,10.

② Derick W. Brinkerhoff and Jennifer M. Brinkerhoff. Public-Private Partnerships : Perspectives on Purposes，Publicness，and Good Governance[J].Public Administration and Development, 2011,31(1).

③ Skelcher, C., Mathur ,N. and Smith, M. . The Public Governance of Collaborative Spaces: Discourse, Design and Democracy[J]. Public Administration,2005,83(3).

六、三社联动

关于"三社联动"的定义，学者们在 2013 年民政部官方界定的基础上，普遍认为"三社联动"是按照"政府扶持、社会承接、专业支撑、项目运作"的思路，以建立共建共治共享社会治理新格局作为基本目标，以社区为平台、以社区社会组织为载体、以专业化社会工作人才为主要支撑的现代化新型社区治理实践模式。

在中国学术期刊网（CNKI）上，以"三社联动"为篇名进行检索，不加年限设定且截至目前，CSSCI 文章来源为 35 篇，最早的研究成果见于 2010 年。可见关于"三社联动"学术研究成果相对较少。已有研究主要集中在两个维度，即三社的主体构成和联动机制，前者强调"三社"要素，后者探讨如何"联动"。（1）"三社联动"的主体构成。徐永祥、曹国慧（2016）认为"三社联动"是一种政府主导的基层社会治理创新模式，是主体在社区领域围绕社区居民开展的社区治理活动，两位学者对"三社"主体界定为居委会、社会组织和社会工作者。① 顾东辉（2016）认为"三社联动"可以分为"主体联动"和"要素联动"两种类型，也可以看作这两种类型整合后的联动，即"实现社区传统机构、社会工作机构和其他社会机构"② 联动，为社区发展服务。（2）"三社联动"类型。叶南客、陈金城（2010）认为"三社联动"可以有内需驱动型、政府主导型、项目引领型、理念践行型和体制创新型五种模式类型。③（3）"三社联动"机制。徐选国，徐永祥（2016）指出，"三社联动"是在政社分工合作与协调机制下，通过

① 徐永祥，曹国慧."三社联动"的历史实践与概念辨析 [J]. 云南师范大学学报（哲学社会科学版），2016（02）：54—62.

② 顾东辉."三社联动"的内涵解构与逻辑演绎 [J]. 学海，2016（03）：104—110.

③ 叶南客，陈金城. 我国"三社联动"的模式选择与策略研究 [J]. 南京社会科学，2010（12）：75—80.

政府购买服务，激发"三社"主体的社会活力参与社会建设。[①]吕青（2012）认为"三社"要发挥社区平台、社会组织载体及社会工作者三方作用。[②]李精华、赵珊珊（2016）指出"三社联动"主体是社区居委会、社会组织与社会工作者，并对各自角色进行界定，指出社区是"三社联动"的场域，并提出推动"三社联动"发展的策略。[③]通过这些策略发现，"三社联动"是促进社区管理走向社区治理的催化剂。

随后出现的"四社联动"和"五社联动"在本质上都是"三社联动"在实践中的延伸，以及对"政社关系"的新的阐释。

第二节　网络治理理论概述

一、网络治理理论研究的缘起

网络治理对政府治理而言是一场革命，致使传统的治理工具与治理结构都发生了根本变革。根据克莱恩等人的研究，有关治理网络的研究已长达40多年的时间，其发展的历程与组织行为学、政治学及公共管理都有密切的关系，研究网络的传统主要来自于三个角度，一是研究政策网络，这里主要是对人的研究，研究人对决策的影响，包括参与决策及影响决策的人，这个研究角度基于政治学的研究传统。二是源于组织理论的研究，主要关注于组织间的服务供给和政策执行问题，关注点在于

---

① 徐选国，徐永祥. 基层社会治理中的"三社联动"：内涵、机制及其实践逻辑 [J]. 社会科学，2016（07）：87-96.

② 吕青. 创新社会管理的"三社联动"路径探析 [J]. 华东理工大学学报（社会科学版），2012（06）：7-12.

③ 李精华，赵珊珊. "三社联动"：内涵、机制及其推进策略 [J]. 学术交流，2016（08）：162-168.

组织之间的协调和提供复杂服务，三是基于管理网络的研究，关注点在于通过网络方式解决公共问题，这些和组织间决策制定和执行研究有关，可以包含不同决策之间行动者为解决政策问题的具体商谈，以及可能引发的价值目标的冲突。

（一）理论催生：多元主义与统合主义的碰撞

从理论起源上来看，网络治理理论的出现与英美政治传统的多元主义与欧洲大陆政治传统的统合主义（Corporatism）密切相关。多元主义和统合主义（也被译为社团主义、法团主义）都是研究国家与社会关系以及利益群体政治的主要理论流派，这两种理论存在某种程度的竞争关系。

多元主义强调的是利益多元化，是西方利益集团日益发展的产物，主张将国家看作各种利益集团为了其各自利益影响或制约公共政策制定而采取各种手段展开竞争的角逐场，认为个人在自身力量有限的情况下只能借助组织的力量实现自身政治权利和政治利益诉求。多元主义视野中的组织即为利益团体，这些利益团体是多元、平等、自愿、远离科层并有着各自的被成员认可的利益追求，不需要被国家选拔的领导者监督管理和控制，不需要国家为其进行利益代言，同时利益团体在实现利益追求的过程中，也没有独占性的利益活动和目标。这个过程体现的是民主精神实质，任何利益相关者都是平等的，主张通过公平竞争的方式来影响公共政策，这也是各个利益集团实现其利益诉求的重要手段。通过这种方式达成的公共政策，体现的是参与竞争的各个利益团体意志的协调。政府扮演的角色是进行消极的权威性社会资源分配。

统合主义（Corporatism）也被译为合作主义，社团主义。这个概念是由施密特（Carl Schmitt）给定的，认为统合主义是利益代表的体系，认为国家本身即为政治组织实体，甚至是利益集团，有自身利益、自主性和主动性[①]，利益群体的利益代表资格是由国家认可的，也就是国家体系内通过自发和自主形成的，是"国家行动有意识的塑造、型构和制度化的"的产物。施密特（Carl Schmitt，1985）和帕尼克（Panitch，1980）认为"合作主义不仅仅是私人部门之间的一种安排，它本质上是一种得到官方承认的三方合作"[②]。合作主义在现代更多地被认为三方伙伴主义。《剑桥百科全书》认为，合作主义是"决定和实施经济和社会政策的权力由制造商集团共同享有或派代表参加的安排方式。社团的成员必须遵守国家规定的各项原则，他们如果做不到这一点，社团的决策和代表权便归于无效"[③]。《布莱克维尔政治思想百科全书》中给合作主义的定义是"一种特殊的社会——政治过程，在这个过程中，数量有限的、代表种种职能利益的垄断组织与国家机构就公共政策的产出进行讨价还价。为换取有利的政策，利益组织的领导人应允通过提供其成员的合作来实施政策"[④]。统合主义中的国家体系将组织化的社会利益收入囊中并加以掌控，指使其扮演利益代表，同时行使协调的职能及政策制定和实施的职能。统合主义在分析"国家—社会"关系时所持的视角是一种"相对关系"的架构，因为在某种程度上国家不是一个单一的行动主体，这时的国家由其本身与各种社会利益团体的关系结构共同构成，国家成为一个更为复杂的组织并不断进行分化；国家因其特殊的地位不仅决定着利益团体的权力，还控制每个团体应该掌

---

① Nedelmann,Birgitta,Kurt G. Meier. "Theories of Contemporary Corporatism:Static or Dynamic?" [J]. Comparative Political Studies,1977,10(01):39−60.

② Schmitt,P C..Neo−corporatism and the State[A],in The Political Economy of Corporatism[C],edited by Wyn Grant. London:Macmillan,1985:35−37.
Panitch,Fred C..Recent Theorizing of Corporatism: Reflections on a Growth Industry[J].British Journal of Sociology,1980(31):173.

③ [英]大卫·克里斯特尔. 剑桥百科全书[M]. 丁仲华，译. 北京：中国友谊出版社，1998：302.

④ [英]戴维·米勒，英文版主编. 布莱克维尔政治思想百科全书[M]. 邓正来，中译本主编. 北京：中国政法大学出版社，2011：120.

控哪些成员、需要代表哪些团体成员。合作主义具有利益协调和权力均衡两个典型特点。

在多元主义制度下，许多自愿组成的利益团体在人员、资源和进入政府方面彼此竞争，以便影响公共政策的方向；在统合主义制度下，拥有强制性和半强制性成员资格的非竞争组织的数量是有限的。这些组织均享有某种特权地位，与政府共同制定政策，并通过训导其成员接受经讨价还价达成的协议而对政策的实施负责。可以说，多元主义与统合主义理论都尝试提供一个关于现代社会中政府、利益组织和公民之间关系的一般理论分析模式，但是作为宏观的政治理论，这两种理论在分析公民、政府和利益组织间的关系时没有考虑到国家的实际情况及治理领域的因素而导致的不同，因此，新的理论模式的出现是不可避免的。

（二）实践催生：传统纵向互动模式效率低下

从实践渊源上看，在政治学家看来，网络治理出现的原因也是对西方政治传统中以"纵向互动"（vertical interactions）为特征的议会民主政治秩序的不足之处所进行的改良。传统议会民主模式注重程序化、相对固化，具有垂直性特点，应变性较差。而社会治理环境日益复杂、公民期望（expectations of citizenry）高且日益多样化，固化的传统议会模式显得力不从心，严重影响了决策的效率。尤其在中国单位体制弱化后"国家—社会"和"政府—社会"的关系引起人们关注，原有的国家对社会的强控制已经不再可能，但社会仍需政府权威及政治控制在一定程度上存在，因此政府权威对社会秩序保持有序维持能力，可以为公民实现自身目标提供有序的社会环境。

网络治理所具有"横向互动"（horizontal interactions）的典型特征，意味着政府角色从社会控制者为主转变为主要扮演社会服务者角色。因此网络治理可以弥补传统单向纵向互动这一短板，也可以在网络治理中，通过构建行为体之间横向的交互式互动模式，从而提高多元参与主体参与公共政策制定效率，又可以尽量降低各行为体参与制定公共政策的成本。

（三）需求催生：利益需求多样化和个性化

从公共管理角度看，利益组织和利益主体需求呈现多样化和个性化趋势，这也是网络化治理出现的原因。利益主体诉求日益增多，政府在社会利益多元化渐趋加剧和主体多元分化明显的情况下对公民诉求的回应或反馈往往滞后，而社会和其他私人供应商因其具备的灵活性则可以弥补这一点。因此政府将其一部分权力下放到社会与市场则可以更好地协调各种活动，处理各种问题。"碎片化政府"的管理模式使网络治理的出现成为历史必然。"鸽笼化"管理模式中的政府具有自闭、消极、竞争力低等特征，造成地方政府对公共需求的回应性低。

传统的等级制政府模式在快速变革的时代背景下根本无法满足处理错综复杂的公共问题的需求。靠命令与控制程序、刻板的工作限制以及内向的组织文化和经营模式维系起来的严格的官僚制度，尤其不适宜处理那些常常要超越组织界限的复杂问题。[①] 而网络治理则可以改变这种状况，在应对高度复杂的社会，提供高质量的服务的大背景下，与不同的群体和利益组织还有专业机构合作是必然趋势，政府的任务就是把完成任务所需的各种资源有效集结，政府扮演"网络集线器"的角色。政府通过多个利益方的互动，协调合作，完善各个群体的公共价值观念，增进公共价值。

从公共管理者角度分析，网络治理的出现与现代社会公共服务提供过程中明晰的公共责任的需要密切相关。现代社会应当由政府部门提供的社会公共服务项目已经逐渐减少。而营利机构与非营利组织在国家与社会中发挥的作用则愈发重要。学者们认为，非政府部门在公共管理中发挥日益

---

① [美]斯蒂芬·戈德史密斯，威廉·D.艾格思. 网络化治理：公共部门的新形态 [M]. 孙迎春，译. 北京：北京大学出版社，2008：6.

突出的作用与公共责任并不相悖。公共责任（public accountability）和治理议题（Governance issues）在私有化或者合同外包的决策过程中也依然存在。而网络治理行为体构成的复杂网络则影响着公共政策的制定、执行与监督等各个环节。

二、网络治理理论简介

网络治理理论（network governance theory）是非政府部门与政府部门联结起来形成的相互依存的合作与互动关系（即网络关系），其中的行动主体（利益相关者）就共同关心的公共问题形成共识并采取集体行动的治理理念。网络治理理论（network governance theory）是 2016 年公布的管理科学技术名词。

对网络组织的研究是学术界在 20 世纪后半叶进行的重要探索。网络治理作为一种治理形式出现在 20 世纪 90 年代初，是组织演化的一个重要组成部分，主要指企业间或企业内部部门之间的合作，并在实践中获得应用，作为一种治理结构，网络治理要求治理网络中必须要有三家以上的组织，具体表现形式包括组织联盟和组织集群以及组织集团、中小组织网络、连锁经营、虚拟组织、企业中的合资合作企业以及企业间相互持股和长期的买卖关系等一切可能的形式。这些网络形式将组织直接或间接地联系在一起，形成复杂的网络关系，网络治理的范围随着网络关系的变化无限延伸，为了避免网络的无限扩大及网络的性质模糊，组织间的网络关系必须要求以共同的目标或项目作为治理基准，这为网络治理理论在公共管理领域广泛应用提供了借鉴。

20 世纪 90 年代以后网络治理理念逐步演化为公共管理领域理论和实践研究的主要议题。网络治理意味着政府在更大范围内与私人公司、各种团体和非营利组织合作，以期实现公共目的和公共价值，提供各种公共服务。瓦尔特（Walter，1997）强调公共管理面临的最主要的挑战是如何应对网络状的相互依存的环境，而将公共管理看作一种网络管理。① 凯特尔（Kettle，1993）认为网络治理是网络状管理系统，是由政府与多种社会力量通过相互合作方式组成的。②

随着政府治理环境日益复杂化，网络治理理论逐渐被引入公共管理研究领域，斯蒂芬·戈德史密斯（Stephen Goldsmith，2008）和威廉·D.艾格思（William D. Eggers，2008）认为等级式政府管理的官僚制时代正面临着终结，网络化治理正在取而代之，指出网络治理主要指一种通过公私部门合作，营利组织和非营利组织广泛参与并提供公共服务的一种全新的治理模式。③ 这种治理模式主要是通过寻找网络治理伙伴，针对某一个具体的治理议题（governance issue）由多个治理主体（利益相关者），通过多元、理性、技术及规则等提升网络中各个组织及个体的社会治理能力。这种模式中的政府其核心任务是组织协调多个资源共同创造公共价值，而不再是将焦点放在管理人员和项目上。政府的角色也逐渐由公共服务的直接提供者转变为公共价值的促进者。斯蒂芬·戈德史密斯（Stephen Goldsmith，2008）与威廉·D.艾格思（William D. Eggers，2008）从公私合作程度和网络管理能力两个维度区分了四种政府管理模式之间的区别，认为网络治理代表了四种发展趋势的集合，它将第三方政府高水平的公私合作特性与协同政府充沛的网络管理能力结合起来，然后再利用技术将网络连接到一起，并在服务运行方案中给予公民更多的选择权。④

---

① Dr Walter J. M. Kickert, Eric-Hans Klijn, and Dr Joop F.M. Koppenjan. Managing Complex Networks: Strategies for the Public Sector [M].London: Sage Publications Ltd,1997.

② D.Kettle.Sharing Power:Public Governance and Private Markets[M].Washington,DC:The Brookings Institution, 1993:232.

③ [美] 斯蒂芬·戈德史密斯，威廉·D.艾格思. 网络化治理：公共部门的新形态 [M]. 孙迎春，译. 北京：北京大学出版社，2008：6.

④ [美] 斯蒂芬·戈德史密斯，威廉·D.艾格思. 网络化治理：公共部门的新形态 [M]. 孙迎春，译. 北京：北京大学出版社，2008：18.

网络治理主要考虑的是以下几个问题：

首先是让最擅长的人组织最擅长的事，发挥专业化的力量；其次是充分整合现有社会资源，实现对已有社会资源的高效利用；三是借助第三方解决面临的公共问题。

网络治理实际上摒弃了传统层级制政府自我封闭的管理模式及科层管理的纵向的权力运作模式，融合了第三方政府和协同政府的两种治理模式的优点，构建政府与社会的各个领域的横向联系，并为公民提供更多选择权以构成密切合作、相互依赖的网络关系和治理模式。

三、网络治理的价值体现

网络治理适应了当代公共管理的环境变迁及其发展趋势，治理主体多元、权力主体之间以合作为主要关系基调、社会自主自治成为公共管理的主要的模式追求、公共利益成为各个管理主体的共同目标，民主、平等和自由成为网络治理的主要价值体现。

（一）民主：网络治理的内在价值诉求

民主源于古希腊语，民主（democracy）由法语 demokratia 演变而来，其基本含义是 demas（人民）和 kratos（统治）。亚里士多德是阐述古典民主最杰出的思想家，他强调"（公民）应享有平等的权利……（违反平等原则）的政体一定难以长久"[①]。卢梭也强调积极参与的公民对于社会政治生活的重要性，全体公民应该结合在一起，决定对于共同体来说什么形式是最好的。赫尔德认为"民主需要这样一种共同体，在这种共同体中，人民享有一定形式的政治平等"[②]。民主是全人类追求的终极价

---

① [古希腊] 亚里士多德. 政治学 [M]. 吴寿彭，译. 北京：商务印书馆，1997：386.
② [英] 戴维·赫尔德. 民主的模式 [M]. 燕继荣，等，译. 王浦劬，校. 北京：中央编译出版社，1998：2.

值，但这种价值是抽象的，对于民主的理解从古典民主到现代民主理解的角度并不相同，但作为一种价值导向，民主意味着人民对国家或地方的重大事务具有参与、决定的权利；作为一种工具导向，民主可以为解决社会问题、解决价值冲突提供一种方法，这种方法就是公共过程中的公开的积极参与。

不论从价值还是工具的角度来说，公民的政治参与都是民主的必需品，在民主实践中，代议制民主成为各国民主实践的首选，即使代议制政府给予了公民广泛的政治参与权利，"不仅是发展自我认同感、个性和社会差别——及多元社会——的一种手段，并且其自身就是一个目的，即一种至关重要的民主秩序"[①]。这样民主就很容易沦落成为如熊彼特所言的"竞争性的精英主义的民主"。而网络治理的出现已经不可避免地出现一场民主的变革，公民参与的范围将更加广泛，将突破传统的投票和选举为主的参与方式，真正地参与进政府决策中，由治理对象转变成为治理者，表达自己意愿及实现自身利益的机会将大大增加。

（二）平等：网络治理的外在价值体现

平等意味着相同或相等。古典政治学强调的平等理念是"人是平等的动物"的哲学理念，普通民众在"人生而平等"的前提下，人类的生命在价值上是等同的。亚里士多德在探讨平等观念时，认为公民具有平等的投票能力，公民在原则上具有担任官职的平等机会。民主的实现离不开自由，而自由的实现又离不开严格的政治平等。

作为现代政治学的一种价值核心，德沃金（Ronald Dworkin）要求人们"认真对待权利"，把平等称为"至上的美德"，认为平等包括对生命的平等关怀、对公民自由的平等尊重、对经济利益的平等分配。平等

---

① [英]戴维·赫尔德. 民主的模式[M]. 燕继荣，等，译. 王浦劬，校. 北京：中央编译出版社，1998：144.

更多地强调形式平等、机会平等和结果平等，形式平等强调社会成员在权利和资格方面的平等，都拥有相同的基于宪法和法律规定基础上的各项权利。形式平等是实现机会平等和结果平等的基础。实现形式上的平等可以为每个社会成员提供相同的进取机会，从而使每个人都有平等的权利获得基于个人奋斗而取得成绩。结果平等则是对每个生命个体的一种尊重，基于赋予每个公民以生命的尊严出发，弥补因能力差别而致的结果不平等。所以形式平等应该是所有的平等类型中最具现实意义的部分。

尽管实现完全平等是一种奢望，人们在实践中都尽可能做到形式平等，尽量减少在平等的思辨性角度上的停留。网络治理的出现为实现形式平等提供了更为完善的操作平台。当公民个人成为治理主体一元之后，公民成为真正的权利主体，将人民这样一个群体性的概念转变为实在的个体，权利承载者开始具体化。公民、私营部门和第三部门同政府一样成为规则的制定者，政府与以往角色的不同之处仅仅在于它还承担着协调者的角色。社会政策的制定不能再忽视哪一方面的意见，绝对的服从将成为过去，合作成为社会治理的主要基调，正如罗尔斯（1988）所述，人类社会中，"每个人的幸福都依赖于一种合作体系，没有这种合作，所有人都不会有一种满意的生活"①。在合作过程中，不同的利益群体不可避免地要有一定的利益冲突，各个利益主体都想最大限度地获得利益的最多分配，那么利益分配的原则是什么？在冲突协调的过程中不同的治理主体之间的关系是什么？利益分配的协商规则制定过程中各主体的权利分配便成为关键因素。这个时候最需要体现的就是平等价值。以平等为前提制定规则，实现合作共赢，这是网络治理的外在的价值体现。

---

① [美] 约翰·罗尔斯. 正义论 [M]. 何怀宏，何包钢，廖申白，译. 北京：社会科学文献出版社，1988 : 13.

（三）自由：网络治理的终极追求

按照亚里士多德的观点，自由有两个标准：一是"轮流统治和被统治"（ruling and being ruled in turn）；二是按照个人选择的方式生活（living as one chooses）。自由在现代西方社会被认为是最高的政治价值，被认为是人类幸福及自我实现的前提和基础。传统自由主义的自由被称为"消极自由"（negative），强调以理性主义和个人主义的眼光看待人类，肯定个人具有充分的理智和自制能力，反对一切形式的强制；新自由主义强调的是"积极的自由"（positive），认为一个人的自由不是绝对的，而是有条件的，自由要受其他力量的制约。

自由还是个人达成自我实现和自我价值的前提条件，自由涵盖着生命活动主体的自觉性、自愿性和自立性，这些都是自由的本质内涵。人作为人的存在，从其本质上来讲是自由的，但自由不是绝对的，不是可以无条件地获得的。正如马克思所言"人的本质并不是单个人所固有的抽象物，在其现实性上，它是一切社会关系的总和"①。从这些思想家的论述中，可以看出，自由是有条件的，自由的实现不是脱离社会而孤立存在的，自由是人类追求的共同目标。在网络治理实践的过程中，以民主作为价值诉求，以平等作为外在的价值表现，归根到底是要实现个体的最终自由与解放。平等是实现自由的前提和基础，自由则是实现平等的最终结果。公民只有通过参与社会公共事务，与政府和其他非政府部门协商合作以完善公共服务，在实现治人以及治于人的过程中，与其他治理主体的相互制约与合作才能选择相对自由的生活方式，从而实现真正的自由和解放。

---

① [德] 马克思，恩格斯. 马克思恩格斯选集第一卷 [M]. 北京：人民出版社，1995：56.

第三节 网络治理的逻辑起点和分析框架

一、网络治理的逻辑起点

（一）逻辑起点1：网络治理是客观存在的

在 20 世纪，提供公共服务和实现公共政策目标的主要组织模式是等级式的政府官僚体制，常规化、程序化的日常工作即可完成任务并获得认可。进入 21 世纪，社会环境日益复杂，各种挑战和应对挑战的方式都要复杂得多，当权力分散化、组织界限模糊化和人群多元化日益明显，简单固化的问题处理方式开始引起人们质疑，国家与社会相互依赖，个体利益与公共利益并存，政府不得不改变传统作为直接服务供应者的角色，而化身成为公共价值促进者，在由多元组织以及多种部门组成的网络中发挥作用。

同时，公民参与呈现出一种积极化态势，在整个社会再组织化的大潮流中，社会公共参与逐渐以有机互动型的时代特征显现出来。因此，市场组织与社会组织、公众以及政府一起共同建构公共参与秩序并呈现多方互动状态。

（二）逻辑起点2：网络治理主体众多

网络治理模式中，治理主体由单一趋向多元，政府部门和社会组织都是网络治理的主体，非政府部门包括私营部门、公民和社会组织。网络治理主体的角色需重新划分。传统的科层制的组织模式中，政府是公共事务唯一的管理者，是单一的权力主体。在网络治理模式中，政府从公共管理行为的唯一主体转变为公共事务管理的参与者之一，是网络治理各关系主体的一个组成部分，同样受到网络规则的控制。政府扮演着"元治理"的角色，是构建合作治理网络的负责人，是保证合作治理网络有效运行的管理者和协调人。非政府部门则通过网络治理模式参与到公共管理中，平等地管理社会公共事务，见图2-3。

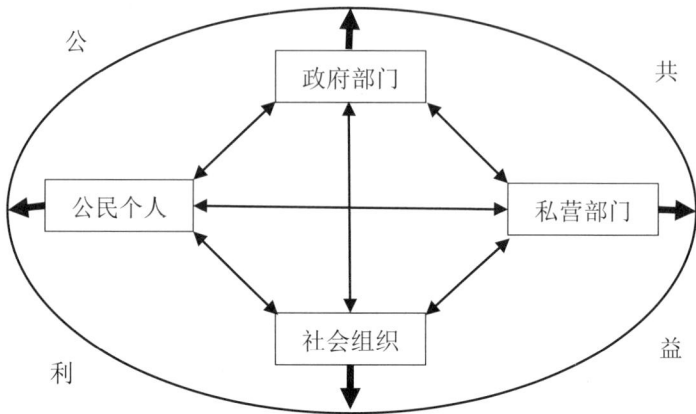

图2-3 治理主体之间的关系

资料来源：作者自行整理绘制。

（三）逻辑起点3：网络中利益相关者群体存在利益多样性

网络治理得以实现取决于参与治理的主体形成有机互动模式，社会治理有效的公共参与是由国家与社会的力量有机互动、共同建构而成的。利用网络治理模式可以实现公共服务互补，但由于成功的网络治理所面临的利益、能力、技术、沟通等问题也为网络治理带来一系列挑战。

首先，部分网络治理主体尤其是普通公民参与公共事务治理的积极性偏低。如果社会整体呈现总体性的结构状态，普通公民参与公共事务不可避免将呈现出来的是一种带有虚妄和异化的特点，公共生活泛政治化，托克维尔认为，这样的状态下"在个人眼中，中央政权已成为社会机器的惟一动力，成为公共生活所必需的惟一代理人"①。所谓的参与不过是对喧闹的政治生活或政治运动的一种异样化表达，实质是实现自身在权力逻辑支配环境中的适应性的合群。改革开放后我国人口流动呈加速化特点，城市化进程加速，国家对社会部分单元的直接干预与控制趋于弱化，而且社会异质性增加，如城市居民不再完全依附于单位，个人的归属（客观的）和认同（主观的）在制度上具有了从单一性向多样性变化的条件。越来越多的人超越单一的单位归属，横向地参与社会组织，以一种新的机制参与社会过程，其结果就是社会领域的形成和政府和企业以外的第三部门的兴起。② 总体表现出来的是国家对社会资源和社会空间的掌控被资源的配置日趋多元化代替。如个体的权利意识增强，并逐步从与国家和集体的庇护关系中解脱，出现相对独立的个体社会空间，多元整合是社会整合的主要表现形式，"分化性"社会开始逐步取代"总体性"社会。"中国的改革究其已经实施的内容来说，实际上是将国家的部分权责交给社会，也就是说，建构一个带有一定自主意义的社会。"③ 社会这一重构的过程，是中国自治性社会形成的过程，也是传统单位制社会瓦解的过程，这一过程也带来严重的问题，如人人都专注于自我，自恋的行为方式泛滥，社会共同道德规范及行为准则逐渐消失，出现以自我为中心和极其排他的个人主义行为方式。同时也出现了一些负面因素，人们在获得个人自由和得到潜在利益时，与他人之间的疏离感越来越强烈。④ 社会结构碎片化特征、社会原子化危机加重，具体表现为单个个体将独自面对强大的组织化的权力，显得越发弱小；个体生活的每一个层面都过度依赖市场，而且在社会转型

---

① [法]阿历克西·德·托克维尔. 旧制度与大革命 [M]. 冯棠，译. 北京：商务印书馆，1992：107.
② 吴锦良. 政府与社会：从纵向控制到横向互动 [J]. 浙江社会科学，2001（04）：75-80.
③ 康晓光. 权力的转移 [M]. 杭州：浙江人民出版社，1999：73.
④ [英]保罗·霍普. 个人主义时代之共同体重建 [M]. 沈毅，译. 杭州：浙江大学出版社，2010：14+31.

期还有一批人从"单位人"向"社会人"的角色转换没有完成，自由和选择危机加剧，结果就是人与人联系弱化、个人远离公共世界、个人与国家愈发疏离。① 与此同时，社会流动速度更快，但社会的整合机制并不完善，在公民个体不得不独自艰难面对碎片化进程的时代背景下，部分公民选择远离公共世界，选择回避公共事务。部分公民缺少参与社会公共生活或社会治理的积极性和主动性。

其次，网络治理主体间利益差别致使各个主体参与网络治理的利益驱动性强。利益一直是中西方政治思想史上广受关注的重要研究课题。《禁藏》中管仲认为"夫凡人之情，见利莫能勿就，见害莫能勿避"。后来的诸子百家的儒法道家都把利益问题作为自己研究的主要内容。古希腊智者普罗泰戈拉从"人是万物的尺度"这一命题出发，认为拥有本能的欲望和对私利的追求的个人是衡量道德的标准。这里探讨了国家利益、道德和个人利益之间的关系，是从主体性出发讨论利益问题的。以此为开端，西方思想家开展了对利益问题的研究，有代表性的应属法国哲学家爱尔维修，指出"人永远服从他理解的正确或不正确的利益""利益是我们的唯一推动力""把个人利益和公共利益很紧密地联系起来"。② 马克思主义政治学家们认为"人们奋斗所争取的一切，都同他们的利益有关"③。人的利益的形成是一个人从人的需要到人的劳动再到社会关系的逻辑过程，利益出现的原因，是人们基于一定生产基础上获得了社会内容和特性的需要。④ 利益就是指处于不同生产关系、不同社会地位的人们由于对物的需要而形成的一种利害关系。⑤

---

① 田毅鹏. 单位制度变迁与集体认同的重构 [J]. 江海学刊，2007（01）：118-124.

② 北京大学哲学系外国哲学史教研室. 十八世纪法国哲学 [M]. 北京：商务印书馆，1963：536+537.

③ [德] 马克思，恩格斯. 马克思恩格斯全集第一卷 [M]. 北京：人民出版社，1995：82.

④ 王浦劬. 政治学基础 [M]. 北京：北京大学出版社，2006：46.

⑤ 王沪宁. 政治的逻辑——马克思主义政治学原理 [M]. 上海：上海人民出版社，2005：169.

现实社会中的利益多种多样，追求经济利益是为了满足人的物质需要，是要保证人的生存，是人类最基本的利益需求；文化利益满足的则是人类的精神需要，涉及人的精神生活问题，是实现人的高层次精神追求，是人类中间层面的利益要求；社会利益则是为了满足人类的社会需要，所涉及的是如何使全体人民各尽其能、各得其所、和谐相处，属于人类需要的最高级层面；政治利益和人们所处的社会地位、享有的权利和掌控的权力高度相关，满足的是人类的政治层面的需要，政治利益对其他利益获得程度起决定性作用。利益客观存在，利益群体多种多样，"政策分析家早就意识到在政策过程中利益群体的重要性，以及需要对特定政策造成冲击的利益层次与权力进行描绘和分类"①。

二、网络治理的分析框架

网络治理理论已经发展成为一种比较成熟的公共管理理论。目前，网络治理理论并没有完全取代传统的公共管理模式，新的混合管理模式不可避免将会出现，通过梳理网络治理分析框架的相关研究，提炼出网络治理分析框架，以用于城市社区网络治理的深入研究。

分析网络治理的起点是认识网络，不同的学科关于网络概念的界定和理解各不相同，其中社会网络理论认为网络是多个由特殊的社会关系联系起来的个人或者组织的联结点，重点是社会成员之间的相互关系。当网络概念进入管理学研究视野后，约翰逊（Johanson，1985）和麦特森（Mattsson，1985）认为网络是企业之间关系的复杂组合，通过企业之间的相互作用搭建了网络②。哈坎森（Hakansson，1987）认为行为主体、活动以及资源是

① [美] 爱德华·弗里曼，杰弗里·哈里森，安德鲁·威克斯，拜德安·帕尔马，西蒙娜·科莱. 利益相关者理论现状与展望 [M]. 盛亚，李靖环，译. 北京：知识产权出版社，2013：151.
② Johanson J, Mattsson L G. Marketing Investments and Market Investments in Industrial Networks[J]. International Journal of Research in Marketing,1985,2(3):185-195.

构成网络的基本要素，并从网络构成结构和元素方面描述网络。以后又相继有学者从功能、战略和目标一致性的角度来看，网络被定义为由具有动态边界的相互关联的经济实体组成的结构组织，网络结构可以实现资源和商品的自由流动，协调网络成员之间的信息交换，在协调个人利益的基础上在网络内建立有效的信任和承诺机制，最终实现网络成员之间目标或行为的一致性。在学者们研究的基础上，笔者提出了网络治理的五个维度，如表2-4所示。

表2-4 网络治理五个维度

维度	变量
网络治理主体	数量、资源、特性、关系（主导者与伙伴、互动程度）
网络治理结构	主体间的关系组合
网络治理类型	政府主导、市场主导、社会主导
网络治理机制	构成要件、运转机制、网络治理规则、利益分配
网络管理	促进主体互动、共存、协同

资料来源：在哈坎森（Hakansson）等学者的研究基础上自行整理。

（一）网络治理主体

《现代汉语词典》对于治理的解释涵盖"统治、管理、处理和整修"几个方面。在西方治理运动兴起后，学者们从全新的角度对治理的内涵进行阐释。詹姆斯·N. 罗西瑙（James N. Rosenau）认为治理与统治截然不同，认为治理就是在没有强权力的情况下，各相关行动者克服分歧、达成共识，以实现某一共同目标，统治是依靠正式权力，而治理则依赖基于共同目标的协商与共识，是一种由共同的目标支持的合作活动，治理活动的主体可以有多个且不一定是政府，实现其目的也未必会依赖国家的强制力量[①]，

[①] [美] 詹姆斯·N. 罗西瑙. 没有政府的治理 [M]. 张胜军，等，译. 南昌：江西人民出版社，2001.

他将没有权威主体的问题解决方式称为"没有政府的治理"（governance without government）。"主体"一词的意义非常丰富，目前对于这一词汇的使用非常普遍，但对其确切含义并没有很好关注。作为一个汉语词汇，主体是指事物的主要部分；从哲学角度对于主体的探讨相对较多，有学者认为，作为主体应该具备三个基本要素，首先主体应该是独立存在的，这种独立的存在既指它不依赖任何其他的存在而存在也指它必须相对于其他存在而存在，任何事物都不是孤立存在的；其次主体要有"主宰"意识，这种主宰意识是指创造和主宰的欲望；最后主体还应该有主宰的能力，这种能力即是实现其创造欲和主宰欲的能力。只有具备了以上三点才能称之为主体。基于以上对于主体的理解，笔者认为网络治理主体与哲学意义上有些许区别，但是也应该具备独立性、自主性和行为能力三个方面。

主体是网络治理的关键节点，是基本的网络构成要素。斯托克提出治理理论的 5 个基本要素，指出治理主体应该涵盖除了政府以外的公民和组织，认为由于客观情况越来越复杂，公共治理的责任和任务不能还停留在传统意义上的政府，应该需要更多的社会组织和公民个人的积极参与。

综上，对参与网络治理的主体并不是不存在要求，在描述治理网络时，网络治理主体是研究者需要重点描述的维度。

一是要描述网络治理主体基本情况，包括主体的数量，主体数量决定网络规模和网络复杂度及参与度；主体拥有的资源情况，包括主体所拥有的社会资源、政治资源、经济资源和权力资源等各类资源的状况，不同的主体各自拥有的资源不同决定了主体在网络中所处的地位及话语权大小，对网络的运行及其他主体都有影响或威慑作用。主体的利益需求、利益诉求是指网络治理主体包括非政府组织、企业团体或社会中介组织及公民为获得自身在生存、发展和心理上的满足而对政治地位、经济地位、社会地位甚至政治权力的申诉与请求，"理性经济人"是西方经济学的一个基本假设，假定任何人都是利己的，而且在面临两种以上选择时，总会选择对自己更有利的方案。参与网络治理的各个主体除了政府部门外，还有公民、第三部门和私营部门，而所有的非政府部门在客观上都代表着特定的群体或者阶层，网络治理理论上要实现的目标是社会公共利益，现实中的治理主体在以平等的地位面对社会问题和经济问题的时候，难以避免个人或组织以"理性经济人"的身份追求自身而不是整体的最大利益。因为即使"理性经济人"获得最大收益，也不必然会导致整体收益最高，因此了解其利益诉求是分析网络的重要因素；治理主体的参与能力，包括参与治理主体掌握的参与技巧以及参与意识等。

二是了解主体间关系，包括主体间的竞争抑或合作或博弈关系。主体间关系分析是网络治理的分析核心。公共政策或公共服务是在一个多治理主体彼此依赖的或行动者构成的治理网络中制定和执行的，主体间关系可以表现为主体的相互依赖、协作和竞争，有研究者认为主体间相互依赖是形成治理网络和维持网络运转的核心。

网络内的关系形式多种多样，可以表现为公民个体之间的关系，是非正式关系；可以是组织之间的关系，是正式关系；也可以包括个体与组织间的关系，多种关系还会彼此交织在一起，形成错综复杂的关系网络。不同的关系类型决定着网络治理的类型和结构。在作为组织形态的网络中，个体与群体或个体与组织之间形成的关系就构成了社会网络。网络治理的重要特点就是充分发挥所有个体或各类组织或群体的效力。

在社会系统中，网络主体之间的抽象关系可以通过节点和线段的组合图具体化，节点即为网络主体，为个人或组织机构，线段则代表网络治理主体间存在关系或者可以表述为发生治理活动。有线段连接的节点就表明主体之间有关系存在，网络治理主体间关系描述分析的正是网络各个节点也就是网络治理主体之间的关系情况。复杂社会治理网络由若干个社会治理主体构成，并通过各主体之间相互依赖、相互作用来凸显社会系统的整体性结构特征。一般来讲，网络治理主体之间关系错综复杂，存在着信息、契约或交易等多重关系。

邓肯·J. 瓦茨（Duncan J. Watts，2011）的六度分隔理论中网络主体暨节点包括组织与个体参与者，他将网络分成三个层次[①]。第一层次和第三层次成为单模式网络，前者将其称为组织层次网络，后者称为参与者网络，中间层次既有组织又有参与者称之为双模式网络。双模式网络是由组织和个体参与者组成，由两种完全不同类型的节点组成，参与者只与组织连接，组织也只与参与者连接。组织间的关系可以通过第一个层次说明，参与者层次的关系状况可以通过第三个层次加以说明，见图 2-4。

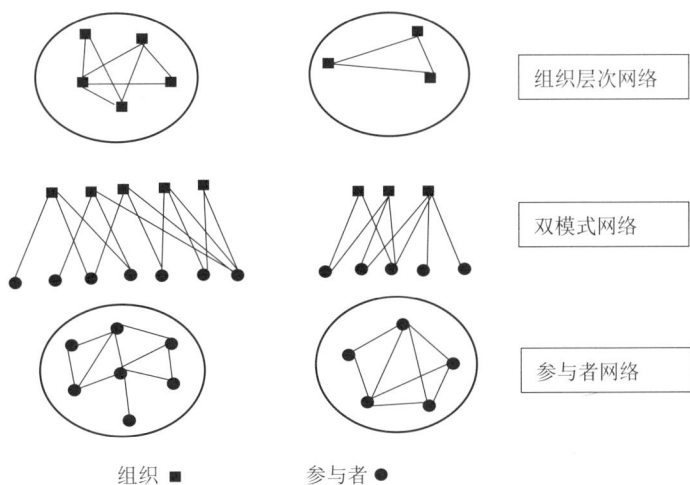

图2-4　网络的三个层次

资料来源：在邓肯·J.瓦茨（Duncan J. Watts）研究基础上绘制。

在整个网络中，组织间关系、组织与参与者间关系抑或参与者之间关系的密集程度决定了网络的复杂性程度，也会决定网络的类型。而且主体

___

① [美] 邓肯·J. 瓦茨. 六度分隔：一个相互连接的时代的科学 [M]. 陈禹，等，译. 北京：中国人民大学出版社，2011.

有时也是根据其对于外界环境的感知来选择行动战略的，这种感知和战略最终会导致出现不同的政策执行及服务供给模式，不同模式的形成和主体的复杂互动有关。

（二）网络类型

网络治理主体是构成网络的基本单位。各主体间的关系和治理机制决定着网络的类型和功能。

网络是由多个不同主体组成，不同主体之间又构成诸多的网络单元。网络单元是构成治理网络的基本要素，不同的网络单元是由节点通过各种关系联结在一起的，如情感关系、合作关系、博弈关系、交易关系等，"关系"承载着网络得以存在的信息、技术、资本等，是网络单元间的交易载体。网络关系的类型是由网络单元决定的，在治理网络中，根据网络主体在网络中采取行动的主动性高低和发挥的作用大小，主体可以分为核心主体（A）和核心主体要求的合作主体（B），这种情况就构成了一个网络单元，见图2-5。多数情况下，网络成员的角色是多重的，既可以是发起网络行为的中心主体，也可以是另一个网络单元的潜在合作对象。

图2-5　网络单元的构成

资料来源：作者自行整理绘制。

关于网络治理的类型，斯蒂芬·戈德史密斯和威廉·艾格斯将网络治理的类型分为服务合同、供应链、专门类型、渠道性伙伴关系、信息传播和联结交换台六种类型[①]，这六种类型都是典型的公私合作网络类型。

　　贝纳西（Benassi，1995）的研究更具有代表性。根据网络的动态程度，网络治理可以分成四种类型，其中从属型网络的特征表现为极端、成本高且动态性较低，在治理实践中类似于层级治理；依赖型网络动态性也较低，成本也较低；另外两种类型是自组织网络和导向型网络，在此两种网络类型中，其中心组织的网络意识较强，了解自身的绩效和其他网络成员的行为能力正相关，中心组织具备构建和维护与网络中其他组织的关系的能力，自组织网络的沟通能力稍强[②]，见图2-6。

图2-6　四种网络类型

　　资料来源：Benassi, M., Governance Factors in a Network Process Approach [J]. Scandinavian Journal of Management. 1995：125.

　　学者陈振明指出，网络治理应该包括国际、地域和地区多个层面的治理，是多维度存在的，正好对应三种治理类型，也就是全球治理、民族国家治理以及社区治理。首先全球治理是在全球范围内虽然没有中央权威但

---

① [美] 斯蒂芬·戈德史密斯，威廉·D. 艾格思. 网络化治理：公共部门的新形态 [M]. 孙迎春，译. 北京：北京大学出版社，2008.

② Benassi, M., Governance Factors in a Network Process Approach[J]. Scandinavian Journal of Management 1995:125.

依然能确保强制性实施某些政策或决定的治理；国家治理是指在一个民族国家管辖范围内，由政府主导的公共物品供给过程的治理；社区治理是解决社区内问题的过程，社区提供公共物品形成的协作网络治理。姚引良、刘波和汪应洛以政府主体在治理网络中发挥的作用为依据，将治理模式分为三种类型：即政府主导型，政府参与型和自组织型[①]，如表2-5所示。

表2-5　治理模式类型比较

网络类型	政府主导型	政府参与型	自组织型
基本特征	政府为核心主体	政府为平等主体	政府为规范或监督者
网络发起	政府权威、资源投入	契约关系	信任关系
网络形成	政府主动	混合产生	其他组织自发
网络运行	组织、协调、控制	参与、协助	规范、服务

姚引良等对于治理模式划分方式和贝纳西（Benassi）的观点有类似之处。

（三）网络治理机制

机制原指机械构件及其运作原理，网络治理机制是影响网络治理运作过程的构成要件及其运作的原理。

研究网络治理机制主要从两个角度展开：

第一个角度是研究网络治理机制的构成要件，这是构建网络治理机制的基础，要件的数量和质量是主要关注的视角。选择的每一个合作伙伴都非常重要。而影响着网络治理构成要件的要素也非常复杂，戈德·史密斯认为影响要素包括文化兼容性（价值观问题）、经营能力（成本、特殊专家、财政生存能力、承担一定风险的能力）、亲近顾客（邻里纽带、合法性）。

[①]姚引良，刘波，汪应洛. 网络化治理理论在地方政府公共管理实践中的运用及其对行政体制改革的启示 [J]. 人文杂志，2010（01）：76-85.

结合学者们的研究，笔者认为影响要素应包括沟通、共识、信任和资源等维度。

第二个角度是网络运转机制或者运转策略，运转策略就是网络治理的得以实现的工作原理。这个工作原理可以保证网络治理顺利进行，由于不同的行动者有着不同的利益偏好，网络设计必定会突破不同层次的政府组织，同时还会链接大量的私营和半私营部门，导致从制度的视角分析必然使得各种关系非常复杂，简单的线性互动过程在网络治理过程中将不复存在，多个主体在解决公共问题和公共服务供给中体现出来的关系将复杂得多，沟通与信任、倾听与共识至关重要。

（四）网络规则

网络规则在网络中是各种组织、个体之间相互联系、相互作用及合作的规则，是行动者需要一致遵守的网络行为准则，对于保障网络有效运行至关重要，是网络行动者之间关系的制度化体现，这种制度化体现可以表现为多种形式，如体现主体或行动之间互动或权力关系的社会关系模式，也可以产生网络中规范行为的规则，网络运行需要有一定的规则才能发挥有效功能。

网络分类研究的学者更多地关注划分网络类型的制度化维度，诸如舒伯特、乔丹、范瓦登等。关注网络管理研究的学者们同样重视网络规则以实现对网络的管理，比如科克特、克林等。克林（Klijn）和科彭扬（Koppenjan）关于网络规则观点具有代表性，认为网络规则包括两种类型：交互规则和位置规则。交互规则是规范参与者行为的规则，包括进入网络的规则和网络内的交互规则。前者用于筛选进入网络的参与者，后者用于约束网络中参与者的行为；场地规则是定义网络性质和环境的规则，包括现实世界规则、奖励规则和位置规则。其中，现实世界规则与行动者的身份及其行为后果有关，奖励规则与行动者的社会地位及生活水平有关，位置规则关系到行动者在网络中的权力与地位。[1]

本书在分析网络规则时从以下两个视角进行：（1）协调规则。在网络治理中，协调规则是不同利益相关者之间为实现共同治理目标而进行对话和协商的规则。在协调规则中，"对话的领导者"非常重要，主要负责将多个主体共同工作的谈判目标、谈判内容和谈判程序制度化，并努力防止在线谈判对话流于形式。协调规则在网络中的作用是首先促进网络参与者之间的信息共享和有效沟通；其次，它可以激励或动员网络中的各种主体积极参与共同的网络治理活动；第三，可以调动网络中的各类资源，积极参与网络结构；第四，它可以减少网络主体之间不同交互可能造成的不确定后果；第五，增强网络的整体系统优势，实现创造网络协同效应的初步目标，从而促进公共治理问题的有效解决。（2）保障规则。为有效运行网络，需要有保障规则，包括两个方面，一方面是具有约束力的政策和法规，可以保证网络正常运行还可以防止或仲裁网络行为主体之间有可能存在的某些不合规行为；另一方面是在治理结构之外实施有效的激励措施，尽可能吸引与公共事务治理相关的主体加入到网络中。激励规则可以调动各个主体参与治理的积极性，提高治理效率，是对网络体系的维护。

（五）网络管理

网络管理是政策网络的研究主题，文本引入网络管理概念，主要是因为网络管理的研究者认为网络是一个类似组织的事务，需要从管理的角度进行探讨。通过网络管理影响网络内的主体间的博弈选择影响网络结果，也可通过网络干预进行重构网络进而网络最优。最终的目的是提高网络治理的运行效率，从而提升网络治理效果。网络治理过程具有复杂性，存在

---

[1] Klijn, Koppenjan. Institutional design, changing institutional features of networks. Public Management Review, 2006(1):146.

大量的互动关系，对这种复杂性的互动关系进行管理和引导就是网络管理，梅尔和奥图尔的研究结果表明，进入网络的管理者越多，最终的结果越好。也就是说，网络管理者之间的关系越多，结果就会越好。

克林（Klijn）的网络管理分析框架具有代表性，从行动者、认知、资源和制度几个方面分析网络管理，但事实上，行动者和认知以及资源具有统一性，所以对网络的管理主要从行动者（治理主体）和制度两个方面着手。

实现网络管理可以从以下几个方面入手：一是促进网络中各行动主体间的互动过程；二是制定网络管理规则实现更好的协调；三是形成新的网络治理理念，如按照议题来组织行动者进行合作研究及进行事实分析。四是运用有效的网络管理方法，如采取促进协商的技巧，提高各种行动者认同的技巧，说服不同行动者在网络治理过程中接受新的解决办法的技巧等。对于管理者来说，强化网络治理的行动者感受并形成解决现实问题、需要进行互动的紧迫感是非常重要的。如果管理者和其他行动者常常采取无效的行为，阻碍了互动的过程，如果互动过程失败，网络也就失败了。

第四节　网络治理理论应用中国城市社区治理的适应性及动力分析

一、网络治理理论应用中国城市社区治理的适用性分析

（一）逻辑前提：网络治理与反思理性特质"复杂人"预设的耦合

人性论是哲学家关于人的共同本质的理论方面的探讨，是哲学家在抛开人的社会性和阶级性而对人性的纯粹的解释，有性善论、性恶论、性有

善有恶论、性无善恶论四种观点。休谟对人性的分析着眼于符合心理法则、表现出价值倾向的现实的个人，摒弃了从理性的抽象原则出发的传统，认为人对于财富、享乐和权力的追求是人的本性。① 这种本性来自于人的内心世界对于财富、享乐和权力的追求，组织学家认为这种来自于人的内心世界的人的需求，人性下的人的行为、行为逻辑对于组织及组织模式都有着非常重要的影响，形成了麦格雷戈的 X 和 Y 假设、威廉·大内的 Z 理论、赫茨伯格的双因素理论等有代表性的理论，这些理论丰富了管理学中对个体和组织行为影响因素及行为模式的研究。在试图与人性的预设结合的基础上，相继出现"复杂人""经济人""自我实现人""社会人"等一系列理论假设。

复杂人假设由埃德加·沙因提出，基本观点是人性因个体而不同，即使是个体本身在不同的年龄以及不同的时间和地点也都会有不同的表现。人们的需要或欲望会随着年龄与发展阶段、角色的变化、境遇变化及人际关系变化而不断改变。② 网络治理强调主体多元化，政府部门、私营部门、第三部门和公民等众多的行动主体构成了网络治理的若干个网络节点，同时强调治理主体在平等价值规约的基础上，获取多方相互信任，通过谈判、协商对话和相互妥协以期达成一致同意的最终意见，形成集体偏好以期实现公共价值。

因为网络治理所体现的是完全不同于科层治理或市场治理的要求，从行为主体的假设进行分析，行为表现的前提是具备反思理性特质的复杂人假设，主体预设为在开放的公共领域和多元价值的前提下，多元主体能实现共识或经过反思将个体偏好形成基于公共理性的集体偏好。

理论上，反思理性对于改进行为者的行为和提高社会治理有效性都有

---

① [英] 戴维·休谟. 人性论 [M]. 北京：九州出版社，2007.
② [美] 埃德加·沙因. 组织心理学 [M]. 余凯成，等，译. 北京：经济管理出版社，1987：116.

重要意义，涉及具有反思理性特征的"复杂人"作为网络治理的参与者，这种行为者特质的预设，是网络治理适应性的前提条件和逻辑要求。关于反思理性的基础与要求，吉登斯认为，在社会实践的反思性过程中"行动者不仅始终监控着自己的活动流，还期望他人也如此监控自身，这是反思理性的基础所在。反思理性的另一个基础是行动的理性化，它是指行动者对自身活动的根据始终保持'理论性的理解'"[①]。具备反思理性特质的复杂人可以适应社会变革期社会复杂性和不确定性的现实，治理主体具备这种独立的反思能力，可以重塑治理逻辑，改造治理模式，在互赖与信任的复杂主体关系中实现合作、共赢，展现公共价值。如果将网络治理与复杂人反思理性联系起来看，网络治理可视为基于反思理性复杂人预设的一种多主体协同治理模式，兼具反思理性和复杂人特性的多元治理主体在相互协商的场域中，相互影响、彼此制约但又共同追寻对相关问题的解决方案，最终实现主体自我反思、理性选择、塑造共同世界观的目的。[②]

在网络治理的视角下引入具备反思理性特质的复杂人假设，目的是强调社会转型期的动态化、复杂化和不确定的社会环境与利益分化实际，因复杂人的变化性特质可以及时调整各自行为，积极寻找可以被多数治理主体接受的公共理念、一致观点与共同利益，从而形成集体意见及治理合力。

（二）空间视角：网络治理与社会网络的耦合

威尔曼（Wellman，1988）指出社会网络是"由某些个体间的社会关系构成的相对稳定的系统"，这是相对成熟的社会网络概念，认为网络是将行动者（actor）有效联结起来的所有社会联系（social ties）或者社会关系（social relations）的总和，以相对稳定的模式构成社会结构（social structure）。网络的行动者（actor）包括集合组织（家庭、部门、组织）和

---

① 陆学艺. 历史上最具影响力的社会学名著 20 种 [M]. 西安：陕西人民出版社，2007：167.
② Jessop, B. The Future of the Capitalist State[M]. Cambridge: Polity, 2002:229-230.

个人两类，网络成员在占有各种稀缺性资源方面存在差别，网络关系的方向、数量、力量、密度和行动者在网络中的具体位置等诸多因素，都可能影响网络结构形成、运行以及网络资源的运行方式和运行效率。社会网络化是指社会由多个网络构成，不同的网络结构及运行方式造就了社会网络化。不同的领域中，网络的行动者不同，构成网络的节点包括组织、部门、公共组织、私人组织、半私人组织及个人等，节点之间横向联系塑造了形形色色的网络及网络结构，在网络中，不仅有纵向的联系，也有横向联系，由这些联系重新组合成一个多个节点相互依附、密切关联而网络权力呈扁平化分散的以合作为主要特征的网络社会。

网络结构中，"权力是横向的，并且节点之间的关系相对平等的"[①]，"面对日益增长复杂性的挑战，近些年来，政府越来越依赖社会主体去实现它们的目标"[②]，在复杂社会问题面前，政府不再是问题的单一处理中心，不再扮演问题的直接处理者角色。尤其在日益复杂的公共政策领域，更多的政府将"治理权威代理给私营部门、公私合作关系以及非政府组织"[③]，社会治理权威呈分散化趋势，特别是权力关系分散及公共事务日益复杂，网络治理必然会成为网络社会的治理模式。网络治理立足于构建"合作型""国家—社会"关系，"为了实现与增进社会公共利益，促进政府部门合作，在相互依存的网络环境中分享权力，共同管理公共事务的过程"[④]，据此，展示了网络治理与社会网络化特质的完美耦合。社会问题呈现的复杂性趋势导致传统科层治理模式以及市场治理模

---

① Wilson E.. Towards Accountability in Democratic Network Governance[D]. Dalhousie University, 2015:4.

② Klijn E. H.. Governance and governance networks in Europe: An assessment of ten years of research on the theme[J]. Public management review, 2008, 10(4): 505.

③ Wilson E.. Towards Accountability in Democratic Network Governance[D]. Dalhousie University, 2015:1.

④ 陈振明. 公共管理学：一种不同于传统行政学的研究途径 [M]. 北京：中国人民大学出版社，2003：87.

式都难以独立应对，这种复杂的社会环境下，政府、社会、市场等众多公共行动主体彼此都不具备独立解决问题的能力与知识，所以引入网络治理的分析视角，转型期社会治理过程需要政府、市场、社会共同参与，通过认知交流、行为协调、制度化的安排以及基本共识的塑造，提高网络治理可能性及有效性。

因此，一些学者认为，网络治理可能成为通过公共、半公共和私人主体等多个实体之间的协商和互动，为一个复杂、分散和多层次的社会提供一种有效的方式。①

（三）结构视角：城市社区网络治理与利益相关者结构的耦合

城市社区网络治理结构是指社区治理系统中相关的治理主体之间为了实现与增进社区公共利益，处理社区公共事务，形成的彼此合作，并在相互依存的环境中分享公共权利的关系形式。治理结构与治理角色的关系密切。美国政治学家加布里埃尔·A.阿尔蒙德将结构功能主义方法运用到政治学领域，他认为"一个角色就是一种规则化的行为模式，它是通过人们自己的和他人的期望与行为而建立起来的"②。各种角色的组合就是结构，多个社区治理主体的组合就构成社区治理结构。结构功能主义者认为结构中的角色共有两种类型，一种是平等模式，平等模式中的角色在形式上是平等的，每个人都可以自主地履行自己的角色任务。另外一种是等级模式，角色所处的地位和平等模式截然不同。城市社区网络治理过程中的参与主体以社区公共利益为奋斗目标，以社区协商为主要方式，关注各个参与主体及其追求的价值，各个治理主体以平等、合作、互动实现社区公共利益，这是典型的第一种角色类型，在此，社区各个治理主体之间的平等参与既

---

① Sørensen E, Torfing J. The Democratic Anchorage of Governance Networks[J].Scandinavian Political Studies, 2005, 28(28):195.

② [美]加布里埃尔·A.阿尔蒙德，小 G.宾厄姆·鲍威尔. 比较政治学：体系、过程和政策[M]. 曹沛霖，译. 北京：东方出版社，2007：56-62.

是权利也是义务，同时也是实现社区自治的重要手段。

利益相关者概念的提出说明任何单一主体的单独行动都难以实现最佳结果，实际管理活动都是在一定的系统背景或网络背景下进行的。对社区而言，社区治理主体包括社区中任何具有利益相关性且在社区发展中能够发挥有效功能的所有主体。社区利益相关者是指与社区公共需求和处理社区公共事务有直接或间接利益关系的社区居民个人和社区各类社会组织的总称，包括政府、社区居民委员会、社区社会组织、社区物业公司、业主委员会、辖区内各类企事业单位、社区普通居民等，社区各类利益相关者等同于社区多元化的治理主体。社区治理过程是一个利益相关者集体选择和治理结构搭建的过程，是社区治理主体经过互动形成特定社区治理模式的过程，也是社区实现利益相关者之间合作互动的过程，是社区网络治理与利益相关者结构耦合的过程。

二、网络治理理论应用中国城市社区治理的现实动力

（一）利益分化

目前，我国社会分化现象日益加剧，城市社区在转型期所显现的形式和特征也和以往有所不同，利益分化是主要形式和特征，表现为社会利益格局出现分化、社会贫富差距日渐加大。中国社会处于转型期，收入是社会层次划分的一个重要标准，也是衡量社会成员各自经济资源占有量情况的一个重要指标。社会成员收入状况反映社区资源的分配状况，也是新的社会利益格局形成的基础。

在改革开放前中国社会成员的同质化现象程度很高，平均主义盛行，改革开放尤其是市场经济确立后，人们获取社会资源的方式较从前增加很多，出现了对于社会资源占有量差距很大的不同人群，在多种利益不断分化的情况下不同群体经过重新组合成为不同的阶层。平均主义被打破和否

定，利益的差距也越来越大。经济收入的差距在不同群体之间日益扩大，这是利益群体日益分化的表现，也是导致利益群体分化出现的根源。

利益分化的表现、利益上的差别既体现在不同群体数量上的绝对差别，同时也是不同社会群体之间的本质性差别。以中美为例，美国最富有的 5% 的家庭，在 2013 年持有大约 62.5% 的美国资产。根据北京大学 2014 年《中国民生发展报告》，2014 年中国 34.6% 的社会财富却掌握在 1% 的家庭手中，收入最高的 10% 家庭占有 62.2% 的社会财富，而收入最低的 25% 的家庭，仅占有社会财富的 1.2%，家庭财产的基尼系数（财富基尼系数）已然达到 0.73。基尼系数是用来衡量一个国家或地区居民收入差距的国际通用指标。一般来说，收入基尼系数介于 0—1 之间，基尼系数越大，表示不平等程度越高。0.4 是国际上公认的基尼系数警戒线标准，如果超过这一数字表明社会贫富差距就已经很大了。2000 年我国居民收入基尼系数首次超过警戒线 0.4，此后，基尼系数总体呈现出先攀升后稳定的态势，2003 年至今，基尼系数从未低于 0.46。

按照《中国统计年鉴》中对行业的划分标准，我国居民收入基尼系数变化情况从行业之间来看，人均工资最高的行业和人均工资最低的行业的比较情况如表 2-6 所示，可以看出行业间的差距还是非常明显的。

因为收入差距导致了利益差距，利益差距虽然是人类历史上的一种正

表2-6　1978—2020年按行业分城镇单位人均工资最高与最低统计

年份	人均工资最高行业及平均工资水平（元）		人均工资最低行业及平均工资水平（元）		差值	比值
1978	电力煤气	850	社会服务	392	458	2.17
1990	采掘	2718	农林牧渔	1541	1177	1.76
2000	金融保险	13478	农林牧渔	5184	8294	2.60
2005	信息传输、计算机、服务业和软件业	38799	农林牧渔	8207	30592	4.73

续表

年份	人均工资最高行业及平均工资水平（元）		人均工资最低行业及平均工资水平（元）		差值	比值
2010	金融业	70146	农林牧渔	16717	53429	4.20
2017	信息传输、计算机、服务业和软件业	133150	农林牧渔	36504	96646	3.65
2020	信息传输、计算机、服务业和软件业	177544	农林牧渔	38956	138588	4.56

资料来源：根据国家统计局公开资料整理。

常现象，如果利益差距过大出现不同的社会分层，简单说来会出现利益群体分化，具体体现在社会中高、中、低收入群体和弱势群体对比方面。如果这一现象日益突出，将逐渐形成不同利益群体之间的边界以及利益群体内部自我认同，不同利益群体之间流动性减缓，很容易造成社会阶层固化的后果，可能导致社会排斥现象加剧。这些问题将沉淀于社区并在社区集中表现出来，出现诸多不利于社区整合的因素，要解决利益群体分化过程中带来的诸多问题，将社区内所有主体动员起来，解决居民诉求，要兼顾社区各方利益，城市社区治理模式变革势在必行。

党的十九大报告指出，中国特色社会主义进入新时代，我国社会主要矛盾已经转化为人民日益增长的美好生活需要和不平衡不充分的发展之间的矛盾。不平衡问题主要体现在城乡不平衡、区域不平衡、收入不平衡、结构不平衡和产业不平衡五个方面，宏观方面主要是社会生产关系中区域财富占有和收入分配方面的差距；微观上则是人与人之间财富占有和收入分配方面的差距。

（二）社会治理社区化

社会是一个开放的系统，由无数个人类个体构成，具有分耗散性、适应性和自组织能力等特点。社区是社会的缩影。社区治理社会化是社区治理体系的建构过程也是提高社区治理能力现代化的过程，同时还是多元社区治理主体以及多种社会性要素实现密切互动以及彼此协同的过程。单位制解体后，出现政府职能社区化和社会利益分化这两个过程相伴同行的现象，城市社区逐渐成为基层公共服务供给的重要载体。但社区往往责大权小，事多钱少，导致出现"倒漏斗效应"这一现象，"上面千条线、下面一根针"是目前社区面临的普遍的真实状态，也是社区居委会日常工作的常态。社区问题社会化在我国从经济效能型政府向公共服务型政府转变的过程中显得尤为迫切。而实际中存在的社区治理能力有待提升、社区治理体系尚不健全的情况，关于社区治理社会化的探索亟须展开。

目前，我国社会管理体制总体上仍然属于政府主导型，是政府输出机制占主导，政治体系与社会体系之间的关系并不平等，属于自上而下的单向度联结的关系类型，所以民间输入机制十分有限，同时，社区理念落后，居委会行政化色彩浓厚，居委会往往以政府目标导向为主，在政府和居民需求之间的选择往往失衡；城市社区治理主体也存在缺失现象，居委会工作方式往往以行政命令为主，采用的工作模式也是行政化的工作模式，容易造成社区社会组织、社区居民等利益相关者主体参与积极性不强的后果。在实际社区建设中，社区利益相关者主体能力不足甚至缺失，根本无法满足社区情况多样性和社区居民需求多元化的实际需求，即便如此，社区治理现代化之路也必须要继续探索。

社区治理社会化也出现一些积极的征兆，如政府和社会关系正在积极调整，政府分权也是必然趋势。党的十八大、十八届三中、四中全会以及十九大都明确指出，政府要瘦身，采取的方式主要是实现向社会分权、授权，努力激活社会主体活力，如何将政府和社会有效连接是关键问题，这就需要运用一个平台、政策工具去扮演桥梁和纽带的作用。在实践中，项目制就是很好的一种方式，项目制可以将政府、社区委员会、社会组织角色和功能分开，为社会组织提供新的成长空间和发展所需资源等，实现政府、市场和社会多元主体高效合作及合理分工，实现政府、市场和社会协同处理公共事务，共同解决社会公共问题。社会系统要素也在积极培育并成长，如治理主体多元化、社区社会组织大量增长、辖区单位积极参加社会治理和提供社区服务、社会力量和市场力量共同成为社区治理的行动主体；社区治理技术也趋于多样化，一些社区中社区协商、社区参与机制与方法纷纷落地生根，成为促成社区主体合作的有效手段，如开放空间会议及参与式调查技术已广泛采用。这些都社区治理变革提供了现实动力。

第三章　中国城市社区治理实践变迁及特点

第一节　中国城市社区治理实践变迁

一、中国城市社区管理阶段（1949—1986）

中华人民共和国成立后，为加快巩固和发展新生政权，有效地利用社会资源，尽快恢复经济和实现社会进步，党和政府对原有旧中国基层社会组织进行全面彻底改造，废除了保甲制度，构建了新型的城市社区基层组织形式。

纵观中国城市社区组织的历史发展脉络，可以看出，城市社区居民委员会作为我国城市社会基层组织建设的一种制度性选择，其发展和演变历程可以分为两个阶段。

（一）摸索时期（1949—1978）

本阶段时间跨越较长。

这一阶段是我国社区形成的初期阶段，并没有真正治理的色彩。根据马克思主义关于国家与社会关系的基本理论，国家和社会间的力量对比一直是此消彼长的关系状态，一般而言当社会经济发展呈落后状态时，国家则拥有统治全社会的绝对性权力，实现国家统治社会，国家政治统治职能明显占优；相反，社会经济发展呈进步状态时，国家的政治统治职能则削弱，社会力量占优，国家的社会职能明显占优。因此，在本阶段，国家与社会的关系如何归根到底取决于当时社会经济发展的状况和程度。

新中国脱胎于半殖民地和半封建社会，建立稳定的政治经济和社会发展秩序是当务之急、重中之重，是获取执政合法性的关键。卢梭最早提出合法性概念，他在《社会契约论》中就指出："人是生而自由的，但却无往不在枷锁之中。自以为是其他一切的主人的人，反而比其他一切更是奴隶。这种变化是怎样形成的？我不清楚。是什么才使这种变化成为合法的？我自信能够解答这个问题"①。卢梭认为，只有"公意"才是政治合法性的基础，只有人民才有权决定谁来统治他们。哈贝马斯（Habermas，1989）认为"合法性意味着，对于某种要求作为正确的和公正的存在物而被认可的政治秩序来说，有着一些好的根据。一个合法的秩序应该得到承认。合法性意味着某种政治秩序被认可的价值——这个定义强调了合法性乃是某种可争论的有效性要求，统治秩序的稳定性也依赖于自身（至少）在事实上的被承认"②。利普塞特（1997）指出"合法性是指政治系统使人们产生和坚持现存制度是社会最适宜制度之信仰的能力"③。利普塞特要说明的是权力的归属必须获得民众的承认。哈贝马斯强调实现政治稳定的首要因素是依赖自身在事实上的被认可和被承认。社区建设为实现社会稳定服务，首先涉及如何处理社区和单位、社区和街道的关系。

1. 废保甲，建社区

1930 年 5 月，民国政府重新颁布的《市组织法》规定，市的基层实行"闾邻制"。1930 年 7 月民国政府公布的组织法，县下面设区，区的下面为"村""里"，在村、里的下面所谓"闾邻制"，即 25 家为 1 闾，设

---

① [法] 卢梭. 社会契约论 [M]. 何兆武，译. 北京：商务印书馆，1980：8.
② [德] 尤尔根·哈贝马斯. 交往与社会进化 [M]. 张博树，译. 重庆：重庆出版社，1989：184.
③ [美] 西摩·M. 利普塞特. 政治人：政治的社会基础 [M]. 张绍宗，译. 上海：上海人民出版社，1997：55.

间长，间的下面为邻，5 家为 1 邻，设邻长。①1933 年重修的《市组织法》将"闾邻制"又改为"保甲制"，"市以下设区，区之内编为保甲"，即以户为单位，十户为一甲，设甲长；十甲为保，设保长，10 保以上为乡镇。保甲组织主要负责执行"管、教、养、卫"等基本任务。"管"主要包括负责户口清查以及枪支查验工作，还负责实行连坐切结等；"教"包括办理保学、训练壮丁等；"养"主要任务是测量土地、创立所谓合作社等；"卫"则要求设立地方团练，巡查、警戒是主要职责等。

中华人民共和国成立后城市实行军管，同时宣布废除国民党政府时期实行的保甲制度。1949 年 3 月，北平市人民政府制定《关于废除伪保甲制度建立街乡政府初步草案》，对基于保甲编成的区级建制进行合并和改组工作，并根据需要重新进行干部配备，决定将区正式确定为一级政府。

与此同时，中国共产党在城市基层组建各类居民组织取代旧中国的保甲组织，比如组建了防护队、防盗队、居民小组、中心小组（在居民小组之上）、居民委员会等名目不同的居民组织。有代表性的居民组织，如天津市于 1950 年 3 月率先建立了全国最早的居委会；随后，武汉市也在城市的部分街道相继设立居民代表委员会、居民小组。随着 1952 年开展的"民主建政"运动开展后，全国范围内各种居民组织形式如雨后春笋般层出不穷。1953 年，彭真同志提交《关于城市街道办事处组织、居民委员会组织和经费问题的报告》，建议设市或区政府的派出机关——街道办事处，并设具备群众自治性质的居民委员会，以此为依据，居民委员会被视作非常重要的"群众自治组织"。

全国人大常委会于 1954 年 12 月 31 日通过《中华人民共和国城市居民委员会组织条例》，条例明确规定居民委员会是群众自治性的居民组织。

---

① 吴晓林. 城市基层治理的历史传统与现代化进程 [J]. 学术月刊，2023（09）：77-89.

其中条例第二条对居民委员会的任务有明确规定，具体包括：一是办理有关居民的公共福利事项；二是负责将居民的意见和要求及时向政府或其派出机关反映；三是动员居民；四是领导群众性治安保卫；五是调解居民纠纷等。第三、四条分别对居民委员会的组织以及任期等事项进行规定。在该条例中，其实已经有治理理念的萌芽，如规定机关、学校和较大的企业等单位，应当派代表参加单位所在居民委员会召集的会议，并要求单位职工遵守居民委员会决议或公约；对于居委会与单位的关系也有规定，如企业等单位职工集中居住在职工住宅区和较大的集体宿舍，应当按照要求成立居民委员会，或者也可以由单位职工家属委员会同时负责居民委员会的工作；在工作方式上，鼓励各单位根据民主集中制和群众自愿的原则参与居委会日常工作，充分发扬民主等。

至 1956 年，全国范围内的绝大多数城市普遍建立了居民委员会。在我国城市社区以"街—居"为主的基层管理体制中"区"的雏形已初步显现。

2. 固政权，建街道

街道，原义指两边有房屋的比较宽阔的道路，在行政学中则是指一个区域，是城市基层组织。在居民委员会纷纷建立的同时，全国为进一步巩固政权，开始将城市中的政权组织延伸街道层次，1954 年 12 月以前，各城市的街道组织建设没有形成一个统一的模式，处于各行其是的状态。根据各地建设实际，初步形成了三种有代表性的街道组织，如表 3-1 所示。

表3-1　中华人民共和国成立初期三种有代表性的街道组织

街道组织形式	代表省（市）	性质
街政府	武汉市、大连市、郑州市、太原市、兰州市、西宁市	城市基层政权
街公所或街道办事处	上海市、天津市、江西、湖南、广东、山西	市或市辖区的派出机构

续表

街道组织形式	代表省（市）	性质
"警政合一"（公安派出所内设行政干事或民政工作组）	北京市、重庆市、成都市	承担有关业务性工作

资料来源：根据公开资料自行整理。

1954年12月31日，全国人大常委会颁布的《城市街道办事处组织条例》规定：为了加强城市的居民工作，密切政府和居民的联系，市辖区、不设区的市的人民委员会可以按照工作需要设立街道办事处，作为它的派出机关；10万人口以上的市辖区和不设区的市，应当设立街道办事处；10万人口以下5万人口以上的市辖区和不设区的市，如果工作确实需要，也可以设立街道办事处；街道办事处的管辖区域，一般地应当同公安派出所的管辖区域相同；街道办事处设主任一人，按照工作的繁简和管辖区域的大小，设干事若干人，在必要的时候，可以设副主任一人，街道办事处共设专职干部3人至7人，其中妇女干部1人；承担的主要任务包括承办上级有关居民工作的交办事项；指导居民委员会的工作；反映居民的意见和要求。[1]

至此，国家通过立法形式对街道办事处性质、机构设置、人员配备、职责内容、管辖范围和管辖人口等进行了统一的规定，街道办事处建设开始走向了制度化稳定化发展轨道。街道办事处的普遍建立，标志着我国以市、市辖区、街道办事处、居民委员会为主体的、国家行政力量与居民自治力量相结合的城市管理体制架构已初步形成。从此街道办事处就正式登上了我国城市基层管理的舞台，并获得了法定地位。

至1956年，全国范围内的各个城市的街道办事处以及居民委员会的

---

[1] 城市街道办事处组织条例 [EB/OL]. http://www.npc.gov.cn/xzfg.htm.

组建工作基本宣告完成，街道办事处和居民委员会成为我国城市基层组织的主要形式，"街—居"制正式形成。

3. 强单位，弱社区

20世纪50年代中后期，我国建立了高度集权的计划经济体制管理模式，国家成为政治统治、政治管理以及社会管理的唯一主体，以行政手段对国家的经济社会生活等各个领域实施全方位的干预，各类"单位"组织则是国家实施全权化管理的重要基点，出现了"强单位、弱社区"的状态。导致这种情况出现的原因主要是在新中国发展工业的背景下，在全国各地兴建许多大型重工业企业，这些企业自行解决职工的居住问题、企业所在地的规划以及建设问题，一般情况下，单位企业的后勤等职能部门和职工家属委员会共同成为此时履行公共事务管理的主体。

以北京市毛纺南社区为例，企业中的基建、总务、行政、劳动、计生、房管等部门，分别从各自工作分工方面对职工进行管理与提供服务；家属委员会一般是基于单位分别独立设立的，单位退休职工构成家委会主体，并由企业负责支付一定的酬劳，主要任务是负责协助反映、协调、解决单位职工日常生活中遇到的困难或问题，负责配合工厂的安排，单位同时是各项服务的提供者，负责向职工提供各项服务设施并组织职工或居民集体活动。至此，社区功能逐渐被单位功能所取代，对居民而言，"有事找厂子"的观念根深蒂固，单位职工是最重要的身份认同。导致"单位办社会"的现象长期存在。[①]单位制以制度化的方式实现了党和国家对社会各领域、各层级的控制和支配，满足了党和国家组织社会的需要，通过高度集权的一元化政治体制以及"国家—单位—个人"的纵向一体化社会联结模式，

---

① 毛子丹，柴彦威. 中国城市单位社区治理模式转型路径及其未来趋势——以北京市毛纺南社区为例 [J]. 城市发展研究，2013（03）：6+17-22.

将人民"组织起来"进行社会整合。[①]

这些导致城市街道和社区的功能被弱化，街区权力处于几近被架空状态，大量的事务被转移至单位内部。

（二）过渡时期（1978—1986）

改革开放以后，中国进行经济体制改革，社会各方面都发生了深刻的变革，我国社会进入快速变革时期。

我国政府为配合经济体制改革在行政体制和政治体制方面也相继进行了一些重要调整，以"党政分开"和"政企分离"作为基本调整原则，作为行政序列的一个重要组成部分的城市街道办事处的设置和职能一直处在调整之列。"单位制""人民公社"等社会组织形式逐渐瓦解，取消带有"文革"色彩的街道革命委员会这一称呼。

全国人大于1980年重新公布了《城市街道办事处组织条例》（1954）以及《居民委员会组织条例》（1954），再次明确规定了在中国城市基层管理中街道办事处以及居民委员会各自担任的重要角色，为街道办事处和居民委员会的发展迎来新的机遇和契机。

街道拥有党群、行政两大序列机构，在我国多数城市街道还同时承担经济管理的职能。之所以如此，也和当时时代背景有关，20世纪80年代初，下乡知识青年开始陆续返城，就业压力巨大，给街道社区管理组织既带来了经济发展的机遇也带来了组织管理的工作负担。以上海为例，1980年至1982年，共有5万多上海知识青年陆续从新疆生产建设兵团返沪，这些返沪知识青年因为生活和就业压力，集体到上海市委和市政府请愿，在知青请愿的高峰时期，多的时候竟会达到九千余人，人数少的时候也有三四千人，在这种情况下，市委、市政府的压力很大，最后采取的解决办法是，

---

① 田毅鹏，吕方.《单位共同体》的变迁与城市社区重建 [M]. 北京：中央编译出版社，2014:44.

由街道办事处和居委会成员采取了挨家挨户分别做思想工作的方法，首先从返沪青年家长着手，再由家长做孩子的思想工作，这一社会问题才得以缓解。①

因此，街道办事处为消化社区闲置劳动力，缓解就业压力，创办了一些新的生产或生活服务实体；为安置城市剩余劳动力就业提供培训和服务的各类街道生产服务管理处、劳动服务公司、生产服务合作社联社等组织实体也相继出现。这些经济管理机构显然带有明显的行政化色彩，仍属行政序列之中。

1982年《中华人民共和国宪法》明确规定居民委员会的性质，属于基层群众性自治组织，这是以国家根本大法的形式首次确定了居委会的性质。1984年10月，党的十二届三中全会通过的《中共中央关于经济体制改革的决定》指出"要充分发挥城市的中心作用，逐步形成以城市特别是大、中城市为依托的，不同规模的，开放式、网络型的经济区"。在决定发出之后，我国城市的功能得以进一步强化，其中心作用也得以进一步发挥，综合体制改革试点的城市覆盖面进一步扩大。此时的城市街道办事处所承担的工作和任务已经远远超出了《城市街道办事处组织条例》（1954）中规定的具体范围，不堪重负。街道办事处最初承担的工作主要包括有关居民工作的交办事项、指导居民委员会、反映居民的意见和要求。但事实是，街道的工作早已拓展至多方面。街道的职责日益扩增，包含：门前三包、治安防范和民事调解、招商引资、拥军优抚、普法培训、卫生监督、市容管理、人口普查、义务教育、税收征管、违章宣传、消防安全检查、社会保障、再就业服务、计划生育、精

---

① 华伟. 单位制向社区制的回归——中国城市基层管理体制50年变迁 [J]. 战略与管理, 2000(01): 86-89.

神文明建设、征兵等。①调查显示，在20世纪80年代，我国部分城市街道办事处的任务拓展已成普遍现象，如天津城市街道办事处的工作内容和任务增加到100余项，涉及30多个方面，北京市的部分街道办事处承担的工作任务则达到120—140项，在杭州市和西安市的街道办事处也存在类似现象，承担的工作任务达到70—80项。②

这个时期的城市基层建设，表现为街道办事处的功能明显有所增强，但是不论政府也好，企事业单位也罢，"企社不分""政社不分"的现象依然是普遍存在的，传统的由政府统包统揽负责解决社会事务的模式依然非常严重。这种情况下，城市社区的发育并不能真正启动，这只是一个过渡阶段。

二、中国城市社区建设阶段（1986—2009）

（一）社区服务阶段（1986—1990）

社会主义市场经济发展及其所导致的城市社会巨大变革促进了城市社区建设的发展。"社区服务"一词在1985年就开始出现在各类期刊以及报纸上，这表明人们开始从新的层面和新的角度观察和认识社区。1986年，民政部代表中国官方首次提出社区概念，开展"社区服务"的要求也同时提出。"社区发展"和"社区服务"概念的正式提出开始将街道和社区这两个概念逐步融合起来。在本阶段，民政部多次召开座谈会研讨社区建设，具体情况如表3-2所示。

崔乃夫在大连会议上的讲话提出社区服务是由政府领导、发动和组织社区全体成员在社区内开展的各项具有互助性质的社会服务类活动，目的是就地解决本社区出现的各种社会问题。武汉会议提出城市社区服务应从

---

① 吴晓林. 城市基层治理的历史传统与现代化进程 [J]. 学术月刊，2023（09）：77-89.
② 唐忠新. 中国城市社区建设概论 [M]. 天津：天津人民出版社，2000：194.

表3-2　社区服务和探索阶段民政部召开会议情况（部分）

时间	召开地点	会议名称	主要内容
1987.7	大连市	民政工作现场座谈会	提出开展社区服务的构想
1987.9	武汉市	全国城市社区服务工作座谈会	对社区服务的性质社区服务的目的与功能进行了明确定位
1989.9	杭州	全国城市社区服务工作会议	要求全国普遍开展社区服务工作，会议主要总结交流试点经验

资料来源：根据公开资料自行整理。

老人服务、残疾人服务、优抚对象服务、困难户服务、儿童服务、家庭服务以及其他便民服务做起，强调社区在为居民提供社会服务和福利的同时，还有实现调节社区人际关系、缓和社会矛盾、维持社会稳定、创造和谐社会环境的目的。[1]杭州会议后，随后举办两期社区服务专题培训班，在全国普遍开展社区服务工作。"社区服务"这一概念开始逐步为人们所知并普及。到1992年年底，全国有70%的街道开展了社区服务。1990年1月1日，《中华人民共和国城市居民委员会组织法》正式施行，明确规定了居民委员会是居民自我管理、自我教育、自我服务的基层群众性组织的法律地位。

这一时期，社区服务是中国社区建设强调的主要任务，初期结合中国国情，主要以民政服务为主要工作内容及工作重点。通过开展社区服务，不断总结工作经验，逐步拓展服务对象范围、丰富社区服务内容，出现了两个转变，暨社区服务对象由民政服务对象向全体社区居民转变，社区服务内容逐渐由民政服务为主要内容向与居民有关的公共事务转变。

---

[1] 李亚平，吴铎. 1996年YMCA社区服务国际研讨会论文集 [M]. 上海：华东师范大学出版社，1997.

（二）社区建设试验探索阶段（1991—1999）

在本阶段，中国政府提出了"社区建设"这一重要概念，并逐步在全国深入推进社区建设。

20 世纪 90 年代，在我国城市社区服务已经广泛开展的基础上，结合我国社区建设的实际情况并通过借鉴国外社区发展经验以及社区服务、社会工作的先进理念，我国政府提出了城市社区建设的基本工作思路，并选择确定在若干有代表性的城市开展社区建设的试点工作。在本阶段，民政部多次召开座谈会研讨社区建设，具体情况如表 3-3 所示。

表3-3 社区服务和探索阶段民政部召开会议情况（部分）

时间	召开地点	会议名称
1992.6	天津市河北区	第一个"社区建设理论研讨会"
1992.9	杭州市下城区	全国城市社区建设理论研讨会
1993.12	上海市普陀区曹杨新村街道	全国社区建设经验交流会

资料来源：根据公开资料自行整理。

1991 年 5 月 31 日，崔乃夫从加强城市基层政权建设力度方面以及如何增强城市基层政权组织的向心力和凝聚力的视角，阐述了城市社区建设的基本理念和建设目标，指出城市基层组织建设应该抓好社区建设，"社区建设是健全、完善和发挥城市基层政权组织职能的具体举措，并指出社区建设是建立'小政府、大社会'的基础工程"，认为社区的事情充分发挥社区居民的力量，不能光靠政府，要两条腿走路，在健全、完善和发挥城市基层政权的组织职能方面有着重要意义。

1991 年 7 月后，社区建设试点工作在全国各地纷纷展开，部分省市将社区建设提上了各地发展规划的议事日程，同时选取了一些街道进行试点，在这些试点街道中有代表性的包括：天津市河西区和河北区、上海市普陀区和长宁区、杭州市下城区、沈阳市沈河区、大连市中山区、长春市宽城区等。① 至 1993 年，全国共有 17 个省、自治区、直辖市共选择了 42 个城市中的 56 个街道开展社区建设的试点工作。

在学术界，部分专家学者也对社区建设展开了积极的探索和研究工作，从此以后，社区服务的提法扩展至"社区建设"，城市社区建设就出现了理论研究和社区实践相结合的局面。中国社区建设的第一本著作——《中国城市社区建设》正式出版。以上这些工作为城市社区建设奠定了充分的实践和理论上的准备。与此同时，我国城市传统的"单位人"的管理模式开始向"社会人"的管理模式过渡，尤其随着产权制度改革、产业结构调整，政府和企事业单位的社会管理及福利职能逐渐剥离，社区建设不可避免成为我国城市街道的重要实践课题，社区建设、社区发展、社区管理组织必将重构，大力发展各类社区及各类社会服务组织亦成为必然发展趋势。

在这个阶段中，全国涌现出来一批有代表性的示范性城市，为社区建设提供了富有创意和实践价值的经验借鉴。以上海为例，上海市委在 1995 年至 1996 年组织了一系列社会管理和基层政权建设的调研活动，了解社区建设现状，听取街道、居委会工作意见。特别是江泽民同志参加八届人大四次会议（1996 年 3 月 5 日—17 日）上海代表团的讨论，指出要"大力加强城市社区建设，充分发挥街道办事处和居委会的作用"，1996 年 3 月 27 日，上海市第一次城市社区工作会议对上海市的社区建设和管理工作做了全面部署和安排。这次会议引起了全国许多城市各级领导、街道工作干部以及社会各界的广泛关注，这次会议也标志着我国城市社区治理开始全面探索阶段。同时上海市委、市政府出台了三个文件，如表 3-4 所示。

这三个文件对上海城市社区建设的发展意义重大。

几乎在同一时间，北京、天津、南京、沈阳、青岛等地随之着手进行

---

① 易晋. 我国城市社区治理变革与社会资本研究（1978～2008）——一种制度变迁的分析视角 [D].
　　上海：复旦大学，2009：60.

表3-4　上海推进社区建设的重要文件和内容

文件名	主要内容
《关于加强两级政府两级管理意见》	理顺市与区之间的责任、权力和利益之间的关系
《关于加强两级政府三级管理意见》	进一步理顺市、区、街三级管理责任、权力和利益之间的关系
《关于加强街道、居委会和社区管理意见》	（1）加强街道、居委会的功能、组织协调方方面面的关系 （2）推动街道、居委会工作社会化 （3）建立起适应社会主义市场经济体制需要、适应城市现代化管理需要的社区管理体制

资料来源：根据公开资料自行整理。

街道社区管理组织改革。1997年沈阳市出台《关于加强和改善居委会建设工作的意见》之后，在全市召开居委会建设工作动员大会，明确提出居委会工作要"以社区建设为中心"作为指导思想。

1998年7月，民政部分管社区服务工作职能的主管部门也由社会福利司划归至新成立的基层政权和社区建设司，表明民政部正式承担了"指导社区服务管理工作，推动社区建设"这项工作职能，社区建设被纳入国家行政职能范围，指导社区建设也成为政府的又一项重要的专门行政管理工作、民政部门的重要职能领域。

为了更全面、更深入地推进社区建设，根据"分类指导、循序渐进、试点引路、逐步推广"的指导原则，1999年，民政部制定《全国社区建设试验区工作实施方案》，明确了社区建设的总体要求、基本原则、工作步骤以及工作内容。同年2月，民政部推行了"全国社区建设试验区"工作并在全国范围内展开。要求各实验区将推进社区管理组织的重构工作作为首要任务，要改革城市基层管理体制，要积极培育、建立新型社区建设运行机制和管理体制以便适应社会主义市场经济体制改革。

这一时期中国社区建设的内涵更为丰富，不再局限于社区服务领域。1999 年 8 月召开的杭州会议，提出了城市社区建设的总体思路，突出强调社区建设的指导思想，突出强化社区的服务管理功能，推进基层民主建设，强调社区建设的维稳功能，实现社区经济发展与社会的协调发展。[1] 会议后，确定了首批 26 个国家级"城市社区建设实验区"，各省共设立总数超过 100 个的省级实验区，其中的 26 个国家级实验区工作非常重要，它们对全国城市社区建设的全面展开提供了非常宝贵的经验，具体情况如表3-5 所示。

表3-5　实验区关于城市社区建设探索情况（部分）

探索角度	实验区名称	做法
社区居民自治角度	重庆江北区	整合改革为主要方式，解决社区建设"怎么抓""抓什么"
	武汉百步亭	不设街道情况下的社区建设工作尝试
	青岛浮山后	
	南京鼓楼区	调整辖区规模的试点
	南京白下区	打破"区、街、社区"的传统管理方式，尝试撤销街道办事处、成立社区行政事务受理中心
	宁夏	"一个思想、两项活动、三项改革"
体制改革的方向和方法角度	沈阳市	民主自治
	南京市	完善居委会自治功能
	上海市	理顺社区管理体制
	武汉市	创新社区工作机制
	杭州市	提高居民满意程度

资料来源：根据公开资料自行整理。

---

[1] 易晋. 我国城市社区治理变革与社会资本研究（1978～2008）——一种制度变迁的分析视角 [D]. 上海：复旦大学，2009.

通过对实验区探索实践的总结发现，整合社区各类资源和动员各种社区力量参与建设社区，实现社区居民广泛参与社区事务成为大家共识。以社区党组织作为领导核心、社区居民自治组织作为重要主体、社区各类社会组织作为补充力量的社区建设的模式开始显现，治理的端倪开始初现。1999 年，民政部先后在南京鼓楼区、青岛、南京玄武区、北京以及杭州召开不同主题的城市社区建设研讨会，如沈阳研讨会的主要内容是提出社区管理体制改革工作基本思路。

（三）社区建设全面深化阶段（2000—2011）

这一阶段，社区建设在全国范围内正式展开，社区建设的核心是创新社区管理体制，构建新的社区组织体系。[①]

中办发〔2000〕23 号文件中，明确了我国城市社区建设的工作体系，明确"社区建设是指在党和政府的领导下，依靠社区力量，利用社区资源，强化社区功能，解决社区问题，促进社区政治、经济、文化、环境协调和健康发展，不断提高社区成员生活水平和生活质量的过程"。对于社区建设的重大意义、指导思想、基本原则、主要目标和具体任务都有明确规定，全国各地展开了新一轮社区建设试点及推广工作，说明我国城市社区建设已经逐步走进居民生活。随后，民政部又相继召开了两次重要的关于社区建设的工作会议。社区建设于 2001 年被正式列入国家"十五"计划发展纲要。7 月召开的青岛会议，对于社区建设的要求、发展战略、目标任务、措施都有明确指示。四平会议于 2002 年 9 月召开，会议总结了青岛会议召开后全国社区建设所取得的新进展以及新经验，再次强调社区建设的目标和任务，提出要实现城市民政工作优化整合，主要以社区为平台、以社区组织为依托、以信息技术为手段展开。"四

---

① 夏建中. 从街居制到社区制：我国城市社区 30 年的变迁 [J]. 黑龙江社会科学，2008（05）：20–25.

平会议"以后，社区建设的生命力和社会效益以惊人的速度显现出来，全国各地先后召开社区建设工作会议、成立社区建设工作领导小组、制定社区建设五年规划，社区建设被各地正式纳入地方国民经济和社会发展"十五"计划中。

这一阶段，我国城市社区建设呈现整体和快速推进的局面。尤其是党的十六大报告提出"完善城市居民自治，建设管理有序、文明祥和的新型社区"后，社区建设的重要性有了进一步提升，城市社区建设的目标和要求进一步明确。

2004年，建设部与民政部联合发文指出，要加强社区居民委员会对物业管理委员会的指导和监督，将物业管理工作纳入社区管理体系中。自此，物业公司开始作为重要因素走上了城市社区治理舞台。同年社会管理议题在中央层面首次提出，并将其作为顶层设计的一项重大任务开始在全国范围内部署。党的十六届四中全会是社区建设的分水岭，首次提出"建立健全党委领导、政府负责、社会协同、公众参与的社会管理格局"后，北京网格化管理实践探索于2004年展开，创新了以"万米单元网格管理法"和事部件管理法等为代表的"东城区网格化城市管理新模式"（简称"东城模式"），从管理方法、管理体制和管理机制等方面对城市管理模式进行了重大变革与创新。这是动员社会各界力量参与社区建设的有益尝试，也是对社区建设模式在实践中的探索和创新。

2005年，和谐社区建设成为社区建设的重要内容。民政部提出衡量"和谐社区"标准的维度应该包括居民自治、服务完善、管理有序、治安良好、环境优美、文明祥和六个方面[1]，并在全国31个省、自治区、直辖市随机抽取来自100个城区、300个社区、3000户居民进行问卷调查，结果

---

[1] 陈光耀.民政部七方面部署和谐社区建设[EB/OL]. https://news.sina.com.cn/o/2006-11-10/101110463724s.shtml,2006-11-10/2023-08-01.

显示了社区建设带来一系列的变化：有事情，找社区；社区办公条件不断改善；社区公共环境不断完善；社区民主建设不断推进；社区民间组织蓬勃发展；社区居委会成员的素质较以前有所提高且有年轻化趋势；居民与社区居委会及成员的联系增多；居民认同感有所增强等。《关于加强和改进社区服务工作的意见》（国发〔2006〕14号）强调，要逐步建立与社会主义市场经济体制相适应，覆盖社区全体成员、服务主体多元、服务功能完善、服务质量和管理水平较高的社区服务体系，武汉、深圳、广州等地的做法值得借鉴。党的十七大报告进一步强调要健全党委领导、政府负责、社会协同、公众参与的社会管理格局，健全基层社会管理体制。

2009年，民政部全国和谐社区建设工作会议在苏州召开，回良玉副总理提出了城市社区建设的五个坚持，对社区建设工作的出发点和落脚点、基本目标、重要方针、根本动力及组织保障和队伍建设都做了规定，即坚持把服务居民、造福群众作为和谐社区建设的出发点和落脚点；坚持把建设管理有序、服务完善、文明祥和的社会生活共同体作为和谐社区建设的基本目标；坚持把统筹推进城乡社区建设作为和谐社区建设的重要方针；坚持把体制机制创新作为和谐社区建设的根本动力和坚持把加强以社区党组织为核心的社区组织体系和社区工作者队伍建设作为和谐社区建设的基础保证。[①]会上，民政部授予500个社区为"全国和谐社区建设示范社区"。同年，民政部发布《关于进一步推进和谐社区建设工作的意见》（民发〔2009〕165号），确定"把服务居民、造福群众作为出发点和落脚点，把建设管理有序、服务完善、文明祥和的社会生活共同体作为基本目标，把统筹推进城乡社区建设作为重要方针"。

[①] 回良玉副总理在全国和谐社区建设工作会议上的讲话[EB/OL]. https://minzhengju.suzhou.gov.cn/mzj/mzyw/200911/e7428dc4d8cb4d91870e1a937a1bf2a0.shtml.

可以看出，本阶段社区治理这个概念虽然在学界已经为学者广泛使用，但尚未出现在中国官方文件中，但在顶层设计中，治理的内涵已经初现，治理作为一种处理公共事务的方式已经出现于城市社区实践中。

三、中国城市社区治理阶段（2012至今）

这一阶段，我国城市社区建设的重点内容是在党和政府的领导下，构建城乡社区治理体系，主要任务是提高城乡社区治理能力，社区建设目标是构建共建共治共享的治理新格局。社区治理是社区建设的新阶段，是国家治理体系的重要组成部分。

2012年，党的十八大提出要"在改善民生和创新管理中加强社会建设"的任务，"要健全基层党组织领导的充满活力的基层群众自治机制"。同年，民政部先后发文强调加强社会组织的宣传工作、重视社会工作专业人才队伍建设，社会工作人才队伍要实现专业化和职业化。2013年，党的十八届三中全会在《中共中央关于全面深化改革若干重大问题的决定》中提出"加快形成科学有效的社会治理体制"，具体从四个方面提出原则性要求，即：创新有效预防和化解社会矛盾体制、激发社会组织活力、努力改进社会治理方式、建立健全公共安全体系。

这是"社会治理"一词第一次出现在党和国家的重要文献当中，用"创新社会治理体制"代替了"社会管理创新"的提法，并将其置于国家发展战略的层面。这意味着中国社会建设在顶层布局上进入新阶段，是党的社会建设理论与实践的一次伟大创新，从社会管理过渡到社会治理，在治理阶段、治理重点、治理范围、治理主体等方面与社会管理截然不同，政府一元化管理体制成为历史，开始逐渐向政府与各类社会主体多元化协同治理体制转变，并凸显了公众参与在社会治理中的基础性地位和重要角色。此时，民政部出台文件强调要提高社区志愿者队伍建设力度。2014 年，民政部强调要继续推进我国民办社会工作服务机构发展和培育。

2015 年，党的十八届五中全会进一步提出要加强和创新社会治理，强调这是加强和改善党的领导以及实现"十三五"规划的重要抓手，"完善党委领导、政府主导、社会协同、公众参与、法治保障的社会治理体制，推进社会治理精细化，构建全民共建共享的社会治理格局。健全利益表达、利益协调、利益保护机制，引导群众依法行使权利、表达诉求、解决纠纷。增强社区服务功能，实现政府治理和社会调节、居民自治良性互动。"提出要通过推进社会治理精细化的工作进程，构建全民共建共享的社会治理新格局。7 月，《关于加强城乡社区协商的意见》（中办发〔2015〕41 号）就加强城乡社区协商工作提出指导意见，要求通过开展形式多样的基层民主协商工作，进一步推进城乡社区协商制度化、程序化和规范化进程。

这一时期，党和政府关于社区治理的顶层设计不断出台。

2017 年 6 月，《关于加强和完善城乡社区治理的意见》（中发〔2017〕13 号）指出，"完善城乡社区治理体制，努力把城乡社区建设成为和谐有序、绿色文明、创新包容、共建共享的幸福家园"。

党的十九大报告指出要"打造共建共治共享的社会治理格局。加强社会治理制度建设，完善党委领导、政府负责、社会协同、公众参与、法治保障的社会治理体制，提高社会治理社会化、法治化、智能化、专业化水平"，"加强社区治理体系建设，推动社会治理重心向基层下移，发挥社会组织作用，实现政府治理和社会调节、居民自治良性互动"。根据这一指导思想，中国城市治理模式探索也大规模展开，"政社互动""三社联动"及"四社联动"等模式先后出现。党的十九届四中全会对坚持和完善共建共治共享的社会治理格局提出明确要求，提出要"完善党委领导、政府负责、民主协商、社会协同、公众参与、法治保障、科技支撑的社会治理体系，建设人人有责、人人尽责、人人享有的社会治理共同体"。

通过对中国社区建设历程的梳理，可以发现，城市社区治理方式逐步由政府管理向社会协商共治转变、社区服务内容由政务服务向居务服务转变、居民社区参与也逐步由被动向主动转变、社区联结开始由松散向紧密转变。

第二节　中国城市社区治理变迁的特点

一、从政府全能到政府主导转变

首先，从国家与社会的关系角度看，新中国政权建立以后，国家与社会之间的关系呈现出高度重合的结构关系特点，整个社会在政治、经济和文化各方面都表现出高度重合的"整体性"或"总体性"社会的特征，作为个体来说，则是一种依附性存在。作为马克思主义国家学说的国家与社会的关系问题，一直都是重要的基本理论问题，也是马克思唯物史观的基石。

国家作为人类社会的一种特殊组织形式，国家是历史的产物，与社会发展阶段密切相关，国家与社会的关系随着生产力的发展变化也处于不断的变化之中。社会分层一般是沿着"血统分层→政治分层→经济分层"式的主线来演绎的。[①] 当时中国共产党的合法性权威初步建立，主导确立新

---

① 庞树奇，范明林. 普通社会学理论 [M]. 上海：上海大学出版社，2011：259.

的政治制度和政治体制运行，血统分层得以向政治分层转变，但由政治分层向经济分层的转变则遇到阻碍并没有出现，因为对社会主义主要矛盾的判断失误和在认识上产生偏差，使原本应该伴随商品经济发展而出现的新的阶层结构和新兴社会力量被人为割裂，中国社会呈现出了和以往血缘社会体现出来的身份特征所不一样的政治身份的区别。个体依附于国家，所以个体通常是以"国家人"或"单位人"、而不是以"社会人"的角色出现，个体呈现出"行为国家化、生活政治化、个人单位化"的特点。作为社会来说，国家化是明显的特点。在人民民主专政的国家政权建设背景下，中国传统的社会控制手段受到国家行政权力的强烈冲击，导致国家与社会愈发趋于同质同构，党、国家和社会高度重合而逐渐形成一体化格局，社会的各个领域都受到国家行政权力的普遍影响，在城市基层社会、单位表现得尤为明显。"单位不但是一个经济组织，还是政治组织、社会组织，行使着党和国家的动员、组织、控制等权力。"[①] 单位成为国家对社会控制的工具或中介，这是一个完全的党政负责的状态，扮演着全能者的角色。

党的十二大以来中国特色社会主义建设历程也显示着国家与社会之间关系向良性互动演进的过程，社会日益呈现出"国家—中间组织—社会"的结构状态，政府早已经不是城市社区治理的全能主体，而是在多个主体中起主导作用的主体。

其次，从制度变迁的角度讲，中国城市社区的变迁是政府扮演的角色从全能到主导转变的过程。美国经济学家道格拉斯·C.诺思（Douglass C. North）探讨了制度因素的重要作用。制度变迁（institutional change）通常是指新制度（或新制度结构）产生、改变或替代旧制度的一个动态过程。制度变迁有制度本身调整、新的行动者出现、新的观念出现三种类型的动

---

① 陈付龙，赵红全. 公共参与的历史流变：国家与社会关系视界的论证 [J]. 岭南学刊，2016（05）：50-54.

力来源。①制度变迁包括两种情况，一是需求主导型的制度变迁，也就是自下而上出现的诱致性制度变迁；二是供给主导型的制度变迁，即自上而下进行的强制性制度变迁，强调的是因为政府命令和法律引入才得以实现的制度变迁，是一种自上而下由政府担任改革主体的制度变迁情况。

中国城市社区治理过程经历了从"单位制"→"街居制"→"社区制"的变迁，是明显的强制性制度变迁过程，不同的阶段主导者不同，从"单位制"建立到"街居制"形成，是典型的中央层面起主导作用的行为，不论是制定和颁布《城市街道办事处组织条例》和《居民委员会组织条例》，还是后来的《城市居民委员会组织法》的起草和颁布都是由中央层面组织完成，地方政府负责执行，从计划经济体制建立到向市场经济体制转变都是由中央层面主导的经济体制变革，同时形成的"单位制"及其瓦解，表现出来的都是地方政府对于中央政府的无条件服从。从"街居制"向"社区制"转变，政府同样起了全能指导者的作用，和上一个转变不同的是本次转变是由中央政府与地方政府共同推动实施的，其中，地方政府有了较大的自主权，对原有的"单位制"和"街居制"加以反思，通过试点创新、展示自身特色。

根据诺斯关于制度变迁理论的观点，在中国改革开放之前，诱致性的制度变迁并没有适合其存在的土壤，因这种变迁形式需要民众的积极参与才能完成，要理性分析制度变革的预期收益与预期成本的相关性，要求民众具有理性思维能力及存在开放的信息获取渠道非常重要。在党、国家和社会构成的一体化格局中，公民参与表现出来的往往是异化的和虚妄的公共参与形式，前者表现出来的特点是人民参与公共事务只允许在被严密控制的政权组织网或者党群组织网中进行，基本上是以党组织或行政组织的

---

① Sven Steinmo, Kathleen Thelen, Frank Longstreth, eds. Structuring Politics: Historical Institutionalism in Comparative Analysis[M]. Cambridge: Cambridge University Press, 1992:217-250.

名义开展，这样的公共参与所表现出来的是党政组织的单向度建构的特征；后者的特点是公共生活往往被贴上"政治标签"，政治编码主宰公民个体的全部生活世界以及行为方式等，群众运动、阶级斗争是政治生活最异化的表达方式，公共参与已经背离了公共生活的本意，这种全民参与公共生活的集体运动，是对公共生活及权力逻辑的无奈迎合。

改革开放以后，中国社会呈现的是国家与社会相对分离状态，"国家—单位—个人"这一传统的社会联结模式逐渐淡化，社会结构表现为碎片化、原子化特征，原子化在社会变革的大潮中表现为社会流动性大、整合机制不健全、社会组织不完善、个体与集体的关系非"正和"博弈的状态，个体不得不独自处于面对组织化的权力、不完善的市场中的选择困难的境地，正如保罗·霍普（2010）所言："后福特主义的转型，人们获得个人自由和潜在利益，但与之而来的也有着许多令人忧虑的负面因素。如对许多人与他人之间的疏离感和冷漠感愈发强烈"[①]。而大量的"单位人"也没有成功转换为"社会人"，"表现为个人之间联系的弱化、个人与公共世界的疏离以及由此而衍生的个人与国家距离变远等情形"[②]。人们开始变得逐渐远离公共事务，对公共世界持漠视态度。加之长期存在的路径依赖，即使政府发起新一轮的社区治理变革，动员民众积极参与社区公共事务，但城市社区居民仍表现出习惯性的缺乏社区参与热情或参与程度不高，对与己无关的公务事务的冷漠感较强，主动推动社区治理变革依然不可能。因此，基于现实状况，中国不可能出现诱导性的制度变迁，政府主导依然会存在，但不再是全能型政府。

---

① [英]保罗·霍普. 个人主义时代之共同体重建 [M]. 沈毅，译. 杭州：浙江大学出版社，2010：14.
② 陈付龙，赵红全. 公共参与的历史流变：国家与社会关系视界的论证 [J]. 岭南学刊, 2016(05)：50-54.

二、从威权控制向体制吸纳转变

作为一个学术名词，"威权"来源于政治学科的基本概念"权威主义"，出现于 20 世纪 30 年代，最早提出者是西方学者沃格林（Eric Voegelin），并在 20 世纪 60 年代以后被学者广泛研究。美国政治学家迈克尔·罗金斯（2009）认为政府在政治上"强力干预"的威权主义政体的特征包括：政治领域的权力的专制性、行政权力比立法权力强大、中央政府的权力大于地方政府权力、国家通过强有力的政治权威并通过这种权威吸附社会资源，进行强力统治。[①] "控制"这一概念强调的是政府对不同的社会组织采取不同的控制手段，政府为维护自身利益，会根据社会组织挑战政府的能力及其提供公共物品能力采用不同的策略，"'控制'是为了防止社会力量挑战政府权威，从而达到继续垄断政治权力的目的。而通过培育'可控的'社会组织体系进行'功能替代'并利用它们满足社会的需求，进而避免社会领域中出现独立于政府的民间力量或组织"。[②]

在中华人民共和国成立后相当长的时期内，国家对城市社区建设进行强力干预和控制，通过对单位以及街居采用全面的控制手段，基本上"替代"了居民的"自治"诉求，通过全面掌控和提供所有"公共服务"而达到控制目的的一种制度性安排。

改革开放后，尤其进入 21 世纪后，体制吸纳现象开始出现。"吸纳"一词由英国哲学家巴什勒（Bachelard）率先提出，意指一复合体对于新的或新奇的物质接纳或接受的过程。金耀基（1997）在总结港英政府治理模式基础上将吸纳概念融入政治体制研究中。意指将"社会中精英或精英集团所代表的政治力量，吸收进行政决策机构，获致某一层次的'精英整合'，

---

① [美] 迈克尔·罗金斯，等. 政治科学 [M]. 林震，译. 北京：华夏出版社，2009：103.
② 王名. 中国民间组织 30 年——走向公民社会 [M]. 北京：中国社会科学出版社，2008：333.

通过这一过程赋予统治权力合法性，同时提高行政管理效能"①。

　　此处探讨的体制吸纳指的是在国家治理的过程中引导公民或社会组织进入体制轨道，以行政权力为主要手段，加以协调实现利益整合以及社会管理的目的。如可以通过体制吸纳回应居民的自治要求，实现基层社会力量整合，引导居民群众通过体制内渠道将利益诉求予以合理释放，通过多种体制吸纳形式可以协调不同社会阶层多样化的利益诉求，如通过代议吸纳形式，发挥各级人大代表和人大代表联络员的作用，利用该代议渠道以及制度平台，深入了解居民群众的各种实际需求，引导基层居民群众经由人大途径合理反映自主诉求并给予及时、有序和有效疏通；协议吸纳是通过社区民主协商平台，及时了解和广泛整合居民诉求及关切，在多方主体共同参与的平台上进行民主商议与治理；机构吸纳是吸纳业主委员会、社区权益类组织、物业管理公司、各种社区社会组织等参与到社区治理体制内从而开展有效的多元合作治理；还可以采用精英吸纳的形式，通过动员、招募以及培育等多种手段，吸纳参与社区活动的积极分子、热心社区公共事务的民间人士、社区居民中维权精英及意见领袖等参与到社区居委会、社区工作站、人大代表联络工作站等机构中，带动社区居民共同参与到社区治理中。

三、社区治理方式由政府管理向协商共治转变

　　中国共产党和政府在城市社区建设进程中始终处于绝对的主导地位。

　　在改革开放初期，我国城镇化速度加快，中国城市社区的数量快速增长，城市社区管理工作细碎繁杂，社区利益相关者类型不断增多，各类矛盾凸显且复杂，在居民对于公共服务质量标准不断提高的情况下，

---

① 金耀基. 中国政治与文化 [M]. 香港：牛津大学出版社，1997：21-45.

社区事务已经无法依靠政府——单一主体解决，需要社区内外众多主体参与，通过彼此配合、共同协商，挖掘和利用多种资源、采用多手段和多途径共同解决。

从《中共中央国务院关于加强社会创新管理的意见》（中发〔2011〕11号）强调"党委领导、政府负责、社会协同、公众参与"后，中国社会管理开始了"社会化"进程，主要内容包括：提出"国家治理体系"、"治理能力"的概念；提升城乡居民参与协商能力的能力；与居民有关的社区决策和问题应由社区党组织或居民委员会牵头，组织动员居民群众参与协商提出解决问题的意见，可以看出，中国城市社区治理方式转变是逐步深入的，从提出多元参与，到建立国家治理体系，最后提出社区协商，表明我国社区建设要重视健全社区多元主体的协商共治机制，要利用多方资源共同解决社区问题、鼓励居民通过社区协商表达需求及自身诉求、化解社区矛盾的基本理念。社区协商的结果会对社区公共政策的制定与执行产生重要影响，与居民利益息息相关。通过居民议事会、居民论坛、民主恳谈会、民主听证会等形式，从"小院议事厅"到"板凳民主"，从线下"圆桌会"到线上"议事群"，广大居民围绕涉及自身利益的实际问题，发表意见建议，进行广泛协商，利益得到协调，矛盾有效化解，促进了基层稳定和谐。

正如"枫桥经验"所示："坚持和贯彻党的群众路线，在党的领导下，充分发动群众、组织群众、依靠群众解决自己的事情，做到'小事不出村、矛盾不上交'"①。因此，参与社区协商增强了社区居民的民主意识和民主技能，是基层群众自治的重要体现，从而使得社会细胞都活跃起来，也是社区居民参与社区事务的重要途径，标志着社区治理从政府管理向协商

---

① 国务院新闻办公室.《中国的民主》白皮书[EB/OL]. http://www.scio.gov.cn/zfbps/ndhf/2021n_
2242/202207/t20220704_130715.html,2021-12-04/2024-06-12.

共治转变，有望实现构建由基层党组织领导、基层政府主导、多方社会力量和居民共同参与治理的城乡社区治理体系的任务目标。

四、从地区模式探索向多种形式网络治理模式转变

我国城市社区治理变革在20世纪90年代开始并形成典型模式化特征。传统的社区建设是一个呈现直线型的运行路径，实行的是自上而下、纵向管理为主的体制[①]，见图3-1。在实践过程中形成了影响最大、最典型的上海模式、沈阳模式和江汉模式三种模式。

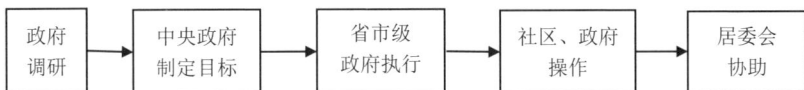

图3-1　自上而下的社区建设垂直路径

资料来源：杨蓓蕾，孙荣. 城市社区网络治理：内涵、建构与实证[J]. 中国行政管理，2008（09）：87-91.

（一）上海模式——政府主导型治理模式

随着经济体制改革的进一步深化，上海市委和市政府于1997年以立法的形式确认了由"两级政府、三级管理、四级网络"构成立体式城市管理新体制。这一体制的亮点是对街道社区层面所进行的第三级管理，上海市将社区定义为街道，强调依靠行政力量，在街居联动的过程中主要发展社区，强调用政府的力量对社区范围内的资源进行自上而下的整合。其核心是推动市、区两级政府及各有关职能部门的权力下放和实现分权，以街道办事处为主体，同时增强政府在第三级也就是街道社区层面的行政权力以及行政效能[②]，目的是构建政府为主导，社区为支撑，社区居民参与为核心任务

---

① 杨蓓蕾，孙荣. 城市社区网络治理：内涵、建构与实证 [J]. 中国行政管理，2008（09）：87-91.
② 易晋. 我国城市社区治理变革与社会资本研究（1978-2008）——一种制度变迁的分析视角 [D]. 上海：复旦大学，2009.

的街居一体化管理体系，该模式是政府主导型治理模式，具体情况见图3-2。

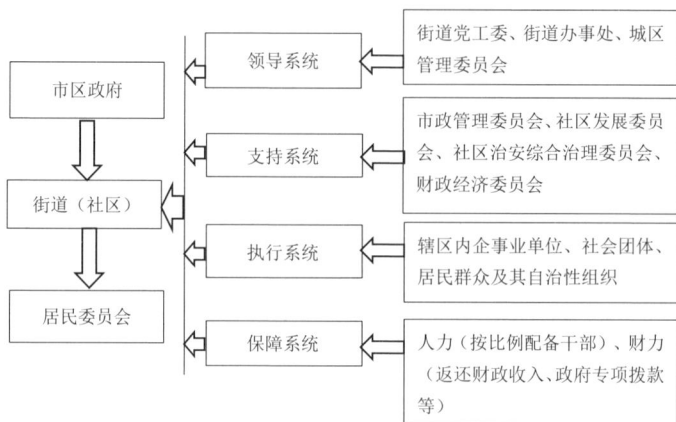

图3-2　上海模式

资料来源：作者根据公开资料自行绘制。

上海模式的主要做法是按照市、区体制建立内部专业委员会，由专业委员会对区派驻机构进行归口管理，实际上是将条机构并入块中，使街道办事处拥有了四项重要权限：即部分城区规划的参与权、综合协调权、分级管理权和属地管理权。街道办事处成为街道行政权力中心，并获得相应的财政投入。在领导系统中，需要重点关注的是城区管理委员会，其地位最为重要，代表组成非常广泛，包括街道、区政府各职能部门代表，街区内的企事业单位、社会团体、居委会代表以及居民代表，承担的任务是通过以居委会为单位的社区事务协商会议解决社区公共问题，完成街区行政权力的社会化。

上海模式在取得成绩的同时也出现了一些问题，如政府权力延伸至社区是政府权力加强、对社会控制增强的表现；政府对社区事务干预过多导致了社区自治能力减弱，并没有真正改变社区单位化的现状；居民依赖政府心理依然强烈，并没有丝毫减弱，居民参与意识不强、缺乏自治观念；社区基层工作人员过多，街道办事处规模越来越大，政府包袱越发沉重，财政支出越来越多；社区"行政化"抑制了民间的活力，具体表现为社会组织没有发展起来，政府采用多层级管理方式，国家与政府的力量依然全方位影响社会生活的各个方面，"强国家、弱社会"特点突出，政府对城市社区进行微观、具体化的管理。

（二）沈阳模式——自治型治理模式

一般来讲自治型社区治理模式的治理主体有两种：一是社区居民自治组织；二是社区社会组织。政府组织通过与社区居民自治组织合作，可以培养和提高社区自治组织的自治能力，能真正承担对社区公共事务进行管理和决策的职责；还可以通过动员社区与政府一起共同提供社区资源，从而提升社区提供和吸引社会资源的能力；自治型社区治理模式也进一步提升了社区居民民主参与水平；通过自治型社区治理模式的完善，还可以促进社区组织实现网络化发展，从而实现网络治理，社区社会组织可以通过互动形成新的资源互补模式以及信息沟通方式，最终建构具有灵活性以及网络特征的组织体系。

沈阳模式是自治型社区治理模式的典范，发源于沈阳市沈河区。主要思路是：以提升居民的认同感和归属感为前提，以提高居民综合素质、生活质量和社会文明程度为目的,社区成员以自我服务、自我教育、自我约束、自我管理为手段，强调党和政府领导、动员社会各方参与、实现群众自治管理，建立以居民居住地为区域的文明小社会，最后形成共居一地、共同管理、共促繁荣、共保平安、共建文明、共求发展的社会化自治管理的运行机制。

沈阳模式的主要特点：政府不再参与社区的具体工作，其功能体现在宏观方面，如对政策、法律、法规的宏观调控。基层社区的功能得以强化，通过动员社区居民参与组建社区自治组织，建立"社区制"社会，从而进行社会整合。沈阳市将社区定位在街道办事处和原来居委会之间的层面上，其中最主要的特点就是"社区自治、议政分离"，如图3-3所示。

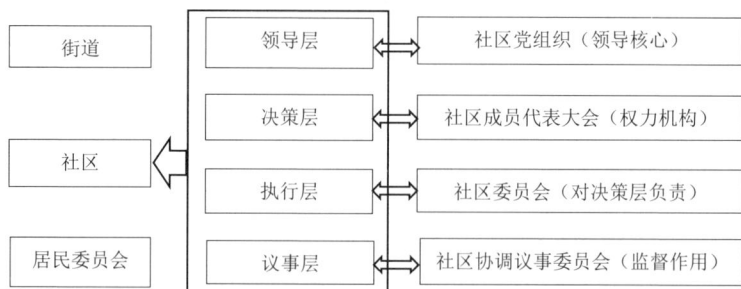

图3-3　沈阳模式

资料来源：作者根据公开资料自行绘制。

从图3-3可以看出，沈阳模式强调的是"社区自治、议行分设"的组建原则，在各个领导层的领导下，组建"一个大会，两个机构"为主要机构的社区自治体系。其中，"一个大会"是社区成员代表大会，是社区的决策层，是社区的权力机构，由社区居民选举的居民代表和驻区单位的委派代表组成，定期开会负责讨论社区重大公共事项；"两个机构"分别指的是社区委员会和社区协商议事委员会。前者作为社区成员代表大会的办事机构，要对决策层（权力机构）负责，是具体执行机构，是社区的执行层，是由社区成员代表大会选举出的居委会成员以及物业公司经理、驻社区民警组成。后者是社区成员代表大会常设的义务工作机构，是社区治理的议事层，成员也是由社区成员代表大会选举产生，由人大代表、政协委员、驻社区单位代表共同组成，主要职能是民主监督以及社区民主议事。

沈阳模式在实际操作中，政府角色"越位"和"缺位"现象经常出现；社区组织与运行机制不健全、资金供给与运行机制不完善、社区居民主动参与管理程度不足且志愿者队伍不够优化等现象，导致沈阳模式在运行中也面临一定的困境。

（三）江汉模式——合作型治理模式

合作型社区是政府推动与社区自治结合型的治理模式，深受集体主义的影响。其主要特征包括：社区治理的主体由行政组织拓展至居民自治组织和社区社会组织，通过一系列授权和权力的下放，政府将原本由自身承担的社会职能转移给社区社会组织；社区自治组织在法律规定范围内的权利得到体现，社区自治能力得到提高，社区民主选举、自我教育、自我管理、自我服务的意识和能力都得到提高；社区的资源来源仍然是按照政府投入为主、社区社会组织投入为辅的基本原则，未来目标是拓展多渠道的资源来源；社区居委会具有半自治半行政特点，扮演着联结政府与社区纽带的角色，是社区组织的主体。

江汉模式作为典型的合作型治理模式，源自武汉市江汉区改革实验和社区建设的总结。从总体上而言，江汉模式在总结了上海模式和沈阳模式经验的基础上，转变政府职能，以社区为平台，坚持社区自治，通过制度变迁，在社区范围内，建立一种行政调控机制和社区自治机制结合、行政资源和社会资源整合、行政功能和社区自治功能互补、政府力量和社会力量互动的社区治理模式，具体情况见图3-4。

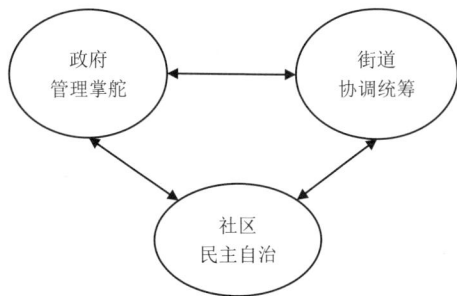

图3-4 江汉模式

资料来源：作者根据公开资料自行绘制。

江汉模式的形成政府推动是第一动力，社会推进则是第二动力，政府起着掌舵的作用，发挥指导、拨款和培育功能；街道发挥统筹协调功能；社区则扮演民主自治角色。江汉模式中的社区自治主体有三：即社区成员代表大会、社区协商议事委员会、社区居民委员会，各自分别扮演着决策层、监督层、执行层的角色，领导层为社区党支部，组织体系则学习了沈阳模式中的组织体系。该模式的亮点是面向社区，工作重心下移；责、权、利配套，财随责走，费随事转；以人为本，资源整合；扩大民主，依法自治。街道与职能部门和社区居委会之间形成了"指导与协助、服务与监督"的关系。江汉模式通过整合资源，以社区服务为龙头，完善社区服务功能、提升社区服务水平，形成具有自己特色的上下联动、配套改革、整体推进、突出重点的治理之路。

实践证明，我国社会正在进行全面转型，社会治理日益复杂，不确定性增加、协作要求逐渐提高，传统的社区管理理论和模式已不能有效地解释和应对复杂的社区治理问题。因此当代社区治理已突破传统的线性模式，走向网络化治理形态，呈现出网络化、多样化、自组织的特征，要求社区治理从传统单一直线型行政管理模式向复杂网络型管理范式转变。

因此，经过近70年的历史演进，中国城市社区治理经历了由简单到复杂、由单一到多元的变化，整体治理结构经历了层级管理模式—复杂管理模式—网络管理模式的演变过程，反映了城市社区治理逐步从"一对一模式"向"一对多模式"再到"多对多模式"转变的过程，网络治理模式顺势应运而生。

第四章 中国城市社区网络治理案例分析

第一节 城市社区网格化管理模式

一、城市社区网格化管理概念解析

网格化管理是一种管理方式，是借用计算机网格管理的思想，将管理对象按照一定的标准划分成若干网格单元，利用现代信息技术和各网格单元间的协调机制，使各个网格单元之间能透明地共享组织资源，有效地进行信息交流，最终达到整合组织资源、提高管理效率的现代化管理理念。作为一种重要的新兴信息技术，网格（Grid）技术的任务是要在虚拟网络环境中实现高性能资源共享以及协同工作，争取消除信息以及资源孤岛。建立网格的主要目的是将分散在网络上的信息以及信息存储通过一种合理有效的方式"黏合"起来，从而形成有机的整体，实现网络信息的高度融合和信息共享。近年来兴起的数字化城市管理理念毫无争议成为城市网格化管理起点，某种意义上，这也是一种由多元主体共同合作的城市治理模式。

本书中网格化管理（也可以称作"网格化社会管理"）是指政府运用行政手段，将所辖区域划分为若干个网格状的空间管理单元，每个网格由一名专门指派的网格管理员对网格中的人或事进行管理。[1]通过对原有传

---

[1] 吴青熹. 基层社会治理中的政社关系构建与演化逻辑——从网格化管理到网络化服务 [J]. 南京大学学报（哲学·人文科学·社会科学），2018（06）：117-125.

统管理模式的不断深化、整合和拓展，网格化管理展示了新的特征：首先在原行政区划基础上对原有空间重新划分，实行整体性的统一规划、管理和服务；其次是整合资源，通过对存在于社会管理体系中原有的行政管理资源、社会治理资源以及公共服务资源进行整合；再次是整合传统"管制型"社会的社会管理体制，在市场经济条件下，重新思考和梳理政府、公民与社会组织的关系，充分利用各种社会资源为普通社区居民提供公平、高效以及全方位的优质社区公共服务；同时实现社会管理主体的上下联动，搭建全方位、多层次、多功能的城市综合管理系统，实现向有限政府和责任政府转变，同时注重保障公民权利的实现和逐步扩大公民社会参与范围。

目前学术界对网格化管理持有的观点集中于对其功能定位方面，持不同意见的学者争论的焦点是网格化管理的"服务性"问题，主要有两种意见，第一持"管控性秩序观"，观点是社会控制、信息传递和社区服务是进行网格化管理的三大功能，其中社会控制是主要目标[①]，持这种观点的学者认为网格化管理依据的是控制论，是一种以高新科技为依托所采取的城市管理活动。因为这个特点，有一部分学者认为网格化管理在某种程度上是"保甲制"的回归，维稳和加强对社会的控制是其主要目的。第二持"多元化服务观"，认为网格化管理的目的是完成从"管制"向"服务"转型，政府不再"包打天下"，也不再是全能政府，转而注重动员各类社会力量参与进来，从而形成社会合力，采用的手段也从硬性行政手段为主向关注经济、行政、道德、科技等手段综合运用的方式转变。

党的十八届三中全会提出要创新社会治理方式，提高社会治理水平，以网格化管理、社会化服务为方向，健全基层综合服务管理平台，及时反映和协调人民群众各方面各层次利益诉求，确保人民安居乐业、社会安定有序，

---

① 田毅鹏，薛文龙. 城市管理"网格化"模式与社区自治关系刍议 [J]. 学海，2012（03）：8+24-30.

并在具体实施办法中明确要"把网格化管理列入城乡规划……到 2020 年，实现全国各县（市、区、旗）的中心城区网格化管理全覆盖"。党的二十大报告中提出"完善网格化管理、精细化服务、信息化支撑的基层治理平台，健全城乡社区治理体系"，可见，在顶层设计的推动下，网格化管理在全国范围内顺利铺开，"无网格，不治理"已经成为普遍发展趋势。

具体实践中，因为受到多种因素影响，如经济发展水平、地区政治生态环境、科技支撑力度、文化发展程度以及财政实力等，各地网格化管理发展呈现明显的差异性，显现各自不同特点。但其根本目的都是要充分调动各种社会资源，最终形成政府管理、社会力量协同运作和居民参与的社区治理新格局。

不可否认的是，网格化管理行政色彩浓厚，这与我国基层维稳任务的严峻性以及社会管理创新的大背景有关，网格化管理所表现出的强大的管理功能，是被政府各部门高度认可的。

二、案例深描：泰山区网格化管理模式

早在 2004 年，北京市东城区与上海市率先开始进行社区网格化管理试点工作。此后，武汉市、舟山市等地陆续推行网格化管理改革，其经验复制亦呈现全国化趋势。泰安市网格化管理工作在 2007 年开始推行，根据《泰安市人民政府关于加强和改进社区工作的意见》（泰政发〔2007〕29 号）文件的要求，网格化管理要按照方便服务管理、有利于资源整合、促进居民自治的三大原则，以地域性空间作为特征，将社区认同感作为纽带，街巷、道路作为主要标志，以 300 户左右为标准划分为一个网格，做到无缝隙全覆盖。

（一）泰山区网格化管理概况

网格化管理可分为空间网格化、信息网格化和服务网格化三个发展阶

段。[①]泰山区网格化管理基本上也是沿革这样的发展阶段。

1. 空间网格化发展阶段

在网格化管理的空间化阶段,政府对社区空间进行重新规划,把原有社区重新调整划分为若干网格状的管理单元,这是网格化管理的起步阶段。社区网格化管理作为化整为零的城市社会管理模式,重点在于对网格单元的科学管理以及合理划分。

泰山区通过统筹考虑空间范围、人口数量、居住集散程度、分布特点、居民工作生活等现实状况,将网格层次定位在社区与居民之间,形成了"社区—网格—居民"以块为主、一线落实、整合事务的管理格局。截至2017年5月,泰山区辖岱庙、财源、泰前、上高、徐家楼5个街道,省庄、邱家店2个镇,全区共有村、社区187个,其中村115个、社区72个。在划分网格时,根据泰山区《关于加快建立社区"网格化"管理机制的意见》,城市社区基层网格依据辖区区域功能布局,充分考虑空间范围、居住人员情况,在社区管理区域不变的基础上,城区社区以150—300户、1000人左右的标准划分为676个网格。辖区居民小区、驻地单位、公共场所、商业网点全部纳入网格,以社区为基本单元统一编号,实现网格管理"全覆盖"。

具体操作方面各街道根据实际情况略有不同,以财源街道为例,现有居民44700户,12万余人,辖29个社区,180家企事业单位,3890栋居民楼,以300户约1000人划分为一个网格作为标准,把辖区共划分为242个工作网格。其中"三联社区"辖区面积约1平方公里,共有驻区单位6个、居民小区7个,共有3820户居民,总人口约11210人,共划分为13个网格。2020年,财源街道在实践中又重新进行了整合,将29个社区重新整合调

---

① 吴青熹. 基层社会治理中的政社关系构建与演化逻辑——从网格化管理到网络化服务[J]. 南京大学学报(哲学·人文科学·社会科学),2018(06):117.

整为 224 个网格，将大到近万人的小区，小到个体门头，全部纳入网格中，形成社区结网、街巷连线、小区布点的全覆盖网格体系。岱庙街道花园社区则是在大格局不变的基础上，按照每格 4—6 栋楼、150—300 户，区分居住、商业、单位等不同类型划分为 13 个网格。岱庙街道按照"网格区划、多网合一、整体覆盖、精细管理"的原则，以社区居委会所辖范围为基础，综合地理布局、道路走向、工作量等因素划分相应网格。建议网格化管理分为三级：即"社区—网格—楼长"。一级网格，即社区网格。由社区党组织书记担任第一责任人，主要对"三级网格"建设及运行提出意见，对重大事项进行综合协调、办理和处置，对下级网格进行考核、评估、监督与管理，并做好与上级有关部门的对接工作。二级网格，即各区域网格。建议 500 户左右为一个网格，根据工作需要，配备相应的工作人员，具体负责本区域网格化管理的指导、监督和考评等日常工作。三级网格，即各居民楼楼长。（调研编号：20171205-TS-mzj）

不同性质的小区，采用的是不同的划分方法：（1）对由单位开发建设或集资建房的单位型小区及周边门店，要依托单位划分网格，由其单位负责管理；（2）对由开发商建设的面向社会销售且物业成熟的物业型小区及周边门店，可以以其为主体划分网格，由网格管理员加大与物业公司的沟通、配合以及监管力度，引导物业公司在社区服务管理中主动发挥作用；（3）对既无单位依托，又无物业管理的居民小区及周边门店为主体划分的网格，由所在社区居委会直接管理。对以商业网点为主体划分的网格，也要重视发挥物业管理部门的作用。把房、人、事、地等全部下沉入网格中，社区中主干道、驻区企事业单位、商业网点、居民区以及家属院等全部纳入网格。

网格成为社会管理的末梢核心单元，逐渐取代了传统行政区划中的"单位"的作用。这个时期的网格化管理更多体现的是一种技术管理手段，在广泛应用到城市社区管理实践后，不可避免产生了强大的"控制"功能。网格化管理是自动化控制与信息管理系统在政务管理中的移植和运用。

2. 信息网格化发展阶段

网格化管理的信息化阶段，主要任务是政府对网格内的各类主体进行信息采集、整理、整合并实现网络共享，这项工作主要由网格员完成，采集的信息内容包括人、地、物、情、事、组织六大要素，在空间网格化基础上，通过现代信息技术实现了"人进户""户进房""房进网"及"网格进图"的工作目标。通过网格 GIS 地图可以直观地看到小区楼栋、单位、门店等基础地理信息，实现在地图中进行可视化展示，同时也可看到综治信访、人口计生、特殊人群、安全生产、治安消防等实时更新的信息。

以特殊人群为例，泰山区以占该区人口 6%—8% 的比例标准，统一采录包括五保、城乡低保、大病、孤残等扶贫对象以及困难群众的动态信息，建立一个可以覆盖区内所有困难群众的标准"大数据库"。针对流动人口管理方面，还推行"以房绘图、以图查房、以房管人"的具体操作模式，在辖区内按照"楼不漏户，户不漏人，人不错项"方式加以排查，并将信息及时录入"人口基础信息变动系统"，最终实现了对流动人口信息的动态监控。信息网格化实现网络技术、数字化手段与网格化管理三者有效结合，构建出一个"地上有格（社会治理网格）、天上有云（云计算中心）、中间有网（互联网）"的全方位、立体化、信息化的社会管理支撑体系。

3. 服务网格化发展阶段

服务网格化是政府在空间网格化和信息网格化的基础上，整合综治、维稳、公安等多个职能部门的信息资源，所构建的是一个区域性数字化城市管理及社会综合服务平台。

如后七里社区重点推进信息技术在安防、物业管理、社区服务等领域的应用，完善社会保障、社区管理等应用系统，推进"数字家庭"建设。通过实时更新网格内基础信息统计数据，为居民提供便民利民及政策引导服务，如社会救助管理系统按照量化的 12 项评估指标为依据，根据社区居民的贫困程度对社区中困难群众分类进行排列，始终保证困难群众的排名顺序是系统"自动生成、自动升降、自动提示"的，减少人为干预，确保需要救助的居民群众可以始终排在最前面，确保了救助始终围绕"最困难的人"。另外还通过移动办公，帮助网格管理员和网格居民及时发现、定位和上报各类民生问题，提高社区工作效率和管理水平。目前社会保障、计划生育、劳动就业等服务已通过网络、有线电视、手机 APP 等移动办公形式实现信息的及时推送，取得了规范信息、畅通民意、公开政务、快速反应的良好效果。服务网格化实现了网格内的资源共享和全面覆盖、对民生问题的动态跟踪和联动共管，有效提高管理效率。

（二）泰山区网格化管理主体

网络治理理论主张改变传统政府是唯一治理主体的做法，主张引入新的治理主体，如私营部门、第三部门及公民个人等，实现多个治理主体共同合作以形成一种集成式管理的模式。

网格化管理突破了一般性的管理和服务模式，社会管理的主体不断增多并呈现出明显的复合型特征。网格化管理主体主要指社区网格管理队伍的构成成员。泰山区按照"党委领导、政府负责、社会协同、群众参与、法治保障、科技支撑"的总要求，合理配置网格管理人员力量。包括以下几类：（1）党组织成员，要以网格为单位成立党支部，网格支部书记一般由身份为党员的社区"两委"成员或社区干部担任。（2）配备各类工作人员，包括网格指导员、联络员、责任人、信息员、督察员。网络指导员，由街道班子成员担任；网格联络员，由驻地单位职工和小区居民担任；网格责任人是由社区工作人员担任的；网格信息员，主要由楼栋长或党小组

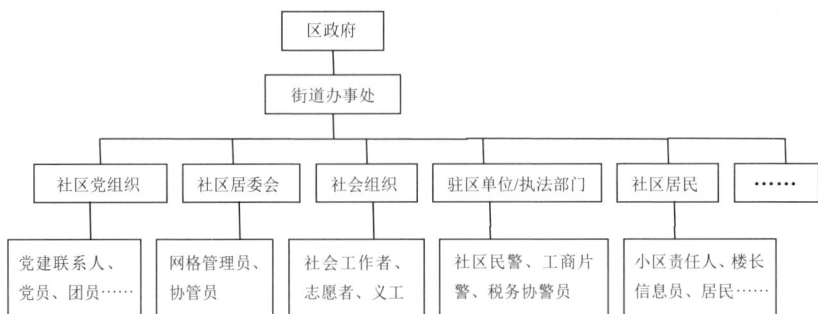

图4-1 社区网格化管理主体

资料来源：作者根据公开资料自行整理。

长担任；网格督查员，则是由街道机关工作人员兼任的，具体情况见图4-1。

例如，泰山区财源街道通过整合街道、社区和派出所等部门资源，将工作人员下沉到网格中，在每个网格中都配备一名社区干部担任专职网格管理员，建立由网格管理员牵头负责，网格协管员、党小组长、社区民警、楼长信息员、志愿者及辖区单位、物业公司代表等成员组成的群防群治力量、社会组织共同参与的网格管理队伍，每个网格一般由6—9人组成。而且还考虑到各个网格管理队伍中每个成员的专业特长、岗位职责、性格特点以及年龄结构等诸多因素，充分发挥每个网格管理队伍的服务管理能力。管理员通过工作在网格、服务在网格，解决了"入户难、进门难、摸排难"的问题，有效缩短社区与群众的距离。社区与网格管理员签订责任书，明确目标任务，制定奖惩措施，根据工作成效给予物质奖励，最大限度地调动网格管理员的工作积极性。

岱庙街道对网格员任职条件以及服务内容做出规定：实行"定格、定员、定责、定岗"的四定原则。网格管理员一般由社区"两委"成员或社区工作人员担任，社区驻地单位独立划分网格，并由相关单位推选一名网格员，全面负责本单位与所在社区的网格治理以及对接协调工作。网格员应具备高度的责任心和事业心，有一定文化功底，热爱群众工作，并熟悉自己所负责网格的人员构成和其他相关情况。每个网格员要努力做到"四知四能"①。

《泰山区关于加快建立社区网格化管理机制的意见》中明确网格管理员的主要任务是组织和动员网格各类力量，当好社区治理"六员"，即：信息采集员、教育宣传员、民意联络员、矛盾调解员、群众帮扶员、社区监督员。具体工作中，一是要负责网格内居民信息登记和社情民意收集，做好网格内与居民利益有关的社区党建、社会治安、重点人员、安全隐患、出租房屋、流动人口、反邪教、治安巡防、矛盾纠纷等工作。二是能够对网格内供水、供电、供气、环境卫生、园林绿化等职能单位的服务情况进行监督、反馈，指导和监督网格内的社会组织、业主委员会、物业服务公司开展工作，维护居民的合法权益。三是开展便民利民服务，面向弱势群体，开展上门送温暖、康复指导等服务。四是围绕社区（村）文化建设需要和居（村）民精神生活需求，组织丰富多彩、健康有益的文化、体育、科普、娱乐等活动。网格调整后的财源街道在每个网格配备 1 名网格长，由社区"两委"成员担任；配备 1 名社区工作人员为网格管理员，吸纳党员、志愿者、楼长等担任网格信息员，整合服务群众的水电气等企事业单位和社会组织融入"格"中，组建"1+1+N"网格服务管理团队。

（三）泰山区网格化管理结构

社区网格化管理的结构不再是垂直和单向的，而是多元化主体互动实现共同治理的过程。

政府的职责主要体现在宏观方面对社区进行监督和管理，为培育和发展社区组织提供支持，多种渠道动员组织社区居民参与社区管理，使政府各部门、辖区企事业单位、社区各类民间组织、社区居民构成相互联系、

---

① "四知四能"：知网格概况、知居民家情、知社情民意、知求助对象；能走访调查、能宣传发动、能解决矛盾、能赢得信任。

共同治理的网络。

将居委会成员、社区工作站专业人员、楼栋长、社区志愿者以及区、街道各职能部门的力量下沉到网格，明确各自职责任务，实行"定人、定位、定责、定时"的四定管理模式。构建党委领导、政府负责、部门联动、驻地单位和社会组织配合、群众广泛参与的社区网格化管理体制。在社区党组织、社区居委会、社区社会服务站的领导下，主要是依托网格整合社区居民、志愿者、楼栋长和驻区单位、物业管理公司、社区社会组织等各类力量，协助网格管理员开展工作，形成由网格管理员牵头负责、社会力量积极参与的格局。

具体的网格化管理实行"社区—网格—居民"一线落实的管理模式（见图4-2），管理主体主要包括代表政府层面负责协调的网格管理员、代表第三部门的社会工作者以及代表居民层面的楼长信息员组成。社区党组织和社区居委会共同组成了社区网格管理的领导层面；网格管理员和街道等上级下派的网格监督员一起组成了网格的管理层面，由网格管理员负责具体牵头；

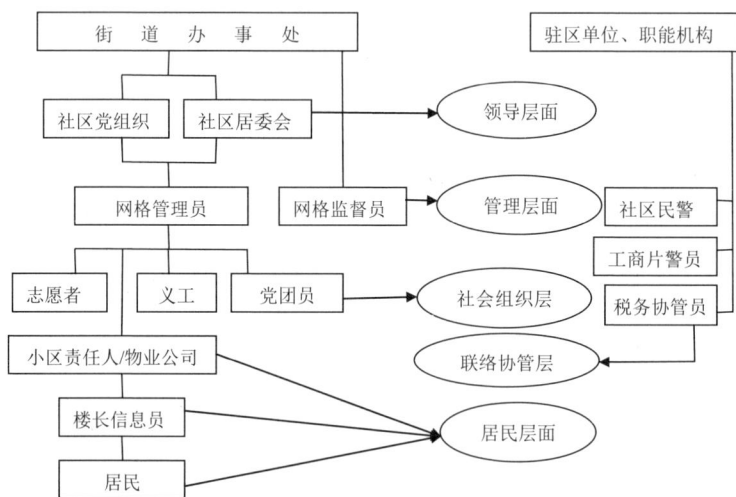

图4-2　泰山区网格管理模式

资料来源：作者根据公开资料自行整理。

社区志愿者、义工及党团员等社会力量都积极参与到网格管理实践中，构成了网格管理的基本社会力量；小区责任人或物业公司、楼长信息员及居民一起构成网格管理的重要参与力量；驻区单位及各职能机构也是网格管理的重要协助参与力量。不同主体层面之间形成网络互动关系。

（四）泰山区网格化管理运行机制

1. 巩固社区"两委"主导地位的领导机制

注重发挥社区党委和社区居委会在其中的领导作用。泰山区在全区所有社区都建成公共服务站，构建了社区党组织、居委会与公共服务站三方为一体的"居站合一"管理新机制，并明确各自工作职能。其中社区党组织主要从整体角度全面负责社区各类组织的协调、动员以及资源整合，强化党组织在社区组织中的领导地位，注重发挥领导核心作用。城市社区居委会负责动员居民参与社区建设，组织居民开展群众性自助、互助服务活动。社区公共服务站主要承担着社区公共事务，专职负责提供社区公共服务。

2. 健全社区网格财政的保障机制

泰山区制定了"权随责走、费随事转"的工作要求，据此推动包括人员配置、工作任务、服务承诺、考评监督以及工作经费"五个延伸"走进社区，在做到"有人、有责、有权、有钱"的基础上，确保社区工作能有效进行，顺利承接社会管理职能。区财政部门和各街道（镇）建立社区网格化建设专项资金，提供经费保障。如：每财政年度安排2000多万元财政预算用于解决城市社区办公经费和人员工资问题；安排300多万元用于办公和环境等专项补助。同时争取社会力量特别是驻区单位资金支持，自2011年以来共筹集资金2000多万元，有效地解决了社区"有钱办事"的问题。（调研编号：20171205-TS-mzj）

3. 建立"3+2"社区居民自治制度

这是为实现社区民主自治搭建决策平台。通过民情恳谈会、协商议事会和居民代表大会等形式充分发挥民主决策和民主管理功能。社区内所有重大事项都按照"三会""两公开"的程序解决。各社区都在一个网格设立一个楼道庭院议事会。成员由楼道或庭院热心社区工作的居民、离退休老党员、居民小组楼长、网格管理员等组成。议事会每周召开一次例会，集中听证解决楼道庭院中事关群众切身利益的问题。对不能处理的，及时向社区居委会反映。通过组建居民自治组织开展自治工作，提升基层、社区居民自治能力。如：岱庙街道花园社区召开"协商议事会"，60多位居民代表围绕"一户一表""天然气改造""文明养犬"等议题展开讨论。如居民所说：不论是居民还是干部，只要有疑惑，有意见，有想法，都可以在会上唠一唠，拉一拉。（调研编号：20171205-TS-cy021）

4. 构建理顺社区与物业之间职责关系的协调机制

可以形成管理合力，发挥物管公司和居委会各自的作用。有物管公司的社区要明确好社区与物业间的职能划分、要理顺二者关系，要求物业在社区居委会的指导下开展工作，社区物业的审批、年审、评先树优等活动要有社区居委会出具的证明。防止因部分老旧小区基础设施老化陈旧，配套设施不全，物业公司因收不齐物业费撤离居民小区，以致出现道路不平、下水道污水外溢、卫生及治安状况差等问题。

针对这些问题，社区居委会进行了积极探索，构建了适合自己的模式，如财源街道建立网格议事机制。依托网格化管理，通过网格员日常走访、志愿者集中入户、社区民警协助排查等方式，组织开展"常叩门"行动。通过"网格议事厅"实现多方共同参与协商议事，合力解决网格管理中的难点问题。2020年，城市社区网格员收集社情民意355件，解决矛盾纠纷98件。财源街道乐园社区居委会探索建立了社区加物业管理与服务新模式，具体由社区居委会负责组建、小区业主委员会参与，按照"自我管理、自我服务、非营利性、费用均摊"原则运行；乐园社区则在社区成立居民自治管理服务中心，成为小区居民反映问题及解决问题平台；三联社区搭建的"1+N"联建模式也具有典型性，社区党组织是领导者，其中指的是社区协调委员会党支部，"N"主要包括业主委员会、物业公司和驻地单位等为居民提供服务的各类组织，其中"1"扮演协调者的角色，负责动员各方力量，如业委会、物业公司、水电、环卫等组织和相关职能部门以及驻区单位之间的关系协调，也负责监督、引导业主约束自身行为，依法保障和维护自身权益不受侵害；泰前街道金山社区则建立了双加物业管理模式，基本内容是社区加物业、协会加自治，"'社区加物业、协会加自治'的双加模式，社区居委会负责牵头组建社区物业服务协会，联合本辖区内的住宅小区，采取'社区统一协调，协会民主管理，小区高度自治，居民分摊费用，财务公开监督'的非营利性收费服务方式，按照'居民自治、因地制宜、便民利民'的原则为居民提供全方位、多层次的优质高效服务，解决零星小区无人管、无处管、无钱管的物业服务管理难的问题"。（调研编码：20171205-TS-mzj）

三、社区网格化管理模式评析

（一）网格化管理是对传统基层管理模式的创新

1. 实现了社区管理精细化

通过运用现代信息技术，对空间进行精细化划分，从而使得在一个较大区域内实现精细化管理成为可能。与此同时，城市社区网格化管理模式实现了社区管理和服务对象的全覆盖，社区建设没有留下任何盲点。城市社区网格化管理实现了责任区域图层电子化，有效提高了问题定位的精确性与及时性。城市社区网格化管理在网格任务分解的基础上合理划分责任部门的工作职能，并通过对各个责任区域的划分实现了责任主体在空间上的无缝式对接，为各责任主体、管理主体和执法主体的权限范围划分提供了明确的依据，同时也最大程度上避免了管理的交叉区域。城市社区网格化管理运用现代信息科学技术，开发出功能强大的信息通信及管理技术平台，有效限定信息的收集、处理及反馈等各个环节的处置时限，倡导要在第一时间回应居民需求或利益诉求，提高办事效率。[①] 总之，网格作为沉降到社区的新的管理方式，在一定程度上确保了社区管理的精细化、高效化和标准化目标的实现，也充分展现了精细化管理所要求的"精、细、准、严"核心理念在社区管理中的应用。

2. 实现从被动管理向主动服务转变

传统城市社区管理是"以机构为中心"，需要帮助的居民或服务对象需要自己去寻找和联系服务机构及服务资源，而城市社区网格化管理则秉承"以用户为中心"理念，对服务对象信息的掌控由"被动接受"变为"主动收集"，并且要求服务机构有效整合服务资源并主动帮助服务对象，及时回应用户的个性化服务需求。"网格"平台能够最大限度地了解及贴近服务对象，从过去的区、街道延伸至基层社区、网格、家庭直至居民个人，更有利于根据居民需求主动提供适合居民要求的个性化服务。等群众上访不如主动下访，城市社区网格化管理有助于零距离关注、倾听民声、了解民情，将被动管理转变为主动服务，同时加强对特殊人群和弱势群体的关注。通过"网格"平台，信息传导可以有效从"上对下"变为"下对上"，实现随时随地、多层次地沟通和交流，通畅了群众诉求的渠道，有利于从源头上化解各类纠纷和矛盾，从以治为主解决社区问题转向治防并重，逐渐转向预防为主，可以有效避免出现问题、解决问题的被动局面。[②]

综上，社区网格化管理是试图通过"一张网"解决社区出现的问题。

---

① 杨海涛. 城市社区网格化管理研究与展望 [D]. 长春：吉林大学，2014.
② 杨海涛. 城市社区网格化管理研究与展望 [D]. 长春：吉林大学，2014.

通过打破原有行政条块分割改变处理传统社区事务的管理方式，试图将社区中出现的所有问题都力争在网格中解决，这样要求街道、社区的党员干部、社区工作人员必须以网格为单位对社区事务重新分工，并全部下沉到网格内部，做到"管理下沉、资源整合、块状细分"，真正实现"人到格中去，事在网中办"，如图 4-2 所示。这种新型社区管理模式的优势就是，基层社区成为社会治理的重心，提升了治理的精细化程度和问题反应速度；同时也调整了城市空间基层权力的再分配与利益格局，基层社会的组织方式和关系模式发生变化。

（二）初步形成以"网络治理"为特征的社区治理新模式

首先，在网格功能定位方面，通过社区网格化管理逐渐将其功能定位由"管控型"向"服务型"转变。如泰山区在网格化管理的具体实践中，要求各个网格在有关业务部门的指导下，承接各项沉到社区的政府职能，做好与居民利益息息相关的各项工作，如社区社会治安、社区教育、社区公共卫生、社会保障、社区文化体育、劳动就业、社会救助等工作，推动公共服务和社会管理进一步覆盖到全社区，从而提高服务精度。

其次，有效回应网格内社区居民正常需求。在网格内可以通过数字化现代信息技术平台及时向相关职能部门反映居民诉求；网格化管理打破了部门之间的条条块块，改变了利益格局，肯定多元化参与主体的作用，调动参与主体的积极性和参与热情，显现多元治理主体的合作优势和功能发挥。正如社区居民所说的那样，"居民是社区的主人，不能坐享其成，共同建设和保持良好的居住环境是我们每一个居民义不容辞的责任，社区的每个网格推出日志问责制，居民反映的问题及来电来访都有详细记录，要求网格负责人要在第一时间做出解答，并提供解决方案，我们的问题可以及时得到解决。作为社区居民，我对社区网格化管理模式还是非常认可的"。（调研编码：20171206-TS-cy022）

再次，体现社区治理的人文关怀。对有不同利益诉求的利益相关者、不同价值取向的社区人群可以通过平等协商共同参与的方式加以协调。

最后，搭建与社区自治紧密关联的桥梁。以网格为单位满足居民需求，为居民提供特色社区服务，可以确保每户居民都存在于网格化中，接受网格管理和社区服务，及时协调解决网格中出现的各种问题和各类事项，大大减少发现问题、解决问题、监督反馈这一流程所需的时间，有利于提升居民幸福感和满意度指数，提高社区服务整体效率。通过在网格内部进行社区文化建设，可以有效提高社区居民的人文素质、生活幸福感以及社区归属感、认同感。

（三）网格化管理是网络治理的试金石

社区网格化管理模式之所以被看作网络治理模式的试金石，说明参与社区治理的治理主体在网格化管理过程中通过多种形式被逐步吸纳，这个吸纳的过程呈现上下联动之态势，促使社区治理理念更新，逐渐形成政府管制逐步让位于社区居民自治的趋势。但是在社会公共价值遭到质疑的实践中，居民参与公共生活的频率减少，热情降低、人际关系淡薄现象严重。

如何实现社会网络的搭建与整合是走向网络治理的关键，包括如何培育和发展社区社会组织，如何激活社区社会资本，实现社区内部的政社、社社、社企等合作互助；如何激发公众参与的积极性，改变个体碎片化的现实，搭建和整合社会公众网络；如何实现政府、社会、居民网络的联结和整合，在实践中实现三者之间的利益衔接与互动协作等，都需要在实践中摸索。

应该说，网格化管理是网络治理实践的前提，网格化管理尝试着在自上而下的社会管理模式中融入了自下而上的社区自治及治理创新意识。实现社区治理主体的多元参与、实现政府及社区居民和社区社会组织间的尊重与信任、社区多元利益相关者间的包容与接纳从而采取有效的集体行动。

（四）推行社区网格化管理有利于基层民主建设

基层民主可以说是推动社区管理的动力，通过网格化管理，信息化建设，管理主体信息公开、政务公开、积极和服务对象密切接触，增强了社区管理工作的透明度，也真实了解了社情民意。社区党支部书记这样表达："网格最大的好处就是拉近了社区和群众之间的距离，一有问题，不管大小，这支专群结合的网格服务团队都会在第一时间内解决好，不能解决的也会及时向上级反馈"。（调研编码：20170705-TS-hql01）

居民对网格事务、社区事务参与热情有明显提高，为实现人的全面发展提供广阔空间，既有利于提高居民自身素质，增强社区居民的社会认同感和公共意识，也有利于基层民主建设。泰山区为了有效监督、指导网格内的社区各类社会组织、业主大会、业主委员会以及物业公司开展工作，为维护居民的合法权益，在社区建立"3+2"居民自治制度，搭建社区民主自治的决策平台。在所有社区建起"民情诉求站"，主要是吸纳法律工作者、离退休干部、宗教人士参加。法律的事务请法律专家指导；离退休干部和宗教人士参与调解家务、邻里纠纷及民族问题；涉及根本利益诉求的要耐心做好解释工作并及时向居民通报相关政策。

以网格化管理为基础的社区建设正努力摆脱传统一元化社会管理体制在面对新型社区发展和建设所显现出的不适应性，已经开始着手吸纳更多的城市社区管理主体，以民主的方式动员社会力量一起参与社会服务管理并注重民意的表达与回应。

（五）社区网格化管理存在弊端

网格化管理作为一种创新性的基层社会治理模式被许多城市甚至乡村

所接受，但其在实践中的功能与困惑参半。① 总体而言，在技术管控类事务中，网格化管理效能非常可观；在社会治理服务类事务中，网格化管理就突显一些弊端。② 社区扮演居民公共服务的直接提供者的角色，但还是难以摆脱自上而下的行政干预。因为网格化管理打破了传统的"区—街道—社区"三级管理结构，增加了"网格"这一新的管理层级，虽然使得基层社会管理的体制构造更加精细化，但由此也存在削弱社区自治而增加行政性的倾向，使得社会管理内卷化的风险加大。

网格化管理一方面推动了政府内部资源的整合，很大程度上提高了服务群众的质量，但同时也出现了过度治理与治理真空两种完全相悖的现象同时并存的窘境以及"强化行政而弱化治理"的内在缺陷。正如有的学者所说："它通过细化管理单元的方式来实现全方位的社区治理，但此种模式设计却更类似于一种应急式的处理，多元主体参与的缺失和运行力的单一使其长于处理社区治理中表面、规范性、浅层次的问题，却短于处理复杂化、深层次的问题，而难以形成一种长效机制"③。

弊端具体表现为：一是增加了科层化管理的层级，网格化管理在本质上仍然是技术治理背景下行政科层化力量的进一步展开，是以增加城市基层管理层级的方式展开其工作的。而网格的出现并没有真正改变传统科层结构中的层级设置以及行政权力向度，只是在"区县—街道—社区"的层级之下增加一个"格"的准行政层级，而层级越多，其体制成本和操作难度越大，从而对基层单位形成了一种新的压力机制，"下沉"至网格中的干部和社区工作者的工作压力必然增加。二是因为其下沉得较为彻底，必将压制社会活力，损害本来就尚未发育健全的社区自治，弱

---

① 王雪竹. 基层社会治理：从网格化管理到网络化治理 [J]. 理论探索，2020（02）：76-80.
② 秦上人，郁建兴. 从网格化管理到网络化治理——走向基层社会治理的新形态 [J]. 社会科学文摘，2017（05）：20-22.
③ 田毅鹏，薛文龙. 城市管理"网格化"模式与社区自治关系刍议 [J]. 学海，2012（03）：24-30.

化社区内部原本内生的社群联系，消解其社会资本和社区内成员的有机联结，最终可能会阻碍社区内部生成自治力量和提升社区居民自治水平，致使"公众参与、社会协同"的社区治理目标也无法真正实现。三是信息技术在基层网格化中的使用导致基层公共治理缺乏人文关怀。现代信息技术使用是工具理性的体现，当其运用于网格管制和维稳时，易致使民众话语权丧失、主体性缺失并带来侵犯公民隐私权等问题，易引发居民反感和抵触心理。

第二节　"政社互动"模式

一、"政社互动"模式概念解析

进入新世纪后，行政科层化的治理改革得以实行，并成为推动社会建设的根本机制，由此，改革前的总体性支配权力为一种技术化的治理权力所替代，但是技术治理的形成与强化，也带来了政府职能过重、行政成本过高、社会空间发育不足的矛盾。[①] 党的十七大报告早就指出"要加强基层政权建设，完善政务公开、村务公开等制度，实现政府行政管理与基层群众自治有效衔接和良性互动"。十八届三中全会提出推进国家治理体系和治理能力现代化，明确要求"坚持系统治理，加强党委领导，发挥政府主导作用，鼓励和支持社会各方面参与，实现政府治理和社会自我调节、居民自治良性互动"。党的十九大报告提出"打造共建共治共享的社会治理格局"，并提出"推动社会治理重心向基层下移，发挥社会组织作用，

[①] 渠敬东，等. 从总体支配到技术治理——基于中国 30 年改革经验的社会学分析 [J]. 中国社会科学，2009（06）：104-127.

实现政府治理和社会调节、居民自治良性互动。"

江苏省太仓市在社会治理实践中提出了"政社互动"这一概念，"政社互动"是对政府行政管理与基层群众自治有效衔接和良性互动的简称，是针对社会管理而进行的一种实践创新与制度创新，是社会组织体制、社会管理体制的一次改革。[1]"政社互动"是国家与社会关系在社区治理层面的主要表现形式，也是社区治理的主导性研究范式，尤其在中国，政府恒强、社会偏弱是现实政治生活的真实写照，现代民主政治中社会自治的强烈需求与强调权力调控之间仍存在着持续性的张力。[2]

关于"政社"关系这一议题，国内外学者都有研究。西方学者认为，"敌对、压制、契约订立、竞争、第三方政府、互补、合作和协作"是政府和社会间的八种关系形态。国内学术界对此研究更多集中在政社关系变迁历程的描述、对政府与社会角色定位的讨论以及政社治理结构转变的探讨，主要有"行政吸纳社会"与"吸纳和合作"两种结构模式。在基层治理中，只有构建起政府、市场和社会三者之间良性互动的格局，在制度层面形成相互制衡、相互支持的权力结构，明确政府、市场与社会的权利责任与相互关系；激活社区社会资本，发挥社区社会组织的服务优势，增强自我服务能力，引导市场组织参与基层社会服务与治理，将社区内外的多元主体进行有机衔接，构建互联、互动、互商、互建模式，增强网格中的"自治力"，并使之与行政权力相互融通匹配，真正形成多元主体协同共治的各尽所能的网络化治理格局，才能真正消除网格化管理带来的负面效应，从而实现真正的善治。基于这样的背景，太仓市进行了"政社互动"实践。

---

① 龚璇，朱婉君. 创新社会治理 谋求权利公正、义务平等——太仓市"政社互动"的实践与探索 [J]. 唯实（现代管理），2014（08）：25-27.

② 唐鸣，魏来. 协商民主的生长逻辑——中国经验的整体性视角和理论研究的整合性表述 [J]. 江苏社会科学，2016（05）：48-60.

二、案例深描：太仓市"政社互动"模式

我国城市社会管理存在的问题良多，政府与基层群众自治组织之间职责交叉、权限不明尤为明显。《国务院关于加强市县政府依法行政的决定》（国发〔2008〕17号）提出要"增强社会自治功能，建立政府行政管理与基层群众自治有效衔接和良性互动机制……严禁干预基层群众自治组织自治范围内的事情，不得要求群众自治组织承担依法应当由政府及其部门履行的职责。"街道作为地方政府的派出机构，一方面要组织动员辖区居民完成政府委派的各项工作任务；另一方面要直接面对辖区居民，并指导社区居委会的日常工作。因此，基层社会良性政社关系建构的关键之处在于处理好基层政府（街道）与社会（社区居委会）的关系。

（一）太仓市"政社互动"概况

2008年起，太仓市政府响应"转变政府职能、提升自治能力、创新社会管理"这一目标要求，开展了关于"政府行政管理与基层群众自治有效衔接和良性互动"（以下简称"政社互动"）的理论和实践方面的探索和研究，希望从规范政府行政管理行为和提升基层群众自治能力两方面动员社会力量、激发社会活力，实现社会治理模式创新。"政"指太仓市各镇（区）基层政府，"社"指的是基层群众自治组织，后其含义进一步扩展为"基层群众自治组织和社会组织"，这是从制度层面规范社会组织承接政府购买服务、参与社会治理提供契机。

2009年5月，太仓市出台《关于建立政府行政管理与基层自治互动衔接机制的意见》，2010年3月又先后颁布《基层群众自治组织依法履行职责事项》和《基层群众自治组织协助政府工作事项》，明确规定属政府部门的行政事务，政府不得随意下派；凡村居自治事务，放手其自主管理。进一步明晰政府的"行政权力"和社区的"自治权利"二者之间的区别及

界限。2011 年开始在全市全面推进"政社互动"实践。

作为"政社互动"发源地，全国首家试点单位，太仓市"政社互动"经过不断改革创新，共经历了 3 个阶段，即从厘清基层政府与群众自治组织权责边界的"清单式管理"的 1.0 时期，到引入社会治理理念并开展"三社联动"实践的"引导式治理"的 2.0 时期，再到以建设"发展型"幸福社区为目标，打造"共建共治共享的社会治理格局"的"能动式善治"的 3.0 时期。①

（二）太仓市"政社互动"发展阶段

1. "清单式管理"阶段

这一阶段的首要任务是厘清基层政府与群众自治组织的权责边界，所涉及的主体主要是基层政府和基层群众自治组织以及各类社会组织。具体做法：

首先，明确"政社分开"。认为加强和创新社会治理的过程就是实现社会善治的过程，实现善治的表现就是政府和社会要各归其位、各担其责。主要从以下两个方面着手，一方面于 2008 年成立"政社互动"研究工作领导小组，对"政社互动"主体情况进行专题调研。另一方面则同一时间在全市开展广泛宣传，在破除"三大阻力"的同时形成"三大共识"。以《关于建立政府行政管理与基层群众自治互动衔接机制的意见》作为开展"政社互动"模式探索和研究的纲领性文件，就规范政府行政行为、增强自治组织自治功能、保障基层权利、发挥自治作用，以及创新管理体制、政府基层互动衔接等方面的内容提出了 19 条具体要求。②

其次，明确权责，厘清"两份清单"。权责明确是"政社分开"的核心。

---

① 冯佳. 太仓政社互动十年迎来"能动善治"3.0 时期 [EB/OL]. https://www.mca.gov.cn/n152/n166/c40115/content.html，2018-10-26/2024-6-23.

② 关于建立政府行政管理与基层群众自治互动衔接机制的意见 [EB/OL].https://www.taicang.gov.cn/taicang/zfwjs/202104/d5cf4c0994a643949675e0d12e0b24b4.shtml，2009-05-13/2023-12-31.

清理出需要基层群众自治组织协助政府完成的工作事项共78项，后取消30余项。在经过与各政府部门协商后，将剩余40余项合并成为28个大项，确定最终的需要基层群众自治组织协助政府完成工作事项的统一"清单"；梳理出两份"清单"，依照《基层群众自治组织依法履行职责事项》规定，自治组织履职清单中保持10项内容，在对政府权力勘界后保持的行政权力限制清单为28项，而那些法律没有规定的行政事项则将退出村居自治组织。通过厘清这"两份清单"，使政社职责明确，政府"行政权力"与自治组织的"自治权利"之间的界限更清晰。

第三，剥离行政责任，签订协助协议。理顺政府行政部门与群众自治组织之间的关系，最重要的一条措施就是废止政府部门与基层长期签订的行政责任书，在机制上隔断了两者间的行政从属关系，可以有效防止政府部门对基层群众自治组织的多方干预，在制度上保障了自治组织的法定权益。"政社"双方在平等的基础上通过协商同意签订《村居自治组织协助政府管理事项协议书》，协议书包括的具体内容是由基层政府和群众自治组织通过双方协商最终确定的，甲方为基层政府，乙方为群众自治组织，协议中明确规定协助管理的具体项目和要求，规定政府对群众自治组织予以必要的财政支付和行政指导，对于双方的违约责任和履约效果评估都有规定。"政社互动"在进行试点时必须要处理好"三个关系"：（1）基层政府和自治组织之间的关系。这个关系处理得如何，直接关系到政社双方主体的法律地位问题，要坚持平等、尊重和互动。（2）自治组织在履行法定职责及协助政府管理二者之间的关系。自治组织要依法履行法定义务和承担法定职责已经明晰；而明确属于自治组织依法协助管理范围的事项，有权要求政府付资执行——"支付协助"；那些非法定义务和非依法协助事项，则要求政府立项"购买服务"。（3）两级党组织和"政社互动"构成主体之间的关系。要明确各级党组织始终处于领导和监督的地位，负责实施组织保障和思想保障。

第四，采取双向评估方式，弱化行政考核。"双向评估"是针对签订《协助管理协议书》的双方而言，双方都可以对对方的履约情况进行评估。"双向评估"弱化了传统的行政考核方式，考核的内容都限定在"履约评估"角度，没有行政考核的自治组织将真正地从行政中剥离。双向评估体现的是契约双方平等地位，不再是单向度的考核路线，是双方权利平等的体现。评估时由政府部门负责组成自治组织履职履约情况评估小组，党政干部担任主要成员，可以对居委会的履约情况进行系统评估，也让居民对居委会工作人员打分；同时由社区党组织成员、居委会成员和居民代表组成政府履职履约情况评估小组，也有权利对政府专业服务、行政指导、行政干预以及支付兑现等方面的执行情况进行评估，对于政府的行政越界行为可以亮"红牌"警告。

这个阶段"政社互动"模式特点有三：一是重新界定了政府与群众自治组织之间的关系。传统状态下，政府习惯把基层群众自治组织看作自身行政权力在基层的延伸，"政社互动"模式改变了这种传统思维定式，要求政府和群众自治组织间做到平等尊重，在双方之间建立了以平等和协商为特点"伙伴"关系；政府以发布行政命令的方式干预和影响群众自治组织的习惯被改变，基层减负被日益关注；群众自治组织对于政府的习惯性依赖的心态也被改变，自治组织的自治能力和自治信心都有所提高。二是厘清了政府和群众自治组织各自承担的职能。通过梳理"两份清单"，明确行政权力和自治权利的范围，同时明确"政社"双方各自的职能定位并扩大社会参与。基层的社区书记表示："'政社互动'的优势是使基层从忙于应付各种检查考核，繁重的行政工作中解脱出来，社区工作人员能够沉下心来处理社区事务，有时间和精力深入到居民群众中去、更贴近老百姓，可以更好地为居民服务了。"（调研编码：20200213-Tc-xx01）三是关注居民自治。社区党组织一方面通过建立党员议事小组和组织党员开展志愿行动发挥对群众自治组织的领导作用，另一方面适应基层自治组织开展依法自治的客观现实；居民代表大会是决策权力机构，采用"民主决策日"等方式，以大会《决议》的形式将党的主张、政府的指导意见、群众的需求成为共同意志；社区居委会为居民自治组织的执行机构，负责执行居民代表大会通过的《决议》的具体内容，并根据居民代表大会通过的《决议》要求组织开展具体工作，社区居委会要定期在全体居民代表面前"述职"，接受其监督以及考评。

2. "引导式治理"阶段

本阶段的任务是将社会治理理念引入"政社互动"实践中去，通过践行社区、社会组织、社工的"三社联动"，引导政府和社会进一步互动、互补、互联，实现社区多元主体协同共治的目标。

"三社联动"模式是一个由政府主导，由社区自治组织、社区社会组织和社会工作者共同参与的过程及实践形式。"三社联动"模式的目的要将社区、社会组织和社会工作者三者联系起来，通过协调互动并形成工作合力。

"三社联动"最早是基于上海的地方实践所总结出的一种具有开拓意义的治理机制，目的是实现基层治理主体的多元化，将社区、社会组织和社会工作者三方主体联结起来，促进政社分离与合作。2004年，上海市民政局形成了"以社区为工作平台、以社工为队伍抓手、以社团为组织载体"的工作思路。2013年11月，民政部财政部联合出台《关于加快推进社区社会工作服务的意见》（民发〔2013〕178号）指出，要"鼓励和发动广大社会组织、驻区单位、社区居民、志愿者队伍参与社区社会工作服务""探索建立以社区为平台、社会组织为载体、社会工作专业人才为支撑的新型社区服务管理机制"，这是官方正式发文推进"三社联动"，要"建立由社区、社会组织和社会工作专业人才构成的联动机制"。

国内学者曹海军认为推进"三社联动"有两种形式,一是嵌入式"三社联动"模式,是指政府向社会组织购买公共服务,引导社工机构嵌入社区,为居民提供专业化和多样化的服务;二是内生式"三社联动"模式,是指政府通过公益创意能力训练、公益创投等方式,把服务居民与组织结合起来,激发社区活力,促进内生社区社团、内生社区社工。[①] 这两种模式在太仓同时并存。

太仓市在2012年初印发《"三社联动"实施计划》,推行"3210计划"[②]。

(1)"引导式治理"阶段主体

"三社联动"主体包括社区、社会工作者以及社会组织。

第一,社区工作队伍社工化。在经过第一阶段"清单式管理"阶段后,太仓市鼓励全市的社区工作者踊跃报名参加全国社会工作者职业水平考试。全市取得全国社会工作者职业资格证书人员中有80%是专职社区工作者。主要采取以下具体做法:一是在社区工作者中推广社会工作理念和专业方法,敦促传统社区工作者尽快向职业化和专业化社会工作者转变,同时增设和开发全新社区专业社会工作岗位,从市级层面研究持证专业人员的奖励激励措施。

关于专业社工,有社区工作人员说:自己所在的社区目前还没有专职社工,但社区里面的工作人员是有参加社工考试并且拿到社工师证书的。在实际的社区工作中,社区工作者现在基本上都是兼顾着专业社工的一些工作,但实际效果不一定好。比如也有机会和专业的社工机构、专业社工打交道,自己觉得专业社工还是挺有优势的,感觉确实很不错,人家那些

---

① 曹海军."三社联动"的社区治理与服务创新——基于治理结构与运行机制的探索 [J]. 行政论坛,2017(02):74-79.
② "3210计划"——到2015年完成千名社工人才培养、千万元社会工作服务项目购买、千个社工岗位开发,每年百个公益创投、新建百个民办社工机构,打造十个社工培训基地。

专业社工大多受过专业教育，搞活动时候比我们设计活动要好，有针对性，目标也挺明确，与居民沟通也挺有技巧，对社区居民需求的了解也挺全面，看得出来，专业社工并不仅仅是搞了场活动，专业的社会工作理念和价值理念也有反映的。（调研编码：20200213-Tc-xx01）

第二，社工力量组织化。主要是为社工发展提供组织平台，具体手段包括通过鼓励社会组织注册登记，可以扩大社会组织建设规模；鼓励各领域专业社工进行机构建设，将社工机构发展成为培养社会工作者的重要力量。

第三，社会组织服务社区化。鼓励孵化培育社区公益组织，重视社区所在场域服务性、治理性、公益性、互助性社会组织培育和发展，实施公益创投活动。

第四，扩大社区工作队伍。在社区社会组织中培养居民领袖，健全社会工作者、社区工作者、社区志愿者之间的联合联动服务机制。同时在公安、民政、司法等职能部门以及工青妇残等系统中壮大社工队伍，并设计建立社会工作培训基地并计划给予资金支持。

（2）"引导式治理"阶段运行机制

健全制度保障机制。太仓市出台一系列文件，涉及"三社联动"、政府购买社会服务、公益创投、"政社互动"履职履约考评、加强社会组织登记管理和社会工作专业人才队伍建设等方方面面，将推进社区建设、培育和发展社会组织、加强社工专业人才队伍建设等方面都做了制度性规定。如关于"三社联动"的考核问题，有社区工作人员介绍了考核的内容及形式：考核内容和指标一方面是从政府需要社区承担的工作入手制定的，社区的工作基本都会被涵盖进去，像养老、低保、综治、救助以及计划生育等，另一方面是从政府各部门的相互协调情况入手。考核方式主要是由政府聘请的第三方来做的，考核需要政府做的就是按照为社区制定的

工作任务完成情况进行逐条打分、负责最终成绩汇总、通报。（调研编码：20200213-Tc-xx01）

完善领导保障机制。在政府层面上，根据苏州市委办公室市政府办公室出台的《关于巩固深化"三社联动"创新推进城乡社区治理的实施意见》（苏委办发〔2018〕102号）要求，"在镇（街道）层面：成立由政府、社区组织、社会组织（专业社会工作服务机构）等代表参加的联席会议制度，明确协调员，统筹协调辖区内服务规划、信息发布、资源配置、资金保障等问题；在城乡社区层面：建立健全社区党组织、基层群众性自治组织、业主委员会、社会组织（专业社会工作服务机构）、居民等代表参加的联席会议制度"，主要任务是统筹三社资源协调三方力量；在社会层面方面："三社联动"网站运行、"三社联动"促进会正式成立并开始工作、"三社联动"工作通讯（季刊）开始发行出刊。

建立统筹平台。一是建立市社会组织服务中心，主要任务是履行社会组织的孵化培育、人员培训、资金支持、税收优惠、购买服务、公益创投等六位一体职能，促进"三社"之间联动机制正常运行，加强与政府、企业间的沟通与合作，又建立了联合管理部，承担"三社"联合管理及培育职能。二是建设"三社联动"平台。通过建立镇级社会组织培育中心、社区"三社联动"工作坊、社区社工室等方式实现。

确保财务保障机制。根据"三社"发展情况，对"三社联动"运行所需经费进行合理预算。在调研中笔者了解到，太仓市政府购买公共服务的资金来源主要有三个渠道：一是专项资金，比如设立社会组织发展专项资金、公益创投资金等；二是财政预算资金，主要是政府购买社会组织服务经费预算安排；三是福彩公益金。

社区工作人员对于现行的"政社互动"运转的机制与体制问题，社区工作者基本都秉承这样的观点，很具有普遍性，认为：太仓市这几年确实出台了不少文件，扶持"三社联动"以及社会工作的发展，应该说扶持的力度还是不小的，我觉得从理念上看不错，但是实际操作起来还是有些理想化。比如说政社互动，政在前，社在后，要想动起来，必须政府先动，只有政府先动了，像我们社区啊基层啊才能跟着动，要是政府都不能行动的话，让下边怎么动？下面再怎么去说劝都是不可能动起来的呀。（调研编码：20200213-Tc-xx01）

3."能动式善治"阶段

在党的十九大召开后，根据党提出的要打造共建共治共享的社会治理格局的指示精神，太仓市"政社互动"进入第三个发展阶段——"能动式善治"阶段，主要任务是建立"协商能动"机制，建设"发展型"幸福社区。[①]实现善治（good governance）是治理的最终目标。善治的本质特征，在于它是政府与公民对公共生活的合作管理，是政治国家与公民社会的一种新型关系，是两者的最佳状态。善治就是使公共利益最大化的社会管理过程。本阶段主要任务是解决前两个阶段都存在的社区居民参与不足、民主协商能力不强、居民解决社区治理难题的主观能动性欠缺、社区服务供给效率较低等问题，因此重点是在发展各方能力上下功夫，解决"能动"问题，最终实现社区有效治理。

"政社互动"的第三阶段的主要任务包括三个方面：（1）建立"协商能动"机制，指在基层党组织统一领导下以及持续推进"政社互动""三社联动"工作的基础上，增强社区党组织的引领能力，构建"广泛参与、深度协商、活力自主"的新机制，包括实现"协商能动"的领导、议事、参与、保障和合作五大机制，打造"共建共治共享"社会治理新格局，激发社区多方治理主体的创造性、主动性和积极性，实现社区有效治理的目

---

①冯佳. 太仓政社互动十年迎来"能动善治"3.0 时期 [EB/OL]. https://www.mca.gov.cn/n152/n166/c40115/content.html，2018-10-26/2024-6-23.

标。强调的是主动发现问题，理性表达诉求，有序开展协商，积极达成共识，最终解决社区问题、化解社区矛盾、促进社区发展。（2）"发展型"社区建设，依托"协商能动"机制，培养社区发展意愿、凝聚社区发展合力、开发社区发展潜能、破解社区发展难题，推进社区高质量建设的实践过程。"发展型"强调的是社区居民的参与、促进社区力量间的合作沟通、注重培养社区居民公共意识和社区认同及提升居民在参与社区发展过程中的个人能力。（3）"幸福社区"建设，指可以给社区居民在创造幸福、获得幸福、追求幸福、享受幸福过程中提供机会、创造条件的社区。社区各项建设工作都必须考虑到社区居民的内心体验、注意维护社区全体居民的合法利益。幸福社区建设指标体系将群众对幸福的主观感受细分为社区归属感、邻里和谐感、服务获得感、生活便利感、环境舒适感和社区安全感，设立了"认同、服务、风尚、生活、平安、生态"等六类幸福感指数和三十项具体指标。[①]

三、案例深描：宝鸡市金台区"四社联动"模式探索

（一）"四社联动"模式概念解析

"三社联动"在实践中出现了联动乏力的困境，解决的思路之一就是增加联动主体。"四社联动"是在"三社联动"基础上的深化，指协调社区、社会组织、社会工作者以及社区志愿者四者之间的关系，在政府购买服务作为主导的前提下，以社区为发展平台，以社会组织为联动载体，以社会工作者为服务骨干，以社区志愿者作为重要辅助参与力量，以满足社区居民需求为重要导向，通过社会组织将社会工作专业资源和社会参与力量引进社区，为居民提供专业化服务并有针对性地把矛盾在社区内部解决，

---

① 冯佳. 太仓政社互动十年迎来"能动善治"3.0 时期 [EB/OL]. https://www.mca.gov.cn/n152/
n166/c40115/content.html，2018−10−26/2024−6−23.

把多元服务供给理念与实践在社区具体落实的一种新型社会治理模式和全新社会动员机制。①

社区负责为社会组织发展提供场地、资源，为社会组织参与社区服务和居民自治提供平台和发展空间；而社会组织要激发自身活力积极参与社区建设，通过吸纳培养专业社会工作者以提升社区整体参与水平和服务水平；社会工作者通过参与社会组织的形式实现参与社区服务；而社区志愿者主要是参与解决社区服务和居民自治中遇到的难题，要形成的是"政府扶持监督、以社区为平台、社会组织承接、专业社工引领、项目化管理运作及志愿者参与"的社区服务新模式。

2011 年 11 月，中央组织部等 18 个部门联合发布的《关于加强社会工作专业人才队伍建设的意见》，提出"建立社会工作专业人才和志愿者队伍联动服务机制。志愿者队伍是社会工作专业人才开展服务的重要补充力量"。基于此，一些地方省份提出"三社联动"+"两工（社工＋义工）互动"的说法，将志愿者（即义工）整合进"三社联动"的框架中，但这种提法表明志愿者要素仍是从属性的、次级性的。

随着志愿者要素在实践中发挥的作用越来越大，山东、陕西、深圳各地逐渐明确提出"四社联动"的概念。2014 年，山东省《关于推进"四社联动"创新社区治理和服务的意见》（鲁民〔2014〕80 号）文件提出"推行社区、社区社会组织、社会工作专业人才、社区志愿者的'四社联动'"。2016 年，陕西省《关于加快推进"四社联动"提升社区治理水平的意见》（陕办发〔2016〕50 号）文件也提出"加快推进以社区为平台、社会组织为载体、社会工作专业人才为支撑、社区志愿者为补充的'四社联动'"工作。之后内蒙古等多地民政部门也相继出台了关于建设"四社联动"的

---

① 杨炫昆，孙建丽. 试析"三社联动"创新社区管理新路径——以太仓市为例 [J]. 改革与开放，2016（08）：13+78.

相关政策文件，在原有"社区、社会工作者、社会组织"基础上增加了"社区志愿者、义工或者社会其他各界人士"。

（二）金台区"四社联动"模式概述

金台区占地面积 309 平方公里，是宝鸡市三大辖区之一，人口总数 39.6 万。辖 4 镇 7 个街道办事处，有 67 个村和 59 个社区。"四社联动"是金台区在"三社联动"模式基础上，纳入了社区志愿者，由社区、社会组织、社会工作者、社区志愿者四方力量共同围绕居民需求，通过分工合作、互相沟通、彼此协调、有序联动，从而实现有效实施社区治理、为居民提供优质社区服务的一种独特的社区治理新模式。

2014 年以来，宝鸡市实践中开始重视志愿者这一因素，曾先后出台了《宝鸡市社区志愿服务实施办法》《关于切实做好社区志愿者登记注册和扎实开展志愿服务活动有关问题的通知》《关于开展"邻里守望"志愿服务活动的实施方案》《宝鸡市社区建设指导委员会办公室关于加快推进"三社联动"工作的意见》《关于积极推行政府购买服务加强基层社会救助经办服务能力的实施意见》《关于进一步加强社会组织工作的意见》等系列文件，其中金台区出台了《"三社一志"联动工作安排意见》《关于推行"三社一志"联动，提升社区治理水平的意见》等一系列文件，此时的提法尚不是"四社联动"。在《关于加快推进"四社联动"提升社区治理水平的实施意见》（宝办发〔2017〕15 号）出台后，逐步搭建四方力量合作共治、共同推动社区建设的"四社联动"模式。

金台区"四社联动"的总体思路是"党委领导、政府主导、民政牵头、部门配合、社会协同、公众参与、整体联动"，以居民需求作为目标导向，以开展社区治理和服务创新实验区建设为载体，推进"四社联动"工作，提升"三化一度"水平，即社区公共服务标准化、互助服务常态化、便民服务专业化、社区居民参与度，初步形成了独具地方特色的"'四社联动'

共同登台、社区治理好戏连台"的金台模式。

（三）金台区"四社联动"模式主体及结构

1. 搭建社区基础平台

通过社区党组织和居民委员会建设，完善社区服务设施，健全工作制度，加强能力建设等方式搭建基础平台。从完善信息化服务平台、基础设施建设等方面为"三社联动"创造条件。

在实践中共打造五大平台，一是打造"社区＋阵地"平台，把加强硬件基础设施提升作为首要工作来抓，按照每20平方米/100户的标准，合理规划、建设全区社区办公及服务和活动用房，目前金台区社区办公用房超过1000平方米的已经达到15个。加强室外活动广场建设，确保每个社区至少有一处不低于1000平方米的固定室外活动场所。加强社区自治组织和服务组织阵地配套建设，"六室三站一场一中心"基本实现全覆盖。增强了社区自治和服务功能。二是打造"社区＋信息"平台。具体措施包括，开展社区公共服务综合信息平台建设试点，经比较，择优选择采用上海的"一门式"政务服务系统，首批在卧龙寺三迪社区、群众路金河尚居社区等4个社区，建成了兼具信息采集、政务办理、智能家居等功能的社区公共信息平台，推行"前台一口受理、后台分工协同"的运行模式，通过提升社区治理和社区服务的信息化水平，打通了服务社区群众的"最后一步路""最后一公里"。三是打造"社区＋专业"平台。建立了专家学者、专业社工、领军人物"三个团队"。坚持培育挖掘，实施能力提升工程和社工人才培养计划，鼓励和支持社区工作人员参加社会工作师和学历教育培训，培育、评选社区社会组织领军人物，通过对外引进和对内培育为社区治理和服务创新提供人才保证。四是打造"社区＋创投"平台。具体做法是，建立健全政府向社会组织购买服务机制，将购买社会组织服务所需资金纳入政府财政预算，大约每年度向每个社区划拨10万元经费用于实施创投项目，鼓励社会组织参与社区建设提供社区服务。围绕居民需求实施社区惠民公益创投项目，对征集的项目给予资金支持，2016年，社区惠民公益创投项目共实施269个，其中居民实事类53个、特色服务类65个、常规服务类151个，总投资590万元，满足了社区居民多样化需求，推动了社区治理创新和社区公益事业的健康发展。五是打造"社区＋活动"平台。建立协商共治活动平台，将商谈对话机制引入社区，指导社区不定期召开由居委会、物业公司、业主委员会、党员代表、居民代表等参加的社区事务听评会，开展小区治理、"一事一议"等活动，引导广大居民共同参与和谐社区建设。建立社区文化活动平台，社区办公用房60%用于社区居民及社会组织活动，建立睦邻驿站、青春驿站、四点半课堂和老年活动站，丰富了居民文化生活。建立社区大讲堂平台，开展道德模范进社区、心理专家进社区、消费维权专家进社区、传统文化进社区等活动，培养社区居民形成社会主义核心价值观。

2. 培育发展社区社会组织

从简化程序、支持扶助、采取备案制等方面培育发展公益性、服务性及互助性社区社会组织。

具体做法是：一是建立健全社区社会组织孵化机制，为社会组织党委和社会组织管理局解决办公用房230平方米，每年拨款20万元经费用于开展工作。出台《加快推进社会组织培育发展和规范管理的指导意见》《社会组织发展三年规划》《城乡社区社会组织备案管理办法》《四类社会组织直接登记管理办法》《社会组织评估办法》等系列政策文件，有力推动了社会组织的蓬勃发展。二是搭建平台、精心孵化。投资150多万元成立宝鸡市首个社会组织发展服务中心，建成2000平方米的社会组织孵化基地，开设集中孵化区等十大公共服务平台，大力培育发展各类社区社会组织。在区科协、区老龄委等业务主管部门设立孵化点，截至2015年，全区累计孵化发展社会组织达到 760 个，其中注册登记各类社会组织 116 个，备案社区社会组织总计 644 个。同时，出台《政府购买社会组织服务和绩效评估的实施意见》，加大居家养老、困境儿童救助、残疾人康复、防灾减灾等领域的政府购买服务力度，全区每年用于购买社会组织服务的经费达 1300 多万元。三是培训、树立典型。组织区、镇街、社区社会组织管理干部参加省市培训班和各级工作会议，对管理人员进行政策法规、专业知识、信息宣传等业务培训。采用参观考察、专家教授讲授等形式对近百名社会组织法人进行培训。同时，分行业、分类型、分岗位对社会组织专业人才和志愿者进行业务培训，四是推进社会组织等级评估工作有序开展，近两年累计评定星级社会组织达 33 个，表彰优秀社会组织 17 个，评选 26 个"四社联动"优秀案例在全区推广。

3. 重视社会工作人才队伍建设

主要采取以下措施：一是规划引领。制定出台了《金台区社会工作人才队伍建设中长期规划（2010—2020）》《关于加强社会工作人才队伍建设推进社会工作发展的意见》，率先成立了社会工作协会，镇街层面设立社工工作站，社区层面设立社工工作室，成立工作小组。截至目前，全区持证社工达 164 人，社工人才在全区总人口中占比达到了万分之四。二是加强教育。在全省率先开展社会工作者继续教育培训工作，每年参加继续教育培训的社会工作者达到 600 多人次。通过不间断地教育培训，帮助持证社工高效专业地开展社会服务，推动社会工作者在考取证书后继续向职业化、专业化发展。三是落实待遇。对于社区工作人员中取得高级社会工作师、社会工作师和助理社会工作师职业资格证书者，每人每月分别给予 300 元、200 元和 100 元的职称补贴。从 2013 年起，每年新考取证书的社区工作人员，均按时足额落实职称补贴，社会工作专业人才的薪酬待遇水平明显提高，促进社区工作人员队伍专业化、职业化建设。四是打造品牌。

实施品牌社工建设工程，先后开展了针对孤儿及困境儿童的"爱心陪伴成长"服务项目；针对贫困人群的"红线传真情"志愿服务项目；针对老年人提出的"福泽养老助残社会化服务体系"项目；针对改善社区邻里关系的"社区邻里互助"项目；针对解决进城务工子女教育问题的"四点半课堂"项目；针对残疾人的"扶弱助残"项目等一大批专业社工参与的社会服务。

4. 推进社区志愿服务常态化

从以下几方面入手：一是组织保障进一步推进志愿服务制度化。先后出台了《关于推进志愿服务制度化的实施意见》《关于深入推进共产党员志愿服务活动的意见》《关于推动共青团员成为注册志愿者的实施意见》，动员全区党团员带头参加志愿服务活动。2014年，成立金台区志愿服务联合会，组织发动志愿者走进社区，参与"邻里守望""汇聚爱的力量，让金台更温暖"等志愿服务活动，实现了社区志愿服务组织化、制度化、常规化。二是项目发布助推志愿服务常态化。通过"金台民政网""金台社会组织"公众号发布征集、精选志愿服务需求，公布项目信息，紧紧围绕与群众生活息息相关的邻里守望、扶贫帮困、环境保护、科技致富等工作，实施志愿服务项目。截至目前，通过志愿服务云系统实名注册志愿者达4万余人，成立社区志愿服务队共292个，在职党员进社区志愿奉献双岗位人员6000多名，长期活动在志愿服务一线，实现了社区志愿服务常态化。三是典型引领带动志愿服务长效化。建立"社工引领志愿者开展服务、志愿者协助社工改善服务"联动机制，有效整合社会工作者、志愿者等多方人力资源，充实社会工作服务力量，提升社区服务整体水平。四是探索社区志愿服务"3+3"模式，即"社工＋义工""项目＋基地""动态＋常态"相结合的方式，推行项目化管理。如推行志愿服务时间累计以及绩效评价制度，要求注册的志愿者每年至少要参加累计至少20小时的志愿服务活动。

以火炬路社区为例，共有志愿服务项目小组 12 个，包括：注册志愿者服务组、助残服务组、妇女服务组、科普服务组、平安建设服务组、学雷锋服务组、环保卫生服务组、养老服务组、党员服务组、计生服务组、文体活动服务组、青少年服务组。这些志愿小组定期开展"关爱空巢老人"活动、清理野广告、节假日送祝福、开展法制教育、安全教育等讲座、志愿者义务巡逻、志愿者文明劝导、结对帮扶、关爱残疾人等大量活动。（调研编码：20170813-BJ-hjl01）

西关社区则从 2007 年开始建立慈善志愿服务队，志愿者队伍由 2007 年的 20 人发展到现今的 1260 余人，占辖区常住人口的 16.40%；志愿者由以前的社区工作人员为主逐步扩展到辖区内的党、团员和企事业单位职工，上有耄耋老者组建的夕阳红志愿者队伍、下有尚在学堂的青少年志愿者团队，年龄最大的 97 岁、最小的 9 岁。（调研编码：20170813-BJ-xg01）

"尤其老年人的参与，带动了全小区居民的积极性，垃圾没有了，乱搭乱建拆除了，小区变得敞亮了，群众对这些老年志愿者赞不绝口"（调研编码：20170812-BJ-wsy01）。

"四社联动"四个主体之间的关系（见图 4-3）解读如下：社工负责引领志愿者开展社区服务，社会组织培育社会工作者，志愿者协助专业社

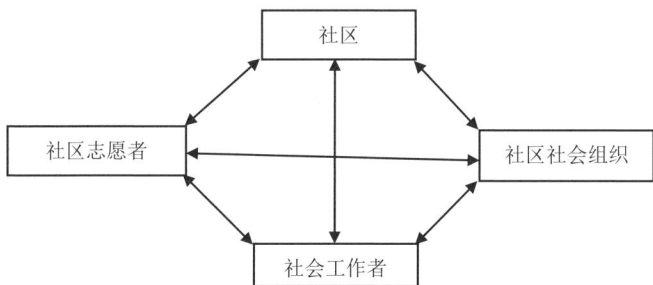

图4-3 "四社联动"示意图

资料来源：作者根据公开资料自行整理绘制。

会工作者改善服务，社区孵化社会组织，社区社会组织积极主动参与社区建设，社会工作者通过参与社区建设可以提升自身参与和服务水平。

（四）金台区"四社联动"模式运行机制

1. 建立健全"四社联动"会议联席机制

这是宝鸡市层面的运行机制构建，会议联席制度意在解决工作中的重点问题、难点问题和社会新问题。负责指导、领导全市"四社"建设，针对"四社联动"推进过程中出现的问题进行讨论。会议联席制度是由成员中一方或多方牵头，以会议为主要形式，与会成员充分发扬民主精神，畅所欲言，充分表达意见和利益诉求，以期达成共识，最后形成具有约束力的规范性意见，用以解决问题、指导工作。宝鸡市"四社"联席会议由社区建设领导小组、社会组织建设工作领导小组和各区人才工作领导小组各成员单位组成。以例会形式定期召开由市地区、街道领导、社区负责人、社会组织成员和居民代表多人参加的联席会议，以学习有关指示精神、研究社区居民需求及状况、整合分配社区资源、协调社区各方力量为基本内容。通过建立会议联席制度，可以协调社区建设的各方力量，调动社区建设各主体进行协商，有效分配社区建设资源；通过协商做出的决定是参加会议的各利益相关方经过讨论达成的共识，有利于各方自觉遵守，化解各方的矛盾，真正实现服务居民的目的。

2. 建立健全"四社联动"信息联通机制

信息联通制度是指为确保各部门能及时、准确地传递和沟通信息，以确保信息沟通畅通的制度。"四社"信息联通制度主要指市、区、街道党政领导、社区、社会工作服务组织以及相关部门，为实现信息共享，实现社区服务与社区居民需求有效对接以及社区无缝隙服务管理为目的的沟通制度。主要通过搭建信息交流平台，保证社区、社会组织、社会工作者及社区志愿者服务的信息能及时更新，确保社区居民的需求被快速地反映，方便社区、街道和各级政府了解百姓的需求，给百姓提供切实的帮助，有效地实现无缝隙的服务。调研中发现渭水苑社区综合服务管理平台包括社区管理平台、公众门户服务网站和微博、微信和社区 QQ 等社交网络平台，已经成为提高社区办事效率和社区服务水平的网络信息化服务平台。

3. 建立"四社联动"组织联建机制

所谓"四社联动"组织联建可以包含三个层面，一是社区工作者、社会组织工作人员、社会工作者队伍和社区志愿者队伍的四方联建；二是社区党组织、社区居委会、社区社会组织、驻区单位、社区居民联建；三是社区工作者、社会工作者和社区志愿者队伍联建。

4. 强化"四社联动"保障机制

主要方式包括：一是领导保障。建立"四社联动"工作领导小组，由镇街委派分管领导担任组长，下设办公室。各社区同时成立相应的机构，社区书记担任组长，形成了"三委三站一室"工作机制，"三委"即社区党组织发挥领导作用、社区居民委员会组织开展自治工作、居民监督委员会负责行使监督权；"三站"即公共服务站、志愿服务站和社会组织服务工作站，"一室"指社工工作室。领导小组办公室每两个月对工作进展情况予以通报，并于年底召开"四社联动"工作经验交流会。二是资金保障。宝鸡市将社区社会工作服务列入了政府购买服务范围，正逐步加大财政资金投入；同时从留用的福彩公益金中安排一定资金，用于支持开展社区社会服务；同时通过"公益创投"的形式，吸引社会闲置资金支持购买社区社会服务，不断扩大惠民公益项目的覆盖面。

四、案例深描：武汉市"五社联动"模式探索

（一）"五社联动"模式概念解析

"五社联动"是我国城乡社区治理创新实践的最新成果，是 2020 年

以来民政部主推的专业介入基层治理（内含民生服务）的工作机制。"五社联动"对于推动我国基层治理体系与治理能力现代化正发挥着重要作用，也是当前学界与实务领域的热点议题。"五社"是指社区、社会组织、社会工作者、社区志愿者、社会慈善资源。"五社联动"是指以提升基层治理能力、建设"共建共治共享"的社会治理共同体为目标，坚持党建引领，社区居委会（村委会）发挥组织作用，以社区为平台、以社会组织为载体、以社会工作者为支撑、以社区志愿者为辅助、以社会慈善资源为补充的现代基层治理行动框架。

学界普遍认为"五社联动"是从湖北省地方实践经验提炼走向国家政策的。"五社联动"基层治理行动框架理论产生于非常态时期的基层治理实践，是在突发公共卫生事件下突破"三社联动"与"四社联动"的实践瓶颈基础上发展而来，是以解决基层实际问题为驱动、专业介入治理创新的产物，主要经历了由基层自主探索—项目式培育—政策吸纳扩散的发展历程。具体而言，这是民政部赴鄂指导组坐镇湖北进行抗击疫情指挥工作以及在疫情防控常态化时期，民政部联合阿里巴巴公益基金会等慈善组织，与湖北省各级民政部门、"五社联动"项目试点社区一起，多方力量联合实践、共同研究的结果。

"五社联动"是对"三社联动""四社联动"在实践中的发展和丰富。在基层治理实践中，动员广大社区志愿者和社会慈善资源等社会力量发挥其治理主体作用，通过打造"社区为平台、社会组织为载体、社会工作者为支撑、社区志愿者为辅助、社会慈善资源为补充"的基层治理"五社联动"，可有效调动社区资源，为实现社区共建共治共享目标赋能。

2021年5月，《"十四五"民政事业发展规划》（民发〔2021〕51号）提出"完善城乡社区、社会组织、社会工作'三社联动'机制，发挥好社区志愿者、社会慈善资源协同作用，促进社会工作专业力量参与社会治理"。7月,《关于加强基层治理体系和治理能力现代化建设的意见》（中发〔2021〕16号）指出要"发展公益慈善事业,完善社会力量参与基层治理激励政策,创新社区与社会组织、社会工作者、社区志愿者、社会慈善资源的联动机制",即基层治理"五社联动"模式,这是"五社联动"进入基层治理体系的标志,也正式表明"五社联动"由地方经验上升为国家政策。这是党中央和国家层面第一次提出"五社联动",旨在建设党建引领下中国特色基层治理体系,通过促进多主体联动,进而实现社区治理取得良好效果。9月,"五社联动"社会工作理论与实务研讨会在武汉召开。

2022年3月,民政部慈善事业与社会工作司将本年度社会工作宣传周的主题定为"五社联动聚合力,社工服务暖基层",全国民政系统相关条线和社会工作实践领域普遍开始学习和践行"五社联动"。2023年,《中华人民共和国慈善法（修订草案）》新增:"国家鼓励发展社区慈善,培育社区慈善组织,加强社区志愿者队伍建设,支持有条件的地方设立社区基金会、慈善信托,开展慈善活动。鼓励社区与社会组织、社会工作者、社区志愿者、社会慈善资源建立联动机制"。

截至2024年6月,"五社联动"已被纳入中央法规14次、地方法规381次[①],"五社联动"已经从特定时期的地方研究走向国家政策,又到全国各个地方的扩散历程,成为基层治理的新趋势。

（二）武汉市"五社联动"模式概述

"五社联动"实践最早起源于湖北武汉,主要缘于突发公共卫生事件的刺激。2020年春,新冠疫情首先在湖北省武汉市暴发。基层社区除了常态化治理任务外,遭遇大量的应急性需求,对原有的基层治理模式提出了严峻考验。社区急需大量的物资及资金,还需要大量服务居民生活和开展

---

① 本数据通过在"中国法律资源库"站分别检索主题"标题＋全文"中央和地方法规政策文件统计而来。

防疫工作的志愿者。

全国各地乃至全球的物资和资金还有志愿者纷纷驰援武汉。据湖北省民政厅统计，2020 年自疫情暴发后截至 2021 年 9 月 30 日，全省累计接收社会捐赠资金 151 亿元，捐赠物资 2.3 亿件。在人力方面，湖北省疫情防控涉及全省 2.7 万个城乡社区，有超 17 万名社区工作者奋战在社区防疫第一线，千余家社会组织发挥自身优势主动投身防疫工作，1 万多名社会工作者广泛开展心理疏导、资源链接、社会融入等专业服务，120 余万名志愿者参与小区值守、环境消毒、关爱保障等工作。[①] 这些慈善资金以及志愿者为主的人力队伍为湖北抗疫做出积极贡献，也孕育了发展一种新的基层治理模式的可能性。

2020 年底至 2021 年初，湖北省对疫情防控的基层治理经验进行提炼总结，正式提出"五社联动"模式，后作为地方经验被党中央、国务院采纳，进入国家政策，明确了"五社联动"的定义，即以党建为引领，以居民需求为导向，以社区为平台、以社会组织为载体、以社会工作者为支撑、以社区志愿者为依托、以社会慈善资源为助推，提升基层治理能力，建设人人有责、人人尽责、人人享有的社会治理共同体。[②]

在此期间，《关于创新"五社联动"机制提升社区治理效能的意见》（鄂民政发〔2021〕47 号）、《关于完善"五社联动"机制助力新时代文明实践志愿服务的意见》（鄂民政发〔2022〕15 号）等文件，武汉市出台《武汉市民政事业发展"十四五"规划》（2021）、《关于创新"五社联动"机制提升社区治理效能的实施方案》的通知（武民政〔2022〕21 号）、《武汉市社区社会组织能力提升行动方案》的通知（武民政〔2023〕12 号）等

---

① 任敏，吕江蕊."五社联动"的缘起、运作逻辑及其何以促进基层治理 [J]. 社会工作,2023(06)：
　 29-41.
② 任敏，胡鹏辉，郑先令. 湖北省民政厅"五社联动"课题组的成果,2021.

一系列文件，创新社区与社会组织、社会工作者、社区志愿者、社会慈善资源的联动机制，即"五社联动"，提升基层治理社会化、法治化、智能化、专业化水平，从而推动实现基层治理体系和治理能力现代化。

（三）武汉市"五社联动"实践模式类型

基于对2022年度和2023年度武汉市评选的42个（2022年度评选20个，2023年度评选22个）"五社联动"社会工作服务典型项目案例及入选全国社会工作专业服务典型案例进行分析，总结了武汉市"五社联动"三种典型实践模式。

1. 社会组织启动型

这种类型主要指社区中有良好的社会组织建设基础，社区社会组织蓬勃发展。社会工作者—社区联合，以社区社会组织为启动要素，依托社区社会组织开展社区志愿服务，发展志愿者、发掘志愿者骨干，进而建立志愿者队伍；社会工作者和社区"两委"联合行动，延伸链接志愿者网络中的慈善资源要素，针对社区问题和社区服务设立项目，而这一系列项目又转而依托社区社会组织和志愿者队伍实施。由此实现社会工作者—社区"两委"联合行动，从本社区的已发展优势要素出发，撬动社区社会组织—社区志愿者—社会慈善资源接续介入，前后相继形成"五社联动"的一种实践模式。

典型案例如：武昌区首义路街道武南村社区通过优化完善党建联席会议制度，建立起了武南村社区党建联动"朋友圈"；以区域化党建工作为基础，实行"三张清单"的动态管理，签订共建协议书，推动社区重点工作共同谋划、共同商讨、共同决策，建立了由成员单位、专业社会组织、专业社工、辖区企业和志愿服务团队领袖组成的"五社联动"专题联席会议，制定了武南村社区"五社五联"工作机制，即社区党委联席，社工人才联动，社会组织联合，社区志愿队伍联心，社会慈善资源联营；定期研究服务资源的整合利用、社区服务的需求对接、社会组织的培育发展，以及社区治理工作的联动联办等问题，有效促进社区多元主体的交流协作，逐步形成资源互补、资源共享、协同合作的良好局面。[①]（案例来源：武汉市民政局官网）

2. 社区志愿者启动型

这一模式主要指社区在前期志愿服务基础好的前提下，社会工作者—社区联合行动，大力培育社区志愿文化及公益精神，建立稳定的、组织化的社区志愿服务组织以及有效的志愿服务激励机制；再以志愿型社会组织服务社区，解决社区难题，丰富社区精神文化生活，扩展建立各类娱乐型、趣缘型、学习型、服务型组织，激活社区联结的同时，链接本地的企事业单位共同开发慈善资源，投入社区志愿服务和专业服务项目，助力社区治理。由此，社工—社区联合，先启动社区志愿者要素，创新志愿者激励机制，建立志愿型组织，通过广泛发展志愿者促动社区联结，发动志愿骨干培育各类社区社会组织，搞活社区，促进社区治理，形成了又一类"五社联动"实践模式。

典型案例如：武昌区水果湖街道"'五社联动'中的'一三三五'志愿服务发动及可持续建设模式"，是通过大力发展社区社会组织和社区志愿者，促进多元主体共同参与社区治理工作，形成"一三三五"基层社区治理工作法。"一"是专业支撑，即以社会工作专业为支撑，在党建引领下，激活志愿者力量，并以志愿者撬动社区活力，创新社区治理机制。"三"是三类人群，即依托三类志愿者力量，激活下沉党员、社区党员、社区居民参与社区治理，并促进其组织化，形成多样化的社区社会组织，打造红

[①] 武昌党建. 首义路街道：探索"五社联动"新模式 缔造美好生活新图景 [EB/OL]. https://mp.weixin.qq.com/s?__biz=MzUxNTUzMDUxOA==&mid=2247519491&idx=4&sn=0d8d45d8e94c49297004373ff3cbabe9&chksm=f9b7877acec00e6c1a071f116f162fc05092c4ba4ae27d39d74744931ecaec244a717efd4751&scene=27.

五星志愿服务联盟，强化社区基层治理队伍建设。"三"是三步卷入，即实施"带、接、展"三步走策略，畅通志愿者发动渠道，壮大社区治理队伍。"五"是五步参与，用好志愿者，夯实基层治理力量，创新完善社区志愿者"参与＋激励"的需求分类、派单领办、红色议事、统筹积分、评议激励"五步骤"机制。水果湖街道还通过实施腾讯"五社联动•家园助力站"项目，将志愿服务组织培育与社区基金建设交织推进。充分汇集慈善资源，规范资金使用管理，促进本土志愿服务队伍的成长，促使其由仅仅"组队伍＋供服务"到优先"定需求＋募资源"转变。通过全流程赋能助力社区志愿服务，形成了"需求自提—资源自筹—服务自供—社区自治"的社区治理参与生态链，建立了社区基金"聚集资金—管好资金—用好资金—再生资金"的规范运营流程，两相结合，共同助推社区慈善资源的可持续发展。

（案例来源：武汉市民政局官网）

3. 社会慈善资源启动型

这一模式是在社区前期的慈善资源开发及应用基础较好的情况下，社会工作者—社区应社区所需联合行动，设计社区治理和服务项目，筹措或引导资源投入，发动社区社会组织和志愿者参与社区治理及社区服务。如此，形成了社区"两委"引入资源或社会工作者开发社会慈善资源—社会工作者联合或发动社会组织承接社区项目或开展社区服务——链接专业志愿者资源并引导社区志愿者协作或参与的行动历程。

典型案例如：南湖街道是一个有着 26 年房龄的纯居住型老旧街道，有房龄高、小区多、居民多、但资源小且少的特点。为解决辖区服务需求多，但相应的服务和资金无法完全匹配居民需求，邻里关系陌生，社区融入感不强等问题，南湖街道社工站以建设社区公益基金为支点，通过社区基金支持居民服务类项目的开展，撬动多元力量参与社区建设，为社区建设筹资、筹人、筹服务，助力社区治理，在打造社区公益基金品牌的过程中，营造社区公益慈善氛围，增强社区居民的主体意识、参与意识和责任意识，全面提升居民的社区参与感、归属感、幸福感。

双墩社区的汉西北路 193 号和 101 号小区是老旧小区，基础条件差，矛盾难题多，曾因安全问题引发了不少居民矛盾，如车辆刮蹭、物品失窃等。为了解决这些难题，双墩社区想到了社区慈善基金，其中有定向捐赠于生活环境的公益服务项目。社区与武汉市慈善基金会紧密合作，在居民的全体同意下，使用资金为这两个小区升级了门禁和车控系统，还为汉西北路 193 号安装了公共区域监控，大大改善了小区的安全环境。汉西北路 193 号小区居民刘翠萍女士说："装了摄像头以来的这段时间，居民纠纷少多了，我们居住在这里也更加安心。"双墩社区慈善基金的困难群体帮扶项目多由社工机构承接，开展了"困境儿童帮扶""同伴牵手"和"'一老一小'公益健康行"等系列活动，重点发挥专业优势，做好上门走访、心理咨询、健康检查等服务。针对帮扶对象情况，链接政府部门、慈善组织等资源给予不同的帮扶，目前已为 75 名困境儿童制定并认领了"微心愿"，社工的加入有效提升了慈善服务品质。[①]（案例来源：武汉市民政局官网）

比较来看，这三种实践模式存在共同的特征：一是以党建为引领，以社区两委为主导，社会工作者发挥专业支撑作用，社工—社区彼此嵌合是"五社联动"实践的基础。二是在"五社联动"的思路上，基于社区既有的优势要素格局，各优势要素渐次卷入，着力于社区问题解决的过程。三是发挥社会工作的专业支撑作用是关键，"五社"联动内含了"五社"要素的发展及其激励，以及如何更有效地联动"五社"以服务于社区治理，

---

① 慈善基金如何助力社区治理？这个社区给出答案 [EB/OL]. https://news.hubeidaily.net/mobile/c_2138115.html，2024-01-08/2024-06-20.

这些都需要社会工作者发挥专业优势进行机制设计来实现。[①]

（四）武汉市"五社联动"模式运行机制

1. 坚持党对"五社联动"的全面领导

街道、社区基层党组织要加强对社区各类组织和各项工作的领导，充分发挥领导核心和组织协调作用，强化政治引领，统筹"五社"力量参与社区治理和服务，引导社区党员发挥先锋模范作用，"五社联动"工作中涉及居民群众切身利益的重大问题和重要事项要由社区党组织研究讨论后按程序决定。在社会组织中应建尽建党的组织，依法把党的领导和党的建设有关要求写入社会组织章程，确保社会组织工作始终沿着正确政治方向。注重将社会工作者、社区志愿者及社区社会组织、社会慈善资源中的优秀分子吸纳至党组织，形成以社区党组织为领导，以社区党员为骨干，包含网格管理员、社区居民、社区志愿者、社区工作者、社区社会组织成员、社会工作者及业主委员会、驻区单位等多元治理格局。典型案例如：武昌区水果湖街社会工作联合会的"党建引领聚合力'五联治理'疏难题——以武汉洪山路社区'五联'与社区治理融合之路为例"、武汉博雅社会工作服务中心的"社会工作视角下的'1+2+3+N'下沉党员参与社区治理模式"、武汉市逸飞社会工作服务中心的"党建统领'五社联动'提升基层治理效能——'党建引领进汉中街道，社会治理在汉中'社会工作专业服务项目"、武汉市弘毅社会工作服务中心的"党建引领五社联动解难题，老里巷变身网红打卡地——江汉区民权街打铜社区巷道改造服务案例"等。

[①] 湖北省民政厅课题组孟志强等. "五社联动"助推基层治理体系和治理能力现代化 [EB/OL]. https://www.mca.gov.cn/zt/n352/n356/n358/n1714/c86606/content. html，2021−10−26/2024−06−13.

2. 推动"五社联动"要素发展

加强居民委员会规范化建设，为推进"五社联动"、开展社会工作服务提供场地、资源和人力支持。整合、开放社区综合服务设施，统筹推进社会组织孵化基地、社会工作服务站（室）、新时代文明实践所（站）、社区志愿服务站、公益慈善设施建设；开展培育发展社区社会组织专项行动，加大对社区社会组织支持力度，通过实施一批项目计划和开展系列主题活动，促进社区社会组织进一步提升质量；持续实施社会工作专业人才培养计划，鼓励社区工作者、社会组织从业人员等社会服务人员参加社会工作者职业水平考试或社会工作教育培训，用社会工作专业理念和方法创新基层治理，提升为民服务水平；培育发展社区志愿服务队伍，动员下沉党员干部、社区工作者等带头加入，发动社区居民、社区社会组织成员投身社区志愿服务。如：双墩社区不断增强居民的主人翁意识，激发居民加入社区治理的动力，探索自治途径，逐渐总结出了"搭台架桥"工作法。通过挖掘居民中的党员核心，将他们打造成为社区与居民之间的重要纽带，在社区与居民、居民与居民之间搭平台、架桥梁，实现双墩社区与居民之间的"双向奔赴"。目前，双墩社区现有志愿者服务小分队9个，登记在册志愿者825人，营造了"我为人人、人人为我"的浓厚志愿服务氛围。双墩社区慈善基金的探索，是一种基于慈善力量参与基层社会治理的有力尝试，借助慈善力量聚合社区、社会组织、联盟单位等各方，打通"五社联动"的神经末梢，打造互助友好型社区。①加快培育发展社区基金会等公益慈善类社会组织，鼓励符合条件的社会组织登记认定为慈善组织，支持依法设立社区公益基金。

典型案例如：武汉楚馨社会工作服务中心的"升级志愿服务培育·助

---

① 慈善基金如何助力社区治理？这个社区给出答案 [EB/OL]. https://news.hubeidaily.net/mobile/c_2138115.html，2024-01-08/2024-06-20.

力慈善资源可持续开发——以腾讯公益水果湖街道项目点为例"、武汉博雅社会工作服务中心的"中南路街道武锅社区'家长里短话治理·协商议事解民忧'"、武汉市逸飞社会工作服务中心的"'五社联动'提升志愿者社区共治效能——'公益志愿行·共创生态居'社区治理小组"、武汉市万帮社会工作服务中心的"'红色夕阳暖心巢'积极老龄化视角下社区老年志愿者培育案例"、洪山区助丽社会工作服务中心"与邻为善以邻为伴,幸福生活共同缔造——社区'消费券'资源整合服务案例"等。

3. 丰富"五社联动"服务内容

将"五社联动"机制嵌入基本民生保障、基层社会治理、基本社会服务工作,不断优化服务供给、丰富服务内容,为基层公共服务赋能;推进社会工作三级服务体系建设,积极动员各方主体参与基层民主协商,重点推进社会救助、养老服务、儿童关爱、社区治理、社会事务等领域社会工作服务;引导社区社会组织围绕社区扶老、助困、恤孤、助残及社区治理等领域,提供生活照料、文化娱乐、心理疏导、情绪支持、资源链接等服务;深化志愿服务"时间银行"、积分兑换实践探索,扎实开展志愿服务记录与证明抽查工作,鼓励社区志愿者发挥自身特长和优势,积极参与社区自助互助服务和社区治理。①

典型案例如:武汉经开区沌口街道枫桦苇岸社区以"双向"发展为原则,在组织志愿者提供服务的同时也要服务志愿者,建立一系列管理、激励、提升措施,促进更多的社会力量参与社区志愿服务,壮大志愿服务队伍。以党建为引领,以群众需求为导向,以志愿服务为载体,一方面以活动和兴趣聚人,通过开展各类公益志愿活动,常态化招募热心居民成为志

---

① 武汉市民政局关于印发《关于创新"五社联动"机制提升社区治理效能的实施方案》的通知 [EB/OL]. https://mzj.wuhan.gov.cn/zwgk_918/zc/zcfg/wmz/202208/t20220810_2021172.shtml,2022-08-10/2024-06-10.

愿者，再通过培训赋能提升志愿者综合素养；另一方面，链接企业、爱心商家等资源，提供积分兑换服务，鼓励群众参与志愿服务、奉献爱心，通过积分兑换奖励形式关心关怀志愿者，实现了爱心的"双向循环"。社区积极探索深化"社会组织＋志愿者＋慈善资源"多方参与的社区治理新模式。通过圆桌会议等多种渠道充分挖掘辖区内社会组织专业人才和志愿服务有生力量，成立社区睦邻艺社，带动社区居民参与社区治理，为社区治理注入新动能，推动形成以社区慈善基金为依托的多元联动社区治理服务体系。还探索"公益＋治理"融合发展新路子，依托街道公共服务办社工平台和专业力量，以社区党群服务中心为阵地、睦邻艺社为载体，驱动社区治理、志愿服务、公益慈善"三驾马车"，打造出以社区慈善基金为纽带、协同联动为方式、惠民项目为核心、多元参与为保障的社区治理"枫桦样本"。①

其他典型案例包括湖北省荆楚社会工作服务中心的"五社联动下的'众做＋众乐'社区老年宜居品牌服务"、武汉市汉阳区牧笛社会工作服务中心的"从熊孩子到主理人，五社联动助力'家在丛林'儿童友好环境提升"、武汉博雅社会工作服务中心的"寻回丢失的身份，回归亲生家庭——困境未成年人安全保护案例"、武汉市逸飞社会工作服务中心的"托起老人稳稳的幸福——'微爱接力'独居老人结对帮扶服务项目"、武汉市汉阳区春晓社会工作服务中心的"汉阳区'街头有爱'志愿者参与流浪乞讨人员社会救助项目"等。

4. 深化"五社联动"运作机制

不断拓宽"五社"参与基层社会治理制度化渠道，充分发挥"五社"各自功能和优势，优化社区公共资源配置，凝聚为民服务合力，解决人民

---

① 五社联动聚合力 打造社区治理新高地 [EB/OL]. http://hbwh.wenming.cn/oldweb/jingjijishu/202309/ t20230918_8257534.html,2023-09-18/ 2024-6-20.

群众"急难愁盼"问题。坚持在项目运作中实施"五社联动"，依托社区等各类社会服务平台，社会工作者协助社区（村）"两委"通过培育社区社会组织，整合慈善组织、企事业单位、社区志愿者等社会资源，采取微创投、微治理等形式，面向居民开展项目化的社区服务与活动。支持社会组织开发设计公益服务项目，与具有公开募捐资格的慈善组织合作开展募捐活动，拓宽资金来源渠道。引导公益慈善资金通过购买服务、设立专项基金、公益创投、积分激励、项目大赛等形式，拓展社区服务渠道，丰富社区服务资源，打造社区服务品牌。

典型案例如：武昌区乐仁乐助公益发展与社会创新中心的"幸福南湖·共同缔造——以南湖街道社区公益基金建设为例"、武汉市万帮社会工作服务中心的"宗关街道社区基金'造血＋输血'五社联动模式探索"、武汉市洪山区乐达社会工作服务中心的"'小基金''微改造'——'五社联动'视角下社区慈善基金作用发挥——以景江社区老旧小区'微改造'为例"等。

五、"政社互动"模式评析

（一）实现政府与基层权力主体之间平等尊重及多元主体合作共治

"政社互动"强调的是主体平等，激活的是主体能力。太仓的社会治理实践表明我国社会已经出现由政府"一元单向管理"向社会"多元互动共治"的结构性变化。"政社互动"主要在厘清政府职能的前提下，采取政府购买服务和委托管理等形式，将大量涉及社会公共事务的各项职能逐步转移至基层群众自治组织或者社会组织以及专业社会工作者完成，政府的角色从领导者变为指导者，从而有效约束政府权力，并减少政府治理所需支付的成本。从基层群众自治组织的角度进行分析，当行政负担剥离后，群众自治组织对行政权力高度依赖性会减小，对社区公共事务以及公益服务的关注度、责任意识和服务能力会有所提升；从社会组织角度分析，政府购买服务的行为促使社会组织快速发展并激发其发挥协同治理的积极性；社会民众参与公共事务的热情和自治能力也将有所提高，从而实现了社会各个群体间有效的分化和优化整合，最终实现社会整体有序发展、呈现良性循环发展的目的。

"政社互动"试点带来的变化非常明显，在社区工作者看来："举个例子说，居家养老这件事之前完全由社区居委会来承担，社区工作人员工作压力大，执行力度受到社区工作人员时间、能力和精力的制约，现在这一块和以前不一样，改为政府补贴，每年都会对社区志愿者予以一定的经费补贴，由这些社区志愿者来为老年人提供有偿服务，居民养老的工作效果比以前就好得多，效果立马就显现出来了。"（调研编码：20200220-TC-xy01）

社区服务可以从无偿被动转变为有偿主动。职责厘清后，社区工作者认为："'政社互动'最大的好处就是基层工作做起来比以前轻松多了，也更得心应手了，社区对政府的依赖也减少了，行政束缚也少了，我们社区干部以前就是'木偶人'，让做什么就做什么，现在就明白多了"。（调研编码：20200220-TC-xy01）

尤其是"五社联动"促进各个治理主体参与共治，数据显示，武汉市"五社联动"社工项目所在社区，各主体服务总体实现广覆盖：98.87%的受访者接受过社工的服务，81.55%的受访者接受过社区服务，三到五成的受访者接受过社会组织、其他社会资源救助以及社区自组织的服务。[①] 可见，"五社联动"形成了一个综合服务体系，各项要素在

---

① 湖北省民政厅课题组盂志强等."五社联动"助推基层治理体系和治理能力现代化 [EB/OL]. https://www.mca.gov.cn/zt/n352/n356/n358/n1714/c86606/content. html，2021–10–26/2024–06–13.

社区治理中皆有参与，其中社会发挥支撑作用。

（二）"政社互动"可以深化社区治理模式创新

"政社互动"模式明确了基层群众自治组织与政府两个主体之间是平等合作的伙伴关系，政府将原本被自己高度控制的社会生活和公共资源逐步释放，社会的各种力量也逐渐从原来对政府的高度依附转变为平等与合作，在互动目标上，提高基层政府的执行力及其社会公信力、提升基层群众自治组织以及社会组织和社会工作者的统筹、协商与服务等能力同步进行。"政社互动"模式在实践探索中备受推崇，契合了国家与社会间包容性的特点，也关注到了社区治理实践中领导者、组织者、利益相关者等多种行动者之间的关系，这一时期我国社区治理创新的主要实验任务集中在"政社互动"这一主题，通过约束和规范基层政府行使权力，既可以解决政府职能"越位""错位"问题，又能加速推进政府职能改变，从而提高基层政府公信力同时促进基层群众自治组织功能回归。

"政社互动"初步具备了网络治理模式的特点，网络治理单元主要由政府和基层群众自治组织构成，二者职能分工明确，实现协同共治。在实践中形成了以社区公共需求为导向，以社区组织为平台、社会组织为纽带、专业社工为骨干的"三社联动"，协调社区、社会组织、社会工作者以及社区志愿者的"四社联动"和社区、社会组织、社会工作者、社区志愿者、社会慈善资源"五社联动"的公共服务新模式；形成了由业委会牵头，社区居民委员会协调、物业公司和居民代表参与的协商包容的社区矛盾自我调节新机制。

（三）"五社联动"模式体现公民参与与民主的理念

"四社联动"将原有的"两工互动"（"社工引领义工开展服务，义工协助社工改善服务"的运行机制）与"三社联动"进行了融合，对基层社会治理资源整合进行一种创新性尝试，可以看出社区治理主体进一步增加，增加了志愿者作为新的主体要素，是对基层治理的参与者在数量上进行的补充，但在本质上对原有结构并无实质性突破，依然无法帮助社区摆脱对政府的资源依附，也无法自主运作。在此背景下，新增资源性要素的"五社联动"被提出来是现实情况的需要。

首先，关注公共参与。公共参与即为公民参与、公众参与。公民参与有三个基本要素：参与主体，包括集合性主体和个体性主体，自由公民个体及公民个体组成的社会组织都包括在内；参与领域，公民参与的领域极具特殊性，应该是公共利益与公共理性并存；参与渠道，公民试图通过公共事务参与影响公共政策与公共生活的渠道及平台多样化。"五社联动"体现的是公民参与的实质和精华，通过社区内不同主体的共同参与，实现居民的基本价值，建立一个使其成员具有归属感和认同感的共同体。① 社区是居民日常生活的主要场所，也是国家治理的基本单元，是实现公民参与最恰当的领域，因为这是人们最为熟悉也最感兴趣的领域，只有当个人有机会直接参与和自己生活息息相关的决策时才能真正控制自己日常生活的过程。②

"五社联动"模式可以实现引导社区居民公共参与的目的。通过推进社区居民自治、培育社区社会组织发展和引入专业社会工作人才、培育社区志愿者和发动社会慈善资源的"五社联动"机制建构，可以从多个方面引导和带动社区居民参与社区治理，共同推动社区居民自治水平提高与加快社区建设与发展。"五社联动"五类主体在引导居民参与社区事务的过程中，各自扮演的角色完全不同，如表 4-1 所示。

---

① 顾丽梅. 解读西方的公民参与理论——兼论我国城市政府治理中公民参与新范式的建构 [J]. 南京社会科学，2006（03）：41-48.
② [美] 卡罗尔·佩特曼. 参与和民主理论 [M]. 陈尧，译. 上海：上海人民出版社，2006：8-9.

表4-1　"五社联动"五类主体

主体	角色	作用
社区居委会	引导者	引导社区居民全面参与社区自治
社会组织	组织者、动员者	调动居民以组织方式参与专门化服务
社会工作者	教导者	引导居民以义工和志愿者等提升参与技巧与效能
社区志愿者	服务者	参与社区服务
社会慈善组织	助推者	提供服务

资料来源：作者根据公开资料自行整理。

在社区治理的实践中，社区居民与社区、社会组织、社会工作者、社区志愿者、社会慈善资源五类主体是利益相关的关系，可以分别与社区居委会、社会组织、社会工作服务机构、社区志愿者和社会慈善组织结成网络单元，分别形成良好的社区网络、邻里关系、伙伴关系或互助关系，在与"五社"多元协作的基础上相互协助、相互协商，掌握参与技巧，从而养成良好的现代公民人格；同时，社区居民通过参与社区治理实践，可以提升自身对社区的认同感以及参与效能感，从而有助于社区社会资本的构建和参与型公民文化的形成。"五社联动"广泛联动多主体参与社区治理，有助于优化社区环境秩序、制度秩序。如：武汉市东亭社区作为一个老旧小区，通过发挥本社区的高级退休人力资源优势建设社区学院，依托社区退休精英组建"班长议事会"，为解决社区环境卫生、治安管理以及邻里矛盾纠纷协调等方面的问题提供智力支持和人力支持，既维护了社区秩序，也丰富了社区精神文化生活。"五社联动"通过强调以社区社会组织等居民组织为载体激发党领导下的居民自治，有利于整合社区内部利益，激活居民内部潜能。[①] 所有这些，对于现代公

[①] 许宝君，陈伟东. "三社联动"到"五社联动"的转换逻辑及实现路径 [J]. 浙江社会科学，2023（09）：80-88+150.

民民主意识和公共精神的成长，都将起到十分有益而直接的促进作用，为培养现代民主意识提供重要的基础。

其次，关注民主和平等意识。通过"五社联动"模式的运行机制，将社区治理的多元主体纳入现代社区治理和社区公共服务中，可以摒弃传统社会管理体制下以少数精英占主导地位的社区治理，进而维护与保障现代公民的基本权利，尤其是保障普通居民公共参与权利和关注居民多样化服务要求，提升社区治理的高效性；通过构建社区、社会组织、专业社会工作者、社区志愿者和社会慈善资源的互联互动机制为实现社区居民多元需求提供有效途径，为社区居民真正参与社区治理实践提供多样化的渠道与平台，是实现人的自由与全面发展的基础。[①] 如武汉市武昌区水果湖街道洪山路社区以"五社联动"为突破口，探索出联心、联盟、联建、联治、联享的"五联"治理模式，实现了从"社会化"到"共同体"、从"外部扶持"到"内外合力"、从"政社协同"到"多方共治"、从"政府输血"到"社会造血"的治理升级，社区治理模式由"嵌入式"有效转型为"内生式"。

（四）关注主体角色及主体关系

"五社联动"的主体包括社区（社区居委会）、社会组织、社会工作者、社区志愿者和社会慈善资源。其中涉及社区居委会和社会组织的关系、社区居委会和社会工作者的关系、社会组织和社会工作者的关系、社区居委会和社区志愿者的关系、社区居委会和社会慈善资源的关系等，同时还要关注社区居委会和基层政府的关系。

社区居委会是最重要的居民自治组织，扮演着实现社区居民自治、社区民主协商的核心角色。社区居委会和社区社会组织之间的关系是合作伙

---

① 肖唐镖，谢菁."三社联动"机制：理论基础与实践绩效——对于我国城市社区建设一项经验的分析 [J]. 地方治理研究，2017（01）：40-51.

伴关系。二者是一种基于契约（购买合同）基础上的合作关系，所构成的网络单元关系见图4-4。

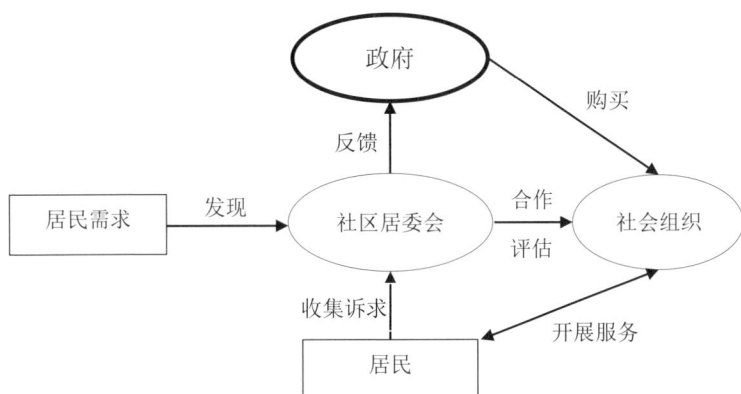

图4-4　社区居委会与社会组织关系

资料来源：作者根据公开资料自行整理绘制。

　　如图4-4所见，社区居委会在发现和整理居民的需求后，向基层政府反映，由政府通过政府购买服务的形式，与社会组织签订政府购买服务项目合同，社会组织和社区居委会正式确立合作关系；在社会组织面向社区居民提供服务的过程中，居委会可以了解或参与整个服务过程；在服务结束后，居委会负责组织社区居民对社会组织所提供服务的效果进行评估并反馈。居委会可以将在社会组织提供服务过程中发现的问题、居民诉求以及居民对服务的评估结果整理反馈到政府部门，为政府部门决策提供参考。

　　社区居委会与社会工作者的关系表现为，前者为后者提供工作上的辅助性帮助，提供便利条件及服务平台。如社区居委会成员为社会工作者服务开展提供必备的辅助性背景材料，提供并发现社会组织所需社区资源以及社区骨干，协助社会工作者开展工作。作为社会工作者来讲，可以通过提供专业化服务尽量满足居民的个性化需求；也可以帮助居委会成员在参与中学习社会工作专业技能及专业伦理、专业方法等。

社会工作者和社会慈善资源之间的关系主要表现为社会工作者在专业能力发挥方面侧重于开发资源并链接社会慈善资源通过购买服务、设立专项基金、公益创投、积分激励等形式拓展社区服务渠道，从而从整体上提升社区治理水平。

社区志愿者尤其是志愿者能人在"五社联动"中将被全流程赋能，可以拓展社区居民参与社区治理的途径，推动社区内生力量蓬勃发展。

这里也涉及居委会和基层政府之间的关系，很明显，基层政府和居委会之间的关系是指导和被指导的关系，这是《中华人民共和国城市居民委员会组织法》中以法律形式确定的，同时居委会与基层政府的关系还应具备"监督与被监督"关系，即居委会通过对基层政府以及政府各部门工作的考核和满意度测评，促进政府实现"自下而上"的转变。

"五社联动"中社会工作是以组织的形式和名义为社区居民提供服务的，可以说社会组织是实现项目运作、提供专业化社工服务的平台。如前所述其与居委会是合作伙伴关系。社会工作者扮演着具体提供服务及福利的传送者，在社会组织中工作实现自我价值，与社会组织间的关系可以是个人与组织的关系，社会组织会将居民需求设计成不同种类的项目交由社会工作者完成，可以说，社会组织是为社工提供工作的机会及完成个人价值的场所，也是督促和培养社会工作者成长的场所。

可以说，围绕发现"社区居民"需求是社区居委会、社会组织、社会工作者、社区志愿者和社会慈善资源开展工作的前提，有针对性地为居民提供服务、助其成长是五方开展工作的出发点，要最大限度地激发社区治理中最核心力量的积极主动性与参与热情。

在和社区工作人员的交流中笔者发现，总体来讲，社区工作人员对"五社联动"有着一定程度的模糊的理解，在社区日常的工作中也相对关注社会工作。比如多数社区负责人要么自己带头要么鼓励本社区中的工作人员尽量报名参加全国社会工作师资格考试；努力提高自身专业素质，尽量为社区居民提供更专业的社会工作服务；开展更有针对性的专业活动、主动和专业的社工机构或者社会组织合作。但存在着一个共性的问题，那就是社区工作人员，包括社区负责人在内普遍过多强调政府在"五社联动"中的引领带头作用，忽略自身在"五社联动"中发挥主观能动性。在交流过程中，社区负责人说得最多的是："上面使多少力，下面才能动起来多少。"（调研编码：20200220-TC-xy01）

这种思想带有普遍性，不可否认会阻碍社区主观能动性的发挥，影响"五社联动"的效果。

第五章　中国城市社区网络治理模式的提出

第一节　中国城市社区网络治理实践评析

一、从单一主体向多元主体转变

从"网格化管理"→"政社互动"（"三社联动""四社联动""五社联动"），可以看出社区治理主体已经逐渐呈多元化发展态势。但是不同的社区治理主体各自承载的角色、价值、制度意义与行为要素既有契合也有差异。治理主体多元化的优势在于通过一致行动可以为居民提供更为优质的公共产品和公共服务，实现多主体共同合作并促进公共利益最大化。

一般认为，治理主体有三类，即政府、市场以及民间组织。即使市场和民间组织越来越多参与治理活动，但是政府依然是治理语境下在公共管理领域中最重要的主体，起主导作用。1992 年世界银行发布的《治道与发展》研究报告中强调，作为好的治理的基础是政府的职能要从"划桨者"转变为"掌舵者"，而且为增进公众参与，要建立制度化的联结政府——公众关系的互动平台。

政府。在中国城市社区治理模式变革中，政府依然是最重要的治理主体，与传统治理主体研究不同的是，研究治理理论的西方学者提出"元治理"这一概念来解决未来治理中可能出现的治理失效问题。"元治理"理论中，政府与其他治理主体的关系是平等协作、相互合作，政府同时扮演多种角色，是治理体系中的调停者，也是合法的暴力使用者，政府负责提出社会发展远景设想，为促进各个领域自组织之间的协调，为自组织设计规章制度，实现自组织的各自安排。

传统社区建设模式下，政府是社区建设的单一主体，是社区资源的主要提供者，社区组织在政府的指导下开展各项活动，政府在这种直线型的社区管理和社区建设中处于核心地位，起着指导、规划、管制的作用。从政府角色上说，政府扮演着"看门人"的角色，决定哪些个体或组织可以参与社区建设。在社区网络治理模式下，传统等级制的控制及管理被复杂的跨组织合作和非正式的社会网络所代替，政府的角色定位发生了重要改变，从管理人民和规划社区建设转变到协调社区建设资源上来，扮演着"元治理"的角色，是社区治理网络中的主要责任人，为不同的治理主体之间可以实现充分的沟通、合作并建立信任关系搭建平台。承担基层政府责任的街道办事处的职责，《中华人民共和国地方各级人民代表大会和地方各级人民政府组织法》有明确规定，其中第八十六条规定，街道办事处的职能是"街道办事处在本辖区内办理派出它的人民政府交办的公共服务、公共管理、公共安全等工作，依法履行综合管理、统筹协调、应急处置和行政执法等职责，反映居民的意见和要求"，第八十七条规定"街道办事处对基层群众性自治组织的工作给予指导、支持和帮助"。

市场。自亚当·斯密提出了"看不见的手"的理论后，研究者一直重视市场在社会治理中的重要作用，新古典主义经济学家认为，市场中每个人都有追求自我利益的本能，但其本质是公共利益方面实现最大化，政府的角色仅仅是"守夜人"而已。治理理论强调市场的回归，基本观点是通过政府与市场的合作最终实现整体公共利益最大化。[①] 在社区治理中市场

---

① 王臻荣. 治理结构的演变：政府、市场与民间组织的主体间关系分析 [J]. 中国行政管理，2014：58—61.

的作用不可避免存在，主要表现为企业参与社区治理，市场在治理中的作用虽然主要是社会财富的创造，但财富增加的同时伴随公平分配对于实现治理有效性具有重要意义，尤其是市场经济的自发性、平等性和开放性为贯彻治理理念提供了有益参考。

社会组织。社会组织是于政府和市场之外相对独立的社会力量。是随着市场经济发展日渐成熟，公民在经济方面逐渐独立、在人格方面取得自由后而慢慢兴起的。莱斯特·M.萨拉蒙认为，社会组织有五个主要特点，即组织性、非营利性、民间性、志愿性和自治性。[①]这五个方面的特点决定其在治理中的重要作用：即成为公民个人追求利益的平台并充当着政府与公民间沟通的渠道。根据《社会组织蓝皮书：中国社会组织报告（2023）》中统计，截至2022年底，全国社会组织累计登记数量为89.13万个。从不同类型社会组织的发展情况看，社会团体有37.01万个，占全国社会组织总量的41.52%；民办非企业单位有51.19万个，占全国社会组织总量的57.43%；基金会共9319个，占全国社会组织总量的1.05%。社会组织吸纳社会各类人员就业1108.3万人，比上年增长0.8%。

我国城市社区社会组织比较繁杂，主要包括以下几种类型：第一类是社区自治类组织，以社区居民委员会和业主委员会为代表。其中社区居民委员会是根据《中华人民共和国城市居民委员会组织法》相关规定建立的，同时具有社会属性和政治属性，其角色定位是居民自我管理、自我教育、自我服务的基层群众性自治组织。在传统的社区建设中，社区居委会带有明显的行政化色彩。在社区网络治理中社区居委会作为多元治理主体之一，所扮演的角色和地位依然重要。业主委员会是城市住宅走向商品化和市场化过程中，居民维权意识、要求自主决定社区事务的意识日渐增强的背景

---

① [美]莱斯特·M.萨拉蒙，等.全球公民社会——非营利部门视角[M].贾西津，等，译.北京：社会科学文献出版社，2007：561.

下出现的。根据我国《物业管理条例》和《中华人民共和国民法典》，业主委员会在本质上属于业主为对所拥有的物业进行管理而建立的自治型组织。第二类是社区社会组织，社会组织主要指在各级民政部门登记注册的社会团体、民办非企业单位和基金会。这里的社区社会组织主要有体育健身类、文化艺术类、公益服务类、休闲娱乐类几种类型，具有非营利性、非政府性、自治性、志愿性的特点。多年来的城市社区建设的实践证明，城市社区社会组织在城市社区治理体系中扮演重要角色，是治理网络的重要组成细胞，是社区治理和社区服务得以维系的重要支撑要素。第三类是社区属地组织——辖区内各级国家机关和企事业单位，这些属地组织包括丰富的社会资源、物质资源、技术资源和人力资源，在城市社区治理网络中也是重要的治理主体，利于在社区建设过程中形成共驻、共建、共享的治理网络。

居民。社区居民个体也是社区治理的重要参与主体之一。居民是维系社区存在的族群基础。传统社区建设模式中，居民参与社区建设更多的是被动式的参与方式。党的十八大明确提出"要围绕构建中国特色社会主义社会管理体系，加快形成党委领导、政府负责、社会协同、公众参与、法治保障的社会管理体制"。党的十九届四中全会强调"坚持和完善共建共治共享的社会治理制度"，并将共建共治共享理念贯彻到社会治理体系建设的全过程和各方面，要"完善党委领导、政府负责、民主协商、社会协同、公众参与、法治保障、科技支撑的社会治理体系"，在社区层面，社区居民是社区治理不可缺少的主体。社区居民是社区公共事务、社区决策等社区建设的当然参与者和监督者。社区居民逐步从被动式的参与方式向主动式的参与方式转变，逐步提升居民参与社区网络治理的自主意识，承担起社区治理主人的角色及责任。

二、从不平等主体关系向平等主体关系结构转化

依据社会治理主体之间的权力分配的平等程度，治理结构可以划分为链式治理结构、塔式治理结构、网式治理结构和环式治理结构。[①] 不同治理主体的地位和权力在不同的治理环境和治理结构中是各不相同的。

笔者认为，根据中国的治理实践，治理结构的演进可以分成两种典型结构：

首先，垂直型结构。如图 5-1 所示，这种结构类似于塔式结构，政府处于绝对主导地位，和其他治理主体之间是完全不平等的关系。其他的治理主体，与其说是治理主体，莫不如说是被治理者。由政府发出并完成所有治理行为，在这种结构中社会组织发育极不健全。

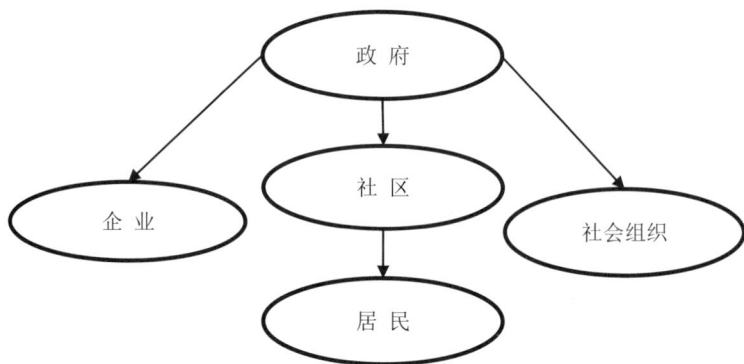

图 5-1　垂直型结构

资料来源：作者根据公开资料自行整理绘制。

网格化管理结构是在垂直型结构的基础上演化而来，增加了部分主体及主体间互动的关系，管理方式也更微观，包括政府在内的所有主体都下

[①] 王臻荣. 治理结构的演变：政府、市场与民间组织的主体间关系分析 [J]. 中国行政管理，2014（11）：56-59.

沉至网格中，各个网格成为各自的治理场域，如图 5-2。

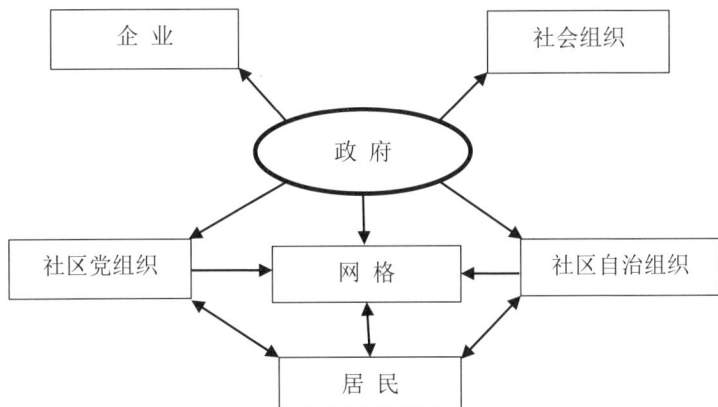

图5-2　网格化管理结构

资料来源：作者根据公开资料自行整理绘制。

其次，网络式结构。本结构中参与治理的主体不仅呈现多元化状态，而且治理结构也相对更复杂，越来越多的社会组织及公民将直接参与治理活动中，而且利益需求也日益明显，形成复杂的网络互动关系，尤其是居民的民主意识和权利意识增强，必将成为一元。社区治理主体间关系初步从简单互动向稍复杂的网络互动关系转化。

网络治理模式中的关系同时包括"政社互动"模式中出现关系以及"三社联动"（"四社联动""五社联动"）模式中几种关系类型，以"四社联动"为例，其和邓肯·J.瓦茨（Duncan J. Watts）所提出的双模式网络相耦合，其中"政社互动"构成组织层次网络，"四社联动"是参与者网络，二者可以分别是独立的网络单元，社区成为将二者联系起来的重要节点，但这两个模式中都存在一个共性的问题，那就是都和居民缺少直接的关系，居民是作为被服务的对象而不是参与其中，如图 5-3 所示。

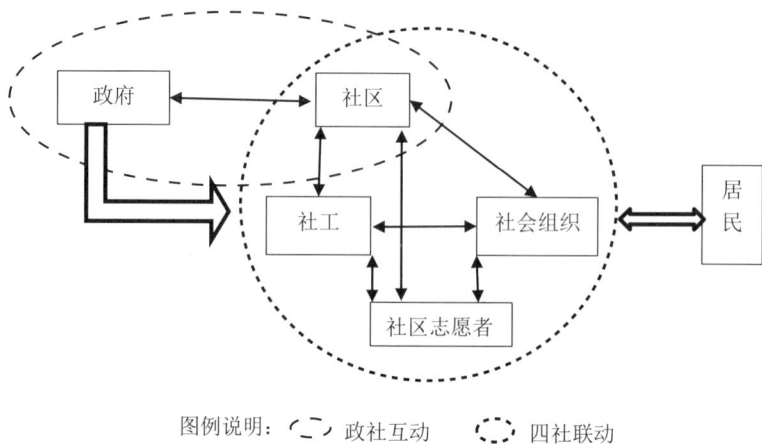

图例说明：政社互动　四社联动

图5-3　"政社互动"和"四社联动"双模式图

资料来源：作者根据公开资料自行整理绘制。

从系统论角度看，所谓系统是由相互制约、相互联系的若干要素组合在一起，并且具有高于要素功能之和的特定功能的有机整体。从网格化治理至"政社互动"及其延伸形式，二者并不是完全没有关联的两个结构。网格是网络的一个组成部分，每个网格也是网络的一个节点或者是一个微观网络，不同的节点之间相互合作构成了网络治理体系。这种网络状模式是一种理想的治理模式，参与到网络治理中的各主体通过相互关系形成网络治理结构，其中涵盖的关系样式非常复杂，如每个参与主体的内部关系、各个参与主体之间的相互关系。

在这个网络治理体系中，根据政府介入强度和治理主体参与的广度和深度，形成了在整个社区治理进程中的基本发展趋势，"网格化管理"和"政社互动（第一阶段）"模式中政府介入强，发展到"三社联动""四社联动"和"五社联动"则虽是由政府主导但政府介入却较弱；在治理主体参与的广度以及深度方面，"五社联动"模式稍高；在主体间互动程度方面，由低向高排列顺序依次为："网格化管理""政社互动（第一阶段）""三社联动""四社联动"到"五社联动"。因此，城市社区网格化管理是网络治理模式探索的开端，而"政社互动（第一阶段）"则是中间的过渡环节，而"三社联动""四社联动"及"五社联动"模式则开始正式进入主体间平等、协同参与、互动频繁的网络治理模式的探索。以第四批全国31个社区治理和服务创新实验区的实验任务实践为例，南京市雨花台区等5个实验区确定的实验主题直指"三社联动"；15个试验区的实验主题含有共建共治字样；2个试验区将主题确定为"促进社区居民自治与网格化服务管理有效衔接"。

由此可见，共治、共建、协同与联动是目前城市社区治理创新的主题。

在实际实践中，在具体项目实施过程中"五社"要素介入程度因时而异。由于不同项目的复杂程度不同，面对的资源基础不同，完成治理项目所需联动、主要倚重的要素也有区别，所以具体联动要素应由具体情境决定。例如，有的项目本身有充足的政府资源支持，利用社区惠民资金就能解决，因此项目实施只需联合社区、社会工作者和社区社会组织"三社联动"即可；有的需要发动志愿者骨干，"四社联动"即可；有的无政府资源支持或者资源不足，则需开发社会慈善资源来助力项目的实施，"五社联动"则非常必要。

第二节　中国城市社区网络治理深入解读

"网格化管理""政社互动"（第一阶段）或"三社联动"以及"四社联动""五社联动"都是基于网络治理视角下城市社区治理模式的探索与实践，参与性是其主要特点，有其各自特殊存在的优缺点，但也有一些共性的问题呈现。

社区治理也是社区中多个利益相关者进行集体选择以及彼此合作并互动的过程。利益相关者的概念实际上隐含着一个事实，那就是在一定的场域或系统中，单单依靠每一个个体很难实现自身或所在组织的利益最大化，只有依靠多个利益相关者相互合作才会实现公共目标、公共服务供给和公共价值。

社区治理利益相关者主要指参与社区治理的主体，包括政府、社区党组织、社区自治组织、社区营利组织、社区社会组织物业公司、业主委员会和社区居民等。

一、以政府为主导构建社区网络治理模式

毫无疑问，对城市社区治理模式的探索是在政府主导下进行的。在此过程中因党组织和政府对权力高度掌控、不喜权力下放及存在大量包办现象，缺少对政府与社区之间关系的合理性规范，对社区治理模式实践和探索基本上都是自上而下进行的，从本质上而言是一种"政府说了算"的管理模式。

以"三社联动"为例，主要做法基本都是由政府出面向社会组织购买其公共服务，从而引导社工机构顺利进驻社区。国家（政府）不是"三社联动"的主体之一，却是"三社联动"的主导力量和重要外部支持，扮演着提供政策支持、资金保障、专业人才培养的角色。这样的角色容易导致的结果就是政府与支持型或枢纽型社会组织的合作比较密切，而社会力量间的自主性联动较弱。

在支持型或枢纽型社会组织的指导下，各地孵化出社区服务性社会工作机构和社区社会组织，再由社区社会组织动员居民参与社区事务。而"民非"类社会组织与社区基本没有直接联系。这些社区社会组织的构成以人

民团体为主，结构较为松散、专业性较弱，这些组织对政府资金的支持依赖性很强。政府主导与扶持的直接结果就是政府始终扮演着资源和权力掌控者的角色。政府与社会组织的合作也是建立在政府保证自身权威和控制权的基础上的。单纯意义的专业自主权与独立行动权对于社会工作机构而言基本上是不存在的，政府经常是有意无意地在施加影响与控制。

政府与社区的关系体现是国家与社会关系的缩影，国家权力与社会权力在社区这个场域中相互作用，从国家自主性的视角分析，国家权力在社区居民自治中高于社会权力，突出表现就是基层政府组织——街道办事处对社区居委会进行行政干预①，社区居委会是准行政组织，是联动中的负责主体，社区社会组织以及社区居民则扮演参与者的角色。

可见，"三社联动"主要是由政府自上而下在全国推广的，是政府行政权力作用的产物，是典型的行政行为，从政策制定方面就可见一斑，中央各部委，尤其是民政部出台了关于社区建设、社会组织、社会工作人才队伍建设的一系列文件，如表5-1所示。

表5-1　2012-2024年民政部社区建设相关政策文件一览（部分）

年份	文件名称
2024.3	中共中央办公厅国务院办公厅关于加强社区工作者队伍建设的意见
2022.5	民政部、中央政法委、中央网信办、发展改革委、工业和信息化部、公安部、财政部、住房城乡建设部、农业农村部印发《关于深入推进智慧社区建设的意见》的通知（民发〔2022〕29号）
2021.6	民政部与国家发展和改革委员会印发《"十四五"民政事业发展规划》
2020.12	民政部办公厅关于印发《培育发展社区社会组织专项行动方案（2021—2023年）》的通知（民办发〔2020〕36号）
2018.10	关于进一步加强和改进社会服务机构登记管理工作的实施意见（民发〔2018〕129号）

① 卢学晖. 中国城市社区自治：政府主导的基层社会整合模式——基于国家自主性理论的视角 [J]. 社会主义研究，2015（03）：79-87.

续表

年份	文件名称
2018.9	关于印发《"互联网+社会组织（社会工作、志愿服务）"行动方案（2018—2020年）》的通知（民发〔2018〕115号）
2017.12	关于大力培育发展社区社会组织的意见（民发〔2017〕191号）
2017.9	关于积极推行政府购买服务 加强基层社会救助经办服务能力的意见（民发〔2017〕153号）
2017.5	关于贯彻落实《中共中央 国务院关于加强和完善城乡社区治理的意见》的通知（民发〔2017〕87号）
2017.2	关于印发《2017年中央财政支持社会组织参与社会服务项目实施方案》的通知（民办函〔2017〕29号）
2016.10	关于印发《城乡社区服务体系建设规划（2016—2020年）》的通知（民发〔2016〕191号）
2016.10	关于加强社会工作专业岗位开发与人才激励保障的意见（民发〔2016〕186号）
2016.8	关于深入推进城乡社区协商工作的通知（民发〔2016〕134号）
2016.6	关于加强和改进社会组织薪酬管理的指导意见（民发〔2016〕101号）
2015.7	关于进一步开展社区减负工作的通知（民发〔2015〕136号）
2015.5	关于探索建立社会组织第三方评估机制的指导意见（民发〔2015〕89号）
2015.1	关于2015年中央财政支持社会组织参与社会服务项目立项的通知（民函〔2015〕28号）
2014.11	关于加强社会组织反腐倡廉工作的意见（民发〔2014〕227号）
2014.04	关于进一步加快推进民办社会工作服务机构发展的意见（民发〔2014〕80号）
2013.12	关于印发《中国社会服务志愿者队伍建设指导纲要（2013—2020年）》的通知（民发〔2013〕216号）
2013.04	办公厅关于社会工作专业人才队伍建设情况的通报（民办函〔2013〕27号）
2012.11	关于进一步加强社会组织宣传工作的通知（民办函〔2012〕357号）
2012.10	关于进一步加强社会工作专业人才队伍建设宣传工作的通知（民办发〔2012〕25号）

资料来源：中华人民共和国民政部网站。

二、社区行政化掣肘社区居民自治

《中华人民共和国城市居民委员会组织法》规定，居民委员会是居民自我管理、自我教育、自我服务的基层群众性自治组织。居民委员会虽然属于社会组织，即"非政府组织"范畴，但在推进社区建设的过程中，居民委员会被赋予了越来越多的行政功能，居委会的行政化特征越来越明显，随之自治性质日益弱化。《关于在全国推进城市社区建设的意见》（中办发〔2000〕23号）指出"社区是指聚居在一定地域范围内的人们所组成的社会生活共同体。目前城市社区的范围，一般是指经过社区体制改革后作了规模调整的居民委员会辖区。社区建设是指在党和政府的领导下，依靠社区力量，利用社区资源，强化社区功能，解决社区问题，促进社区政治、经济、文化、环境协调和健康发展，不断提高社区成员生活水平和生活质量的过程"。这些标志着单位下的"街居制"正式向"社区制"转变。在居委会的称呼方面也由"××居委会"正式改名为"××社区居委会"。沈阳模式和江汉模式虽然提出了政府与社区分权的理念并在实践中加以操作，但由于大环境所限，并没有真正触及到城市传统行政管理体制，反而出现了政府职能向社区发展的趋势，社区居委会难以摆脱行政化的命运，依然是区街政府的"一条腿"[①]。

社区行政化体现在社区建设的各个方面，社区能链接的资源受到政府及其派出机构多方面制约，依然是政府的行政末梢，实际工作中社区居委会扮演着"基层群众性自治组织"与"基层行政组织"的双重角色，前者是应然的、理想化的，后者是实然的、实际体现出来的，社区在组织设置、组织功能、人力资源、经费来源、工作方式、考核机制等各个环节都会受

---

①张雪霖，王德福. 社区居委会去行政化改革的悖论及其原因探析 [J]. 北京行政学院学报. 2016（01）：32-38.

到政府意志的影响与制度约束，多数情况下，社区只能机械、被动地听从政府及其派出机构指派，行政事务负担过重。[①]

在社区组织机构设置方面，居民委员会的机关化色彩浓厚。《关于加强和改进城市社区居民委员会建设工作的意见》（中办发〔2010〕27号）提出要提高社区居民委员会在组织社区居民开展自治活动方面的能力；提高居民委员会协助城市基层政府开展社会管理及提供公共服务的能力；要调整充实社区居民委员会中各类委员会设置，实现有效承接社区管理和公共服务的任务，在具体执行中，社区居民委员会中组织机构设置往往复制城市基层政府中的组织机构设置。

在工作职能方面，居民委员会行政职能味道非常浓厚。《中华人民共和国城市居民委员会组织法》规定："社区居委会是居民自我管理、自我教育、自我服务的基层群众性自治组织。居民委员会的主要任务主要有六项：即宣传宪法、法律、法规和国家的政策，维护居民的合法权益，教育居民履行依法应尽的义务，爱护公共财产，开展多种形式的社会主义精神文明建设活动；办理本居住地区居民的公共事务和公益事业；调解民间纠纷；协助维护社会治安；协助人民政府或者它的派出机关做好与居民利益有关的公共卫生、计划生育、优抚救济、青少年教育等项工作；向人民政府或者它的派出机关反映居民的意见、要求和提出建议。"中办发〔2010〕27号文件将社区居民委员会的职责主要限定在"依法组织社区居民开展自治活动、依法协助城市基层人民政府或者它的派出机关开展工作和依法依规组织开展有关监督活动"三个方面。但实际社区工作中，居民委员会是集行政事务管理、提供社会服务及自治管理于一身的功能复杂、职能纷杂的全能性组织。

---

① 章文光，李心影，杨谨顿.城市社区治理的逻辑演变：行政化、去行政化到共同体 [J].北京行政学院学报，2023（05）：54-60.

调研中发现，居民委员会普遍反映，社区承担的日常工作任务主要是由政府安排部署的常规性行政事务性工作，而这些工作占据了社区工作人员大量的时间和精力，主要包括计划生育、综合治理、社会救助、就业保障、宣传教育、纠纷调解、人口普查等。基层政府还经常给居民委员会摊派临时性、突发性的工作任务，并经常对居委会进行各类名目的考核、检查和奖惩等。

在经费方面，《居民委员会组织法》规定居民委员会的工作经费和来源，居民委员会成员的生活补贴费的范围、标准和来源，由不设区的市、市辖区的人民政府或者上级人民政府规定并拨付，包括日常工作经费、设施建设维修经费、人员经费等。离开政府的财政支持，居民委员会难以运转，大多数居民委员会没有任何经费来源渠道，即使可以通过寻求赞助等方式筹集部分经费，但也难以满足居民委员会的经费需求，这种情况下，居民委员会不得不依靠政府以满足日常的经费需求，行政化倾向也不可避免。而社区居委会因为在财政和考核方面依附于政府，其自身希望能作为行政力量的延伸而获得权威与权力并最终形成自身利益结构，最终成为街道办事处基层行政工作的分担对象。

社区行政化的特点对社区网络治理模式形成是有一定影响的。在调研中笔者发现，在太仓市某社区据不完全统计，在仅有 6 名专职社区人员的社区全年承担 98 项由政府指派的工作，其中 74 项是社区的日常工作。在繁杂的常规日常工作、行政事务性工作和突发临时性工作三方面的重压下，社区工作人员没有过多的时间和精力深入思考社区未来发展方向以及如何践行"三社联动"（"四社联动""五社联动"）模式。在组织社区活动时，也仅仅是为了搞活动而搞活动，缺少对社区居民的需求进行调查和活动动员环节。这些不可避免造成社区工作人员对于"三社联动"（"四社联动""五社联动"）发展过于敷衍和流于形式，导致社区"三社联动"（"四社联动""五社联动")内生发展先天动力不足。

总而言之，在社区行政化背景下，居民自治表现出居民参与水平低、效能不理想的状态，社区居民自治也日渐低迷。理想的社区治理是由各方利益相关者以平等的地位解决社区问题和处理社区公共事务的方式及过程。有效的社区治理需要多元主体共同参与，尤其是社区利益相关者的多方积极参与。但现实当中社区治理的最主要主体居民委员会因为日渐行政化导致其居民自治功能难以有效发挥，结果就是社区自治组织被看作一级政府，其自治行为也被居民看作政府行为。居民参与社区事务的积极性以及社区自治基础和居民自治能力都存在差异，导致在建构网络治理模式及实现治理主体多元化进程中，应如何促进社区自我发展、自我修复，实现真正的居民自治，这些问题都是网络治理过程中亟须解决的。

三、复杂的社区网络角色影响社区网络治理结构

按照美国政治学家加布里埃尔·A.阿尔蒙德的观点，结构就是各种角色的组合，多个社区治理主体的组合就构成社区治理结构。城市社区网络治理结构体现的是与社区相关的各个不同治理主体之间的权利、功能以及主体之间的作用关系。

目前城市社区治理结构构成主体主要包括政府、社区社会组织、社区自治组织、社会工作者以及居民，鉴于政府和社区自治组织前文都已分析，在此主要对社区社会组织、社会工作者、居民三个主体加以分析。

（一）社区社会组织

顾名思义，社区社会组织和"社区"密切相关，"社区性"是属于其独特的属性。有学者从居民社区参与角度理解社区性，即将社区性理解为社区居民的主体性，从而把社区社会组织定义为以社区居民为主要成员，以满足社区居民的多样需求为基本取向，由社区居民自发成立，并自觉参

与，以公益或互益为目的的社会组织形态。[①] 此定义下的社区社会组织主要包括一些社区志愿组织和文体娱乐类社区组织。也有学者把社区社会组织的社区性理解为社会组织的"社区内生性"，即社区社会组织是根植于社区内的社会组织，它是居民为满足自身需求而自发组织起来的，具有自发性、草根性、自治性等特征[②]，从而把一些内生于社区的维权类与服务类社区组织也纳入社区社会组织的范畴。另有学者在广义上理解社区性，把一切在社区范围内开展工作的社会组织，纳入社区社会组织的范畴，将社区社会组织定义为在社区范围内开展活动和服务以满足社区居民需要为目标的社会组织[③]，从而涵盖了源自社区外部且非社区居民参与的社会服务组织。

综上，"社区性"应包含三个要素：社会组织产生于社区、服务于社区和以社区居民为参与主体。所以社区社会组织就是其影响范围、活动范围主要存在于社区之中并以社区居民为主要服务对象的社会组织；但有一点需强调，社区社会组织不一定必须内生于社区中，其主要成员也不一定由社区居民组成。

从发展的数量上来看，社会组织已经有了很大的突破，规模也在不断扩大。据民政部公开数据，"截至 2017 年底，全国共有各类社区服务机构和设施 40.7 万个，其中社区服务指导中心 619 个（其中农村 16 个），社区服务中心 2.5 万个（其中农村 1.0 万个），社区服务站 14.3 万个（其中农村 7.5 万个），其他社区服务设施 11.3 万个，社区服务中心（站）覆盖率 25.5%，其中城市社区服务中心（站）覆盖率 78.6%，农村社区服务中心（站）覆盖率 15.3%。社区志愿服务组织 9.6 万个"。各地也纷纷扶

---

① 康晓强. 社区社会组织与社区治理结构转型 [J]. 北京工业大学学报，2012（03）：22-25.

② 郁建兴，李慧凤. 社区社会组织发展与社会管理创新——基于宁波市海曙区的研究 [J]. 中共浙江省委党校学报，2011（05）：40-46.

③ 杨贵华. 对当前我国社区民间组织建设的思考 [J]. 科学社会主义，2005（02）：63-65.

持社区社会组织的发展，以宝鸡市为例，2012 年成立了宝鸡市社会组织促进会，积极为社会组织搭建平台。此后金台区社会组织健康快速发展，覆盖了全区 11 个镇街，154 个社区。截至 2018 年底，全区社会组织累计数量达到七百余家，涉及教育、文化、卫生、体育、科技等多个领域；备案社区社会组织达五百余家，涵盖公益服务、慈善救助、社会事务、文体娱乐、法律维权、志愿帮扶等多个领域。

从发展质量上来看，社会组织还存在诸多的发展问题：

首先，社区社会组织的结构表现明显失衡，具体特点如下：一是以文娱类组织为主。"从社区社会组织的类型来看，登记的社区社会组织主要以教育类、服务类的民办非企业单位为主，备案类的社区社会组织以体育健身类和文化艺术类为主，从整体上看，社会公益类和志愿服务类的社区社会组织较少"①。二是治理类组织偏少。公益类与志愿类的社区社会组织在培养公民精神及提高居民参与社区治理能力或技巧等方面意义重大，发展不足会在很大程度上影响社区居民参与社区治理的主动性。三是个别社会组织行政依赖性强。如残疾人协会、计划生育协会等社区社会组织是按照上级有关行政职能部门要求设置的，不可避免在一定程度上被行政化。这些社会组织一旦被国家行政权力吸纳进入权力结构系统中，有很强的行政依附性和服从性，缺少独立性。由于社会组织与国家间的不对称关系，即使是政府购买公共服务，但也容易演化成为由政府主导的单向度的支配行为，即国家行政权力偏好决定了供给主体对象选择，这种强势介入极容易导致社会组织依附性强的特点。四是"自组织"类社区社会组织发育程度较低。由社区居民自发建立的社会组织发育程度多数不尽如人意。社区公益组织如居民志愿者队伍等团体近年来有所发展，但上升空间依然很大；

---

① 王名. 社会组织与社会治理 [M]. 北京：社会科学文献出版社，2014：40.

草根维权组织力量反映居民诉求和维护其利益的能力极为有限，公民诉求往往无处反映，维权意识较低。

其次，社区社会组织整合及自我成长能力相对较低。社会组织是社区治理"三社联动"（"四社联动""五社联动"）的重要主体，是城市社区治理模式中的重要行动者之一，但在实践中表现出矛盾性，一方面政府对社区社会组织发展及服务能力的重视程度日益增加，而社区社会组织在社区治理中的重要性也逐年增强，社区社会组织的组织能力、管理能力、服务能力也得到提高，具体表现：一是社区社会组织发展日益规范，如内部制度建设进一步完善，很多社区社会组织自身制定并执行着比较完整的规章制度；二是后备人力资源较为丰富。由于社区社会组织市场发展空间广阔及前景乐观，可以吸引更多的人员就业。但另一方面也应该看到，社区社会组织产生和发展的动因说明政府的自上而下推动及主导作用，并不是市场选择和社会需要而自发产生的结果。以社会组织发展相对成熟的北京市部分试点地区参与到"三社联动"项目的社会组织为例，共有44家社会组织参与到"三社联动"，其中42家社会组织都是新孵化的，包括7家服务性社工机构及35家公益型社区社会组织，这些社会组织普遍具有较强的适应市场和社会的能力，但是依然无法摆脱对政府较强的依赖性，各组织之间的联系也相对松散，资源整合能力不强，尤其不能根据市场和社会需求变化及时整合各类资源。在反映社会组织能力的几个重要指标方面，如获取资源、动员居民、服务居民、项目运作、自我管理、自我成长以及参与和解决社区公共事务的能力、提升对社区居民的吸引力和影响力等方面普遍需要加强。

再次，社区社会组织在社区居民当中的社会信任度、认可度有待提升。社区社会组织在政府的主导及外力推动下，通过各种形式参与到社区治理中，主要包括：一是积极参与公共政策制定过程。社区社会组织可以通过调研了解社区居民需求，将无法解决和满足的居民需求及时反馈给政府，为政府决策提供重要参考；二是参与社区公共事务和解决社区公共问题，实现社区公共价值，如维持社区公共秩序、提供社区公共服务、维护社区公共物品、调节社区邻里关系、缓和邻里冲突、提供信息咨询等；三是承担政府无法完成而市场因利润问题又不愿介入的部分公共服务，如推进社区养老、扶弱、助残，关注和维护社区特殊群体利益等，这些做法是获得了居民一定程度上的认可的，即便如此，居民仍然缺乏对社区社会组织的信任感，究其原因：一方面，社会组织的发展前景尤其是获取资源的能力不被居民认可，尤其大部分社区社会组织处于发展初期，制度性的规范往往不健全、管理混乱现象极易出现、未来发展前景不明显等普遍存在；另一方面，缺乏对社区社会组织运行的监督考评机制，社区社会组织经常处于自由放任的状态，易出现信任危机；另外，社区社会组织所提供的服务质量无法保证以及工作人员缺乏职业素质也容易出现信任危机。

（二）社会工作者队伍

从社会工作者专业队伍数量上看，随着国家实行社会工作考试制度，我国许多地区的社会工作者中持有社会工作专业资格证书的人数都有明显增加。北京日报客户端消息称，北京市部分社区社工的持证比例已经达到了50%，持证人数逐年增加。但普遍性的问题依然存在。如：某支持型社工机构的工作人员提到："一些居委会工作人员没有社会学以及社会工作专业教育背景，自然缺少专业知识，这种现象还是比较普遍的。社工中心对这些没有专业知识背景的社区工作人员也进行了一些相应的培训。但问题是，这部分人即便经过了培训，他们也与专业社会工作者或专业机构的社工在业务素质方面存在一定的差距，这是会影响到社区服务效果的。"（调研编码：20170305-SC-shzz）

社工队伍专业化欠缺是多个社区进行社区治理创新中普遍存在的问题。

社会工作者队伍缺口较大。根据民政部网站发布的历年民政事业发展统计公报公布的数字，截至 2016 年底，全国各类社区服务机构和服务设施共有约 38.6 万个，全国持证社会工作者共计 28.8 万人，其中助理工作师和社会工作师分别为 21.9 万人、6.9 万人；截至 2017 年底，全国各类社区服务机构和服务设施共有 40.7 万个，全国持证社会工作者达到 32.7 万人，其中助理工作师和社会工作师分别为 24.3 万人、8.3 万人；截至 2018 年底，全国有助理社会工作师和社会工作师共 43.9 万人，占总人口的四千二百分之一。截至 2019 年底，全国持证社会工作者共计 53.4 万人，其中社会工作师 12.8 万人，助理社会工作师 40.5 万人。截至 2020 年底，全国持证社会工作者共计 66.9 万人，其中助理社会工作师 50.7 万人，社会工作师 16.1 万人。2022 年，全国共有 16.5 万人通过助理社会工作师考试，2.8 万人通过社会工作师考试。截至 2022 年底，全国持证社会工作者共计 93.1 万人，其中助理社会工作师 72.5 万人，社会工作师 20.4 万人。具体情况如表 5-2 所示。

表5-2 2016—2022年全国社会工作师基本状况

类别 年份	社会工作者总数 （万人）	助理社会工作师人数 （万人）	社会工作师人数 （万人）
2016	28.8	21.9	6.9
2017	32.7	24.3	8.3
2018	43.9	33.2	10.7
2019	53.4	40.5	12.8
2020	66.9	50.7	16.1
2021	73.7	55.9	17.7
2022	93.1	72.5	20.4

资料来源：民政部官网发布的历年民政事业发展统计公报。

可见社会工作师数量在逐年增加，但占总人口比例并不尽如人意。据不完全统计，2014年，美国专业社会工作人员占总人口的2.8‰，约85万人；英国专业社会工作人员占总人口的2‰，约12万人；中国香港专业社会工作人员占总人口的5.7‰，约4万人。[①] 而2022年中国内地社会工作师总数仅占总人口的0.6‰。

一般来说，当一个国家专业社会工作人员数量占总人口比例达到2‰时，表明这个国家的社会发展和社会文明总体程度比较高，社会公共服务体系也相对完善。按照这个标准衡量，中国未来至少需要300万以上社会工作专业人员才能满足社会整体需求。缺少专业性的社会工作者队伍，由社区居委会成员代替专业社会工作者的工作是普遍现象，这些会直接影响城市社区治理模式探索的成果，关系到"三社"或"四社""五社"能否真正做到联动、社区多元治理能否真正实现。

从社会工作专业服务的外部社会环境看，我国城市社区亟须改善社会工作服务的水准，但由于社会服务尤其是专业化社会服务在我国内地还处于起步阶段，人们对其理解和认识还相当有限，导致在政策制定方面也会出现冲突现象。比如民政部和财政部联合出台《关于政府购买社会工作服务的指导意见》（民发〔2012〕196号），颁布后发现根本无法实施，因其与2003年颁布的《政府采购法》相冲突，这是明显的相关法律法规滞后造成的，因为后者没有将公共服务纳入政府采购的范围。再如机构专职社工的工资支付存在困难，政府采购时人员薪酬在申报计划和合同中无法体现，造成员工实际的劳动报酬只能通过项目活动费等隐蔽的形式支付。类似这样的相互冲突性的规定显然制约了社会工作的发展，必定会带来诸多制约和负面影响。另外，如"三社联动"中社区、社会组织、社会工作

---

① 美国拥有社会工作专业人员85万 中国目前仅有36万 [EB/OL]. http://world.people.com.cn/n/2014/0319/c359707-24675303.html,2014-03-19/2024-03-03.

者三方发展都需要资金支持，而社会资金来源渠道有限，即使社会慈善资源介入，资金短缺现象也没有明显改观。多数民办社工机构的服务项目及所需资金极为单一，几乎都源自政府和行政色彩浓厚、类政府性质的工青妇组织，造成民办社工机构发展既依赖政府但政府的财政又不足以满足社工项目运转的两难境地。

这种情况下，还有一些社会工作者想办法与政府相关工作人员建立"关系"甚至通过"寻租"方式获得来自政府的服务项目、资金和其他资源来维持自身的生存和发展，其中涉及权力、资源和专业的博弈，博弈的场所自然就是在政府购买社会工作服务过程中形成的特定的项目场域或关系网络，这个关系网络中行动者的关系是互动的，在博弈过程中围绕资本、实力和权力展开。作为博弈主体，政府和社会组织二者拥有的权力本质上和表现方面截然不同，毋庸置疑的是政府对于权力的占有和支配方面要远远超过社会工作者和社会组织。

（三）社区居民

我国城市社区居民自治动力源自国家。

中国城市社区治理模式的实践探索和理论研究皆是将城市社区自治作为逻辑前提，社区居委会作为群众自治组织身份存在，学者们在研究城市社区居民自治的过程中也形成了某些共识，即：城市社区居民自治是城市社区治理主要的发展方向；社区自治的主要形式是社区选举和社区参与。但在实际研究中，有学者认为城市社区自治在理论上和实践中都面临着困境，比如在自治过程中，社区居民和基层政府的积极性差；社区居民的参与能力以及参与积极性都较低；社区选举工作和社区公共事务的实际管理工作关联性弱，因此最能表现社区自治的社区选举行为难以改变整个社区治理模式的运作机制。

因此，在社区自治经历了热火朝天的改革试验与经验推广以后，社区自治的前景并不乐观。归根到底，目前社区自治的发展道路源自社区外部，走的是"外源型的发展道路"，因此城市社区居民自治并不是在居民当中自发产生、自主要求的结果，而是以国家为主推力对城市社会进行重新整合的迫切需要，在此过程中，国家需要将政权的影响力渗透到最基本的社会末梢，解决社会失序、社会疏远、社会离散等现实问题，从而实现对社会的重新整合、维持社会稳定；同时又不愿意在整合过程中承担必要的成本，于是选择了既要维持政府权威又要避免包袱压身的形式——社区居民自治。

这种由外源型动力形成的社区居民自治在中国城市发展得非常迅速，发展过程中行政力量起着重要作用，使用行政动员手段推动社区居民自治发展，结果造成社区对政府行政资源产生强烈的依赖性，社区通过依附行政权力俨然成为一级行政机构，造成社区自治组织明显的行政化发展趋势。社区居委会的职责不仅包括社区居民自治范围需承担内的"居务"，还要履行国家基层政权指令下的"政务"。而且社区居委会还有一项相当重要的任务就是维稳，政府通过"工作落实"的方式直接将一些职能部门的职责渗透到社会的行政末梢——城市社区，以实现维护社会秩序稳定的目的。比如武汉市社区中普遍设置的"八大员"就是典型的例子。[①] 因为这样的特点，中国城市社区居民自治的发展方向和发展程度必然会受到行政化影响。因此当社区居民自治过程中必备的民主动员和民主行为一旦扩大，对现存秩序和体制产生威胁时，对行政权力的依赖会减弱，政府完全有可能冷落和抑制社区居民自治所需要的民主行为、民主价值、民主精神和民主制度，承载着自治精神的社区社会组织的发展也会受到制约，居民的参与热情也会受到影响。

---

① 社区"八大员"：是对社区计生专干、社保专干、低保专干、流动人口协管员、城管协管员、安保队员、信访专干、残疾人协理员、医保协理员等工作人员的统称。

中发〔2017〕13号文件明确提出要增强社区居民参与能力。指出要"提高社区居民议事协商能力，凡涉及城乡社区公共利益的重大决策事项、关乎居民群众切身利益的实际困难问题和矛盾纠纷，原则上由社区党组织、基层群众性自治组织牵头，组织居民群众协商解决。支持和帮助居民群众养成协商意识、掌握协商方法、提高协商能力，推动形成既有民主又有集中、既尊重多数人意愿又保护少数人合法权益的城乡社区协商机制"。而在实践中表现出来的特点是：社区参与人数少且人群固化、参与程度流于表面而且居民参与形式单一，居民参与多表现为"表演性参与""动员式参与"或"仪式性参与"[①]，甚至"利益抗争性参与"等，即使是那些创设了社区治理"典型模式"的地区的社区中，也没有真正解决社区居民冷漠和参与率低的现状，"事不关己高高挂起"普遍存在。目前大量存在的限于文体活动而与公共事务议题无关的社区参与基本无法增进居民的社区认同与社区认知。社区工作人员普遍反映，"社区许多工作不好开展的主要原因就是居民的不配合和不热情，尤其是年轻人的配合意识不好，参与的人总是那些人"。（调研编码：20170705-TS-sl01；20170605-SH-sdm01）

在社区治理模式探索中，社区居民可以通过以下三种途径参与社区治理：首先参与社区民主建设，例如参与选举社区居委会成员、居民小组成员，参加社区议事会、参与社区民主协商活动等；第二是居民以个体形式参与社区志愿服务活动，如社区居民间帮扶、助残，参与社区治安巡逻、环境治理等；第三是参与或者组建社区社会组织，这种方式需要居民具备较专业的社会工作背景，有专业社会工作服务能力，可以通过社会组织的形式组成项目小组，实施社区服务及承担自治项目。能积

---

① 徐林，徐畅. 公民性缺失抑或制度供给不足？——对我国社区参与困境的微观解读 [J]. 苏州大学学报（哲学社会科学版），2018（02）：32-40.

极主动参与到社区治理项目的居民绝大多数是曾经的社区活动积极分子，参与人员有固化现象，且年龄偏大，热心居民较多，大部分普通社区居民的参与热情还没有被调动起来。居民在"联动"模式中的角色还缺乏参与定位，如前图5-3所示。

调研时很多居民并不了解"三社联动"，更不用说"三社联动"的延伸——"五社联动"，还有很多居民认为"社区让我们参与自治，解决社区事务，要是这样，我们居民都把社区工作人员应该做的事儿做了，那要他们干什么。"（调研编码：20200220-Tc-xy04）

可见，社区中有部分居民认为社区邀请居民参与社区治理就是社区工作人员在偷懒、转嫁工作任务、逃避做本职工作。由此可见，相当数量的居民对于社区自治和参与"联动"过程还是存在较大误解的。

第三节　中国城市社区网络治理模式的提出

随着我国城市社区公共事务的难度与居民需求日益增加，社区治理中利益相关者日益多元化，城市社区多元主体共同参与成为客观趋势。2013年民政部印发《关于加强全国社区管理和服务创新试验区工作的意见》（民发〔2013〕13号）以来，截至2022年，民政部在全国范围内已经确认112个全国城市社区治理与服务创新实验区，此项工作有力推动了城乡社区治理和服务创新探索，成效非常显著。

从"社区网格化管理"到"政社互动""三社联动"再到"四社联动""五社联动"，都是在社区建设实践中对社区管理到社区治理的创新形式，并各自有优势和不足。

党的十八届三中全会《关于全面深化改革若干重大问题的决定》提出，要改进社会治理方式，创新社会治理体制，以网格化管理、社会化服务为方向，健全基层综合服务管理平台。其中"社区网格化管理"侧重于管理，管理的对象包括社区居民及社区事务，"政社互动"模式关注的是政府与基层群众自治组织间的互动；"三社联动""四社联动"及正在实践的"五社联动"等模式是"政社互动"中"社"在实践中表现出来的形态，所涉及的是社区、社会组织以及社会工作者还有社区志愿者、社会慈善资源间的互动，不论哪种形式，非常重要的主体——居民都没有被吸收进社区治理的主体范围内，居民扮演着多重角色，居民既是服务的享受者，同时根据社区事务的需要也是社区服务的提供者，既是社区治理的对象，也可以作为治理的主体存在。同样，社区营利组织和辖区单位以及业主委员会等都没有被涵盖进去，这样导致社区治理的先天性主体缺失。

因此从网络视角分析我国城市社区治理模式，其中最为典型的即为"三社联动"和"四社联动""五社联动"模式，这些模式在实践中发挥了一定的作用也依然存在一些问题。

以实践范围最广泛的"三社联动"为例，相当长的时间内，缺少将社区建设、社会组织发展以及社会工作人才队伍建设三者整合在一起的政策性文件，由于缺乏系统性政策引导，社区建设的主体很难联动起来，如何联动尚处于探索状态。社区、社会工作和社区社会组织都是在社区平台上各自为政，"三社联动"实际上是各要素在"自动"，三者之间没有真正的相互协调，缺少有效运行机制，所以要素间相互补充以及相互促进的"联动"并没有真正形成。而且，由于"三社联动"本意是要实现"社区＋社会组织＋社会工作"三方横向联合，实际操作中表现出的是"街道→社区居民委员会、社区工作站→社会服务中心（社工机构和社区社会组织）"

纵向发展，最终导致结果并没有减少管理层次、实现管理扁平化，从而影响"三社联动"的运行效率。

从"三社联动"的运行机制方面看，"三社联动"发展"三社"只是一个前提，重要的是实现"联动"，即"三社"之间的"联"与"动"。这里的"联"就是联合、联结；"动"就是"互动"。这种"联动"虽然是在"三社"发展的客观需要基础上产生，需要健全和完善相应的机制来保障运行。"三社联动"的关键是"联动"，具体如何实现"联"如何"动"？并没有清晰的定位，各种观点和各种讨论也莫衷一是，缺乏社区居民的参与和互动，"三社联动"就不能算作真正意义上的"三社联动"，自然也不能实现理想的效能，而且社区事务也依然是由少数精英主导的，社区自然也根本动不起来。因此，将"三社联动"仅仅集中在社区层面上理解，是有明显局限性的。如何搭建适合政府、社会和居民三者合作共存、彼此信任的治理网络以及实现网络有效整合的问题，是实现网络治理的关键。

"网格化治理""政社互动""三社联动"和"四社联动"皆可以看作社区网络治理的实践探索模式，但这些都不是社区治理的全部，在整个社区治理的体系中，集中模式的主体既有交叉也有重合。具体讲，街道党工委和社区党组织构成组织层次的网络单元，"政社互动"与"三社联动"（"四社联动"或"五社联动"）构成双模式网络，三种模式组合到一起，构成了一个集群网络，三者之间的关系见图5-4。

如图5-4所示，社区网络治理关键在于协调政府、社区居委会、社区社会组织和社会工作者等多元化主体共同参与社区治理，最后形成政府与社会力量之间互联、互动的社区治理模式。对"政社互动"的理论研究与实践探索是开展"三社联动"的前提，诚如太仓市政社互动实践，最初的政社互动的清单式管理是引导式管理（"三社联动"）的前提，最后实现

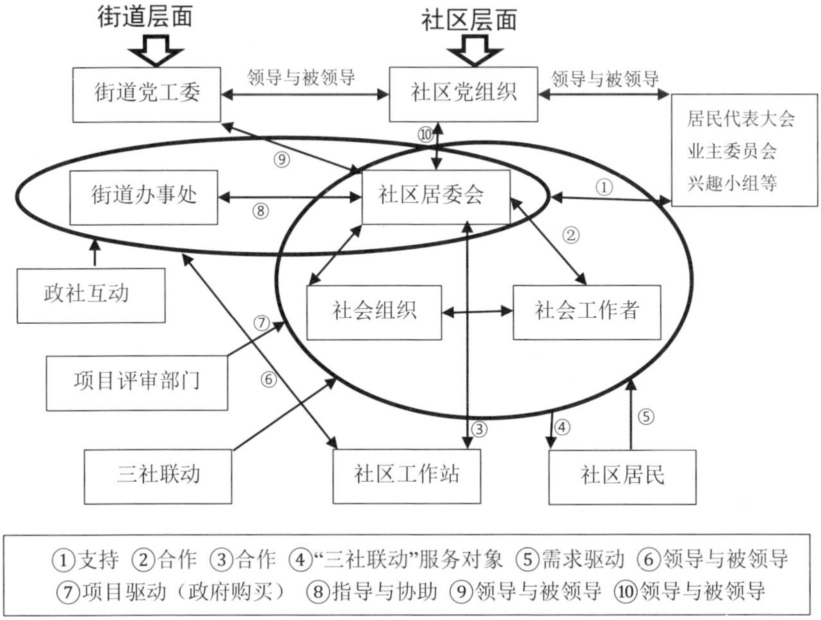

图5-4 网格化治理、政社互动和三社联动的关系及运行机制

资料来源：作者自行整理绘制。

协商共治，"三社联动"实现多主体协作是其本质；协同推进社区建设，处理社区公共事务，服务全体社区居民是各主体的共同目标；根本任务是促进各个主体从各自视角发挥独特的功能和价值，在优势互补、资源共享下达成合作共识，形成合力。

在我国城市社区治理研究成果和治理实践的基础之上，以网络治理理论为基础，遵循网络治理分析框架，以网络治理过程的核心研究内容或环节作为基本架构，兼顾社区网络治理的多元利益相关者，在图 5-4 的基础上，结合社区治理实践过程提出适合我国城市社区网络治理的模式，见图 5-5。

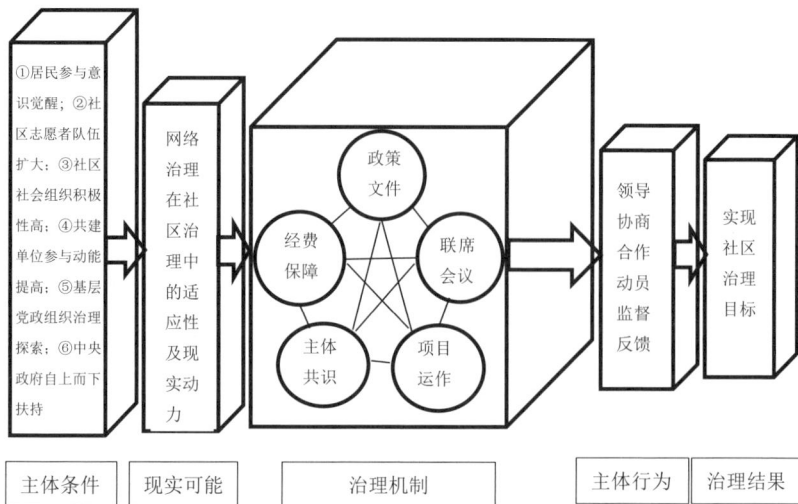

图5-5 城市社区网络治理模式

资料来源：作者自行整理绘制。

第四节 中国城市社区网络化治理模式推广的再思考

中国城市社区网络治理实践表明，网络化治理模式在中国不同地域的城市社区建设中都有探索，说明其不仅符合中国城市社区治理实践也很好地完成了中国城市社区治理目标，其中精髓体现在不同治理主体之间的互动方面，这种互动以领导、协商、合作、监督、支持等方式表现出来，但如果将中国城市社区网络治理模式推广开来，还需要在治理主体等方面深入思考。

一、重视社会和人的关系

五种社区治理模式在实践中都取得了一些成绩，但在实施过程中都存在一些特别值得重视的带有共性的缺憾，这种缺憾决定了社区治理模式实践未来的路到底会有多远，共同缺憾即为理念与价值目标的偏失。

哲学对于理念的探讨可以追溯至古希腊时期，理念是从苏格拉底关于"是什么"的定义而来，是"由一种特殊性质所表明的类"，是超越于个别事物之外并且作为其存在之根据的实在。柏拉图哲学思想的核心概念是"理念"，他的哲学也称为"理念论"，柏拉图把非感性的东西称为"理念"，认为是对事物的抽象而形成的普遍共相，是事物存在的根据，也是事物追求的目的，理念是事物的本质，事物存在的目标就是实现它的本质，他认为一类事物有一个理念。[①]《辞海》（1989）对"理念"一词的解释有两条，一是"看法、思想、思维活动的结果"，二是"理论，观念（希腊文 idea），通常指思想。有时亦指表象或客观事物在人脑里留下的概括的形象"[②]。上升到理性高度的观念叫"理念"。

价值属于关系范畴，从认识论上来说，是指客体能够满足主体需要的效益关系，是表示客体的属性和功能与主体需要间的一种效用、效益或效应关系的哲学范畴，是对包括功利、道德、审美在内的各个领域中各种特殊的、具体的价值形态的总体抽象即共性的考察，是对人类社会中一种普遍现象和内容的本质概括。[③]公共价值优先是网络治理公认的价值共识，要高于个人价值和组织价值，这也是多元主体所遵循的一种共同理念，即共建、共治、共享。

曾经的社会治理研究更多地将着眼点集中于"国家与社会的关系"二元结构研究路径，忽视了在国家与社会关系不断演化中的人的重要性。而随着社会发展，社会个体化趋势的不断演进，社会关系已经越来越复杂，

---

① 张志伟. 西方哲学史 [M]. 北京：中国人民大学出版社，2002：87.
② [美] 理查德·C.博克斯. 公民治理：引领 21 世纪的美国社区（中文修订版）[M]. 孙柏瑛，等，译. 北京：中国人民大学出版社，2005：14.
③ 费多益. 作为哲学范畴的"价值" [J]. 自然辩证法研究，2000（12）：1-6.

单纯地研究国家与社会关系已经不能满足社会实际，其中不能被忽视的关系包括国家与社会、国家与个体以及社会与个体的关系。因此，"个体"无疑应该成为创新基层社会治理必须正视的要素之一。^①就人与社会的关系而言，在日益个体化的今天，个体权利意识增强，个体化就意味着个体与社会之间的关系需要重新进行调整，需要获取社会对于个体身份的肯定和认同，这是个体之于社会获取合法性的存在。传统权威式、依附式的社会控制关系逐渐失去了对于个体的影响力及整合力。个体的自我意识复苏，自我选择意愿及自我需求满足的愿望和机遇增加，并基于自我意识和自我认同自由选择新的具有同质性的共同体，以实现个人价值及自由，这样无疑给社会治理增加难度。

因此，在城市社区治理模式探索实践中关注社会与人间的关系是以"国家—社会—个人"为研究路径，以人的发展为理念，关注人的价值实现考量的，而目前不论是"网格化管理""政社互动"和"三社联动"或"四社联动"恰恰缺少这些。

以网格化管理为例，正常来说，网格化管理应该与公共管理的终极目标是一致的，即实现人的独立和自由的发展，使公民能够在更自由的空间过更幸福的生活。发展就是扩展自由，如果我们不以实质自由作为目标和手段，我们将不会有真正的发展。^②而完美的网格必然存在划分合理、信息采集全面、社会管控稳定的特点，充分运用现代化信息技术手段，而且将所有的人都集中在网格内，在管理无死角且更方便的情况下，不可避免会偏离人文关怀，而普遍采用的技术化手段也将导致"人性的压抑和人际互动的弱化"^③。完美的网格化管理有两面性，一面是对规则、秩序的追求，

---

① 叶南客. "三社联动"的内涵拓展、运行逻辑与推进策略 [J]. 理论探索，2017（05）：30-34.
② [印度] 阿玛蒂亚·森. 以自由看待发展 [M]. 任赜，于真，译. 北京：中国人民大学出版社，2012.
③ 竺乾威. 数目字管理与人本的回归 [J]. 中国行政管理，2011（03）：29-34.

另一面则是公民个体对生活多样性、舒适性、自由性的追求，这截然不同的两种本质极易发生冲突，二者之间的悖论容易导致"每个人都丧失了对于个人的创造力和成长所必需的自我反省和自我了解的能力"①，因此为防止每个人都变成被其他人操纵的工具，防止个人仅仅作为组织中被管理的客体，更要注重人文关怀。

二、克服社区居民"理性无知"

"理性的无知"，作为一个逻辑思路，最早由安东尼·唐斯于1957年在《民主的经济理论》一书中提出，而作为一个概念术语，则是由戈登·图洛克（Gordon Tullock）于1967年在《通往量化的政治》一书中概括出来。②有关"理性的无知"最经典性解释源自唐斯：是基于理性人的假设前提对个体行为进行评价，"（选民个体）寻求政治的博识是非理性的，因为这些信息所能提供的低廉回报简直不能补偿他们在时间及其他资源方面付出的成本"③。通俗的理解就是，如果选民知道自己所投的选票对最终的选举结果无足轻重，而且收集投票信息可能需要付出自己巨大人力和物力成本的时候，选民往往倾向选择不浪费时间和精力去探寻选举的真相，而是选择让自己处于对政治决策无知的状态中。实际上就是社会成员在认识到自身行为对社会的影响几乎可以忽略的情况下所选择的行为方式，其个体行为对于自身是利益最大化的但对于社会整体则是不负责任的，因为其结果可能导致公共产品缺失或损坏。"理性的无知"给我们揭示了这样一个逻辑：由于投票的个人成本很高，而预期收益很低，所以，一个理性而自

---

① [美]罗伯特·登哈特. 公共组织理论 [M]. 扶松茂，丁力，译. 北京：中国人民大学出版社，2003.

② Gordon Tullock, Toward a Mathematics of Politics[M]. Michigan : University of Michigan Press,1967 : 102.

③ [美]布莱恩·卡普兰. 理性选民的神话：为何民主制度选择不良政策 [M]. 刘艳红，译. 上海：上海人民出版社，2010 : 113.

私的选民会选择在政治上处于无知的状态。①

社区居民作为社区治理网络中的重要行动者，社区治理过程中经常性面临的一个非常重要问题是遭遇社区居民"理性无知"。居民"理性无知"是居民表现出来的对于社区事务的冷漠现象，指居民具备社区参与资格和行动能力，但在多数情况下，居民缺乏行动意愿和动力，理性地选择旁观、选择享受。② 这种情况长期深藏于社区关系结构中。习近平总书记曾明确指出，要尊重居民群众的主体地位，把民主协商、民主选举、民主管理、民主决策和民主监督的具体实践全方位贯穿于城乡社区治理的整个过程，依靠居民群众、依法有序动员组织社区居民群众积极主动参与到社区治理中。因此，动员社区居民参与社区事务，克服"理性无知"是非常必要的。

参与可以是个人的参与或群体的参与，可以是组织的参与或自发的参与，可以是持续的参与或间断的参与，可以是和平的参与或暴力的参与，可以是合法的参与或不合法的参与，可以是有效的参与或无效的参与。③ 广义的社区参与指社区参与主体多元化，包括政府、非政府组织、辖区单位及社区居民；而狭义的社区参与侧重强调及突出社区居民在参与社区事务时的参与主体地位。参与即"为社区所有成员创造机会……平等地分享发展成果"④。"在居民个人眼里，公共事务是别人的事务——是高级人士的事务，老板们的、政治家们的——不是自己的事务。很少人有心去思考对于共同利益的参与，提供给他们的这种机会也不多。政治参与的动机

---

① 闫帅. 民主失灵的逻辑：从理性的无知到理性的胡闹 [J]. 上海行政学院学报，2012（05）：62-70.

② 陈伟东. 社区行动者逻辑：破解社区治理难题 [J]. 政治学研究，2018（01）：103-106.

③ [美] 塞缪尔·亨廷顿，琼·纳尔逊. 难以抉择——发展中国家的政治参与 [M]. 汪晓涛，吴志华，项继权，译. 北京：华夏出版社，1989.

④ United Nations. Popular Participation as A Strategy for Promoting Community Level Action and National Development. New York. 1981.

是个人化的依附或私人的贪欲"①。社区参与亦如此。

社区参与可以限定为群体的、自发的、持续的、合法的通过一定的途径和形式参与社区的各种组织和集体活动，参与社区事务的决策、管理和监督等。在政府通过各种措施大力促进社区建设和社区发展的同时，许多地方的社区居民对于社区建设和社区发展却往往抱着一种冷漠的态度，甚至并不觉得社区建设与自己有什么关系，或者干脆将社区建设看作一项与自己没有什么关系的政府行为②，这种状态被有的学者称为"社区参与冷漠""亚社区"困境和"搭便车"行为。在调研中，笔者发现居民对"政社互动"或"四社联动"的了解是非常有限的。

尤其在数字时代背景下，大数据驱动社区治理创新成为普遍趋势已成为常态，大数据平台不可否认的可以降低公民参与社区治理的成本，参与方式也更加多元，但在关注"技术赋能"的同时忽略了"社会赋能"，社区作为地域共同体的特征并没有凸显，虚拟空间的参与往往忽略社区治理中居民的主体性和主动性，集体沉默也会经常出现。

三、"联动"主体解读需规范化

以"五社联动"为例，"五社联动"是社区治理创新的一种新实践模式，是理想化的网络社区治理模式的重要探索。"五社联动"涵盖了社区治理蕴含的分工、关系以及过程等深刻内涵。因此，明确"五社"主体的实质就是明确社区、社会组织、社会工作者、志愿者、社区慈善资源的具体化以及各自功能分工的过程；而对"联动"关系的深入分析，就是理解五者在基于不同角色定位的前提下，如何形成良性互动的过程。目前国内"五

---

① [美] 罗伯特·D. 帕特南. 使民主运转起来：现代意大利的公民传统 [M]. 王列，赖海榕，译. 南昌：江西人民出版社，2001.

② 孙立平. 社会转型：发展社会学的新议题 [J]. 开放时代，2008（02）：57-72.

社联动"的概念是："五社联动"是在政府主导下，以社区为平台、社会组织为载体、社会工作专业人才为支撑，以志愿者服务作为补充，充分挖掘社区慈善资源并实现"五社"相互支持、协调互动的过程和机制。"五社联动"强调充分发挥社区的基础平台作用、社会组织的服务载体作用、社会工作的专业支撑作用、志愿者服务补充作用、社区慈善资源的联结功能，重在完善社区组织发现居民需求、统筹设计服务项目、支持社会组织承接、引导专业社会工作团队参与的工作体系。从概念上看，确实存在着"五社"概念解读不清、主体不明确的问题。

首先，关于社区。社区是不是行动主体？从社区概念最早提出者德国学者滕尼斯到美国芝加哥学派对社区的界定基本上都是围绕生活共同体展开，将其定位为一种特殊的场域，后者为社区赋予了双重属性，在生活共同体基础上将社区同时定位为行政区域单元。在我国，民政部给定的官方社区定义为"居住在一定地域范围内人们社会生活的共同体"。由于我国是在政府主导下开展社区建设的特性，作为行政区域单元的"社区"，是否能够作为"五社"主体之一，尚值得考量。在实际操作中，"五社联动"中社区往往由社区居委会代替，这种操作是否合适也值得商榷。

其次，关于社会组织。在民政部"中国社会组织"网站"社会组织网上办公大厅"（2021年2月9日民政部启用新版"中国社会组织政务服务平台"），将社会组织界定为社会团体、民办非企业单位、基金会、涉外社会组织四种类型。《社会团体登记管理条例》（2016年）规定"社会团体，是指中国公民自愿组成，为实现会员共同意愿，按照其章程开展活动的非营利性社会组织"，包括人民群众团体（如工会、妇联、共青团）、社会公益团体（如残疾人基金会）、文学艺术团体（如作家协会）、学术研究团体（如数学学会）。《民办非企业单位登记管理暂行条例》（1998年）规定"民办非企业单位，是指企业事业单位、社会团体和其他社会力量以及公民个人利用非国有资产举办的，从事非营利性社会服务活动的社会组织"，分为教育、卫生、科技、文化、劳动、民政、体育、中介服务和法律服务等十大类。基金会是利用捐赠财产从事公益事业的社会组织，包括公募基金会和非公募基金会。那么，"五社联动"中的社会组织到底应该是哪一种类型？

再次，关于社会工作者。专业社会工作者与一般意义上的社会工作者之间的区分还是非常明显的。广义应该包括在社区中工作的所有成员。但如果在这个意义上理解，那"五社联动"可能就失去其本义。而专业社会工作者应该是受过社会工作专业教育并取得国家社会工作资格认可，专门从事社会工作实务、自觉实践社工价值与理念、掌握专业社会工作方法的从业者，但是这个数量在我国还很少。根据《民政部对"关于加快建立社区社会工作室提升专业服务水平的建议"的答复》（民函〔2018〕677号），截至2017年底，我国社会工作专业人才总量中的三分之二都工作在城乡社区，是社区服务、社会建设的骨干力量。全国各地在城乡社区、相关事业单位以及社会组织中共开发设置了312089个社工专业岗位，比上一年度增长38643个，其中乡镇、街道和社区设置的社会工作专业岗位共有232201个，约占74.3%；在城乡社区、相关事业单位和社会组织等设置的社会工作服务站点达36485个；以社区居民为主要服务对象的民办社工机构7000多家。这个数字是在逐年提升的。

党中央、国务院对社会工作人才队伍建设非常重视，2023年3月，中共中央、国务院印发《党和国家机构改革方案》，决定组建中国共产党中央委员会社会工作部，简称中央社会工作部，职责是：负责统筹指导人民信访工作，指导人民建议征集工作，统筹推进党建引领基层治理和基层政权建设，统一领导全国性行业协会商会党的工作，协调推动行业协会商会深化改革和转型发展，指导混合所有制企业、非公有制企业和新经济组织、新社会组织、新就业群体党建工作，指导社会工作人才队伍建设等，作为党中央职能部门之一。这些意味着我国社会工作人才队伍建设的专业化、职业化进入新的阶段。

第四，关于志愿者。《志愿服务条例》定义志愿者"为以自己的时间、知识、技能、体力等从事志愿服务的自然人"。社区志愿者也叫义工，是指在不计物质报酬的情况下，基于道义、信念、良知、同情心和责任，以社区为范围主动承担社会责任，为改进社会而提供服务，参与社区服务与社区治理等活动，奉献个人时间、精力和个人技术特长、资源的人和人群。义工突出义务性，认为义务服务是一件有意义、有价值的劳动，所作的事情对别人有利，而且对自己也很有价值，主要义务服务一些需要帮助的弱势群体，如养老院、孤寡老人、残疾人、社会救助等。具有自愿性、无偿性、公益性、组织性和业余性五个特征。可以说志愿服务是社会文明进步的重要标志。

党的十八大以来，以习近平同志为核心的党中央高度重视志愿服务事业。党的十九大和十九届四中、五中全会都强调"推进志愿服务制度化，健全志愿服务体系"。党的二十大强调"完善志愿服务制度和工作体系"。习近平总书记对志愿服务事业亲切关怀、亲自指导，主持审议通过关于志愿服务的重要文件，并在参观考察、座谈交流、批示回信时，多次对志愿服务做出重要指示、提出明确要求。因此完善志愿服务制度机制，壮大志愿者队伍，丰富志愿服务项目，加强志愿服务平台和阵地建设，深入推动志愿服务事业发展，在中国式现代化进程中越来越重要。志愿者、志愿服务组织在党的领导下，多次服务国家战略、百姓民生、参与社会治理和抢险救灾、应急救援、国内外重大赛会和重要活动等各个方面。

《中国志愿服务发展报告（2022—2023）》报告显示，我国注册志愿者已达2.32亿，组建了135万支志愿服务队伍，实施了文明实践、阳光助残、环境保护、为老服务等多主题的1127万个志愿服务项目。可见，"志愿者""志愿服务"已经获得社会各界的普遍认可与认同，志愿服务与社会治理实践、社会服务密切结合，但滥用乱用"志愿者"现象普遍，志愿服务也出现变异，有价值的社会志愿活动也出现了"被强制化"和"市场化"的现象，志愿者的热情被挫伤、公共资源被浪费、公众被误导，志愿服务变成被迫行为，在社会上造成不好的影响。

为更好发挥"志愿者"和"志愿服务"的作用，志愿服务规范化建设也日益迫切，国家相关部门出台文件予以规范，更好地规范了"志愿者"和"志愿服务"的行业标准，如表5-3所示。

表5-3　志愿服务规范化建设政策文件（部分）

年份	政策文件名称	文件说明
2009	《社区志愿者地震应急与救援工作指南》（GB/T23648—2009）	规定了社区志愿者地震应急与救援队伍建设要求和地震应急服务内容以及震后参与应急救援服务的方法、程序和要求
2012	《志愿服务记录办法》（民函〔2012〕340号）	促进和规范志愿服务记录工作，维护志愿者和志愿服务对象的合法权益，推动志愿服务健康有序发展
2015	《志愿服务信息系统基本规范》（MZ/T061-2015）	志愿服务信息化建设领域第一个全国性行业标准
2015	《关于规范志愿服务记录证明工作的指导意见》（民发〔2015〕149号）	为规范志愿服务记录证明工作，不断提升志愿服务规范化水平
2016	《关于支持和发展志愿服务组织的意见》（中宣部等8部门联合印发）	指明我国志愿服务组织的发展方向
2017	《志愿服务条例》	保障志愿者、志愿服务组织、志愿服务对象的合法权益，鼓励和规范志愿服务，发展志愿服务事业
2020	《志愿服务记录与证明出具办法（试行）》（民政部令第67号）	规范志愿服务记录和志愿服务记录证明出具工作，保障志愿者和志愿服务组织等志愿服务活动参与者的合法权益

年份	政策文件名称	文件说明
2020	《志愿服务基本术语》（MZ/T148-2020）	志愿服务领域的重要基础标准，对于研制本领域其他标准、建立健全志愿服务标准体系至关重要
2021	《志愿服务组织基本规范》（GB/T40143—2021）	志愿服务领域第一项国家标准，规定了志愿服务组织的基本要求、组织管理、志愿者管理、服务管理、评估与改进
2022	《安全与韧性 社区韧性 自发志愿者参与计划指南》（GB/T 41669-2022）	对应急志愿服务队伍的组织管理以及参与应急过程提出了规范性的建议

资料来源：根据中华人民共和国民政部网站和中国志愿服务网站公开资料整理。

第五，关于社区慈善资源。2024 年 9 月 5 日施行的新修改的慈善法规定："国家鼓励有条件的地方设立社区慈善组织，加强社区志愿者队伍建设，发展社区慈善事业。"2021 年，中共中央、国务院印发的《关于加强基层治理体系和治理能力现代化建设的意见》（中发〔2021〕16 号）提出了社区与社会组织、社会工作者、社区志愿者、社会慈善资源"五社联动"框架，在"三社联动"基础上增加了作为主体要素的社区志愿者、作为资源要素的社会慈善资源，反映出基层治理逻辑的深刻变化。推进社区慈善发展是中国特色慈善事业的重要内容。社区慈善事业符合我国社会传统的行善逻辑，具有由亲及疏、由近及远的特点，通过培育社区志愿服务组织，鼓励社会慈善组织走进社区，直接服务面对基层群众，服务社区居民，属于"家门口的慈善"，更容易被民众接受。一是社区内驱性，社区慈善的问题和需求产生于社区，服务对象居住在社区，获取慈善供需信息更加有效，慈善资源使用在社区，行动效果体现在社区，问题解决方式更加直接，社区慈善事业能够充分发挥其连接供需两端的枢纽作用，并在社区场域内解决供需不匹配的问题；二是共同体性，以社区为平台，以居民参与为重要内容，居民在参与社区治理的过程中成为共同受益者，社区慈善强调社区居民内驱动力的发掘与调动，通过"家门口的慈善"形成人人参与慈善的新格局，提升居民的慈善意识；三是嵌入性，作为一种以社区为基础的福利表达，社区慈善需嵌入当地的经济、社会结构中，发展水平与自身人力资源、社会资源密切相关，与基层治理紧密连接，是提升基层治理社会化、专业化水平的有效突破口。[①]

---

① 以社区场域优势激活慈善事业春水 [EB/OL]. https://www.mca.gov.cn/n1288/n1290/n1316/c1662004999979999161/content.html,2024－04－24/2024－08－01.

第六章　中国城市社区网络治理模式优化

第一节　中国城市社区网络治理模式优化的基本原则

中发〔2017〕13号文件是当前和今后一段时期社区建设的重要指导性意见，明确指出坚持以基层党组织建设为关键、政府治理为主导、居民需求为导向、改革创新为动力，提出要健全体系、整合资源、增强能力，完善城乡社区治理体制，明确了城乡社区治理的基本原则，即坚持党的领导，固本强基；坚持以人为本，服务居民；坚持改革创新，依法治理；坚持城乡统筹，协调发展；坚持因地制宜，突出特色。确定了城乡社区治理总体目标。

一、坚持"以党的领导为核心"为优化前提

党的十九大指出要"坚持党对一切工作的领导。党政军民学，东西南北中，党是领导一切的"，"要加强社会治理制度建设，完善党委领导、政府负责、社会协同、公众参与、法治保障的社会治理体制，提高社会治理社会化、法治化、智能化、专业化水平"，"中国特色社会主义最本质的特征是中国共产党领导，中国特色社会主义制度的最大优势是中国共产党领导，党是最高政治领导力量"。指出中国共产党是国家治理体系的核心，总揽全局、协调各方是中央和地方各级党委在同级各种组织中发挥核心领导作用的基本原则，也是中央和地方各级党委处理与人大、政府、政协以

及人民团体和其他各种组织之间关系的基本要求。

党的十九届四中全会强调，"坚持和完善共建共治共享的社会治理制度，保持社会稳定、维护国家安全"，提出"必须加强和创新社会治理，完善党委领导、政府负责、民主协商、社会协同、公众参与、法治保障、科技支撑的社会治理体系"。党的二十大报告也指出党的领导是全面的、系统的、整体的，必须全面、系统、整体加以落实。2018年3月召开的十三届全国人大一次会议通过宪法修正案，明确指出"社会主义制度是中华人民共和国的根本制度。中国共产党领导是中国特色社会主义最本质的特征。禁止任何组织或者个人破坏社会主义制度"。这是全面推进依法治国、推进国家治理体系现代化、治理能力现代化的重大举措。中国共产党的领导是优化中国城市社区治理模式的基本前提。

"坚持党的领导，固本强基"是加强和完善城乡社区治理的第一条原则。因此要将基层党的建设、巩固党的执政基础作为贯穿社会治理和基层建设的主线，探索加强基层党的建设引领社会治理的路径。也要加强社区服务型党组织建设，提升服务能力和水平，推进街道、社区与驻区单位攻坚互补，健全社区党组织领导基层群众性自治组织开展工作的相关制度，依法组织居民开展自治，及时帮助解决基层群众自治中存在的困难和问题。

二、坚持"以人为中心"为优化理念

从"社会管理"到"社会治理"仅为一字之差，但其中的含义却千差万别，包含着治理方式、手段、理念方面质的飞跃，隐含着多元、互动、平衡、制约、发展的善治维度下的政府、社会、公民三者之间关系的不断演进。党的十八届三中全会指出全面深化改革总目标是推进国家治理体系和国家治理能力现代化，同时提出加快政府职能转变，重视提高政府公信力及执行力，加快建设社会主义法治政府和服务型政府。"社会治理"正式出现在党的文件中，凸显其重要性。党的十九大报告提出，要"形成有效的社会治理、良好的社会秩序，使人民获得感、幸福感、安全感更加充实、更有保障、更可持续"。在本质上而言，谋求公共利益的最大化是社会治理追求的最高价值体现。而实现社会治理目标需要广大人民的共同参与。因此重视人的参与、重视人的利益实现是治理的宗旨。获得感、幸福感、安全感概括了人民美好生活的基本内容。获得感意味着人民可以得到充足的社会资源，为自由全面发展创造良好的物质基础，意味着获得社会认同，得到社会的尊重。幸福感意味着人民身心愉悦，不但能享有良好的生活状态，还对社会怀有积极的道德态度，情绪饱满。安全感则意味着人民应该生活在秩序井然的社会环境之中，面对社会风险能够得到社会的有效支持。

坚持以人为本，服务居民是加强城乡社区治理的又一原则。坚持以人民为中心的发展思想，把服务居民、造福居民作为城乡社区治理的出发点和落脚点，坚持依靠居民、依法有序组织居民群众参与社区治理，实现人人参与、人人尽力、人人共享。习近平总书记所作的党的十九大报告高度重视社会治理问题，从统筹推进"五位一体"总体布局及协调推进"四个全面"战略布局的高度，对社会治理问题进行了阐述，明确提出社会治理核心在人，要打造共建共治共享的社会治理格局，关注重点在城乡社区，解决问题的关键是体制机制的创新。党的二十大报告指出国家一切权力属于人民。人民民主是社会主义的生命，是全面建设社会主义现代化国家的应有之义。中国古代传统政治智慧总结出来的"得民心者得天下，失民心者失天下"道理在新时代得以被继承、超越并贯彻全过程人民民主的始终。"民心是最大的政治"也是对社会主义民主的重大理论创新。可以说，没有创新，社会就会停滞不前。邓小平同志就曾经指出："一个党，一个国家，一个民族，如果一切从本本出发，思想僵化，迷信盛行，那它就不能前进，它的生机就停止了，就要亡党亡国"①。

国家治理能力现代化和社会治理的有效推进离不开人民的有效参与，也是全过程人民民主体现人民主体性的有效表现。

三、建构"强国家、强社会"的国家与社会的关系

在国家与社会关系的研究进路中，社区俨然成为国家与社会两大自主性力量在微观组织形态发生相互作用的基本场域。"国家自主性"（state autonomy）成为国家与社会相分离的重要学术概念。对于国家自主性进行实际意义探讨的应该是从马克思和恩格斯开始的，"正是由于私人利益和公共利益之间的这种矛盾，公共利益才以国家的姿态而采取一种和实际利益（不论是单个的还是共同的）脱离的独立形式，也就是说采取一种虚幻的共同体的形式"②，国家自主性作为一种研究议题并应用于具体政治学研究始于20世纪80年代国家学派的兴起，主要代表人物是米格代尔、斯考切波、埃文斯等人。"作为一种对特定领土和人民主张其控制权的组织，国家可能会确定并追求一些并非仅仅是反映社会集团、阶级或社团之需求或利益的目标，这就是通常所说的'国家自主性'。"③这一概念的明确提出有两方面蕴意："第一，在'应然'层面上，它指出了在国家与社会交往进程中，国家应该保持其相对于社会的自主性，以防止国家被社会中的特殊利益所俘获；其二，在'实然'层面上，指出了国家在政治生活中也并非只是被动的作为社会利益的传输带"④。国家与社会的关系研究经

---

① 中共中央关于党的百年奋斗重大成就和历史经验的决议 [EB/OL].https://www.gov.cn/zhengce/2021−11/16/content_5651269.htm?trs=1,2021−11−16/2024−6−20.

② 郭毅. 人类命运共同体的马克思主义政治经济学学理阐释与中国方案 [J]. 北京工商大学学报（社会科学版），2023（01）：118−126.

③ [美] 彼得·埃文斯，迪特里希·鲁施迈耶，西达·斯考切波. 找回国家：当前研究的战略分析 [M]. 方力维，莫宜端，黄琪轩，等，译. 北京：生活·读书·新知三联书店，2009：10.

④ 黄冬娅. 比较政治学视野下的国家分殊性、自主性和有效性 [J]. 武汉大学学报（哲学社会科学版），2009（04）：488−494.

历了"国家依附于社会""国家相对自主于社会""国家潜在自主于社会""国家与社会共生互动"的研究范式演进。① 美国学者乔尔·米格代尔是新国家主义学派的重要代表人物，他认为不管是"国家中心论"还是"社会中心论"都难以解释国家与社会之间的真实关系，因此，他提出"社会中的国家"的概念，认为要"平衡国家与社会的发展作用，使两者的关系处于相互转化之中"②。新国家主义学派摆脱了社会中心主义和国家中心主义一元决定论的束缚，主要研究国家与社会如何相互改变与相互构成问题，将国家与社会的对立关系向竞争又合作的"互动共生"关系转变。

一般来说，一个国家相对于社会而言，其自主性越强，意味着它受到社会的制约的可能性越小，但权力蜕变和滥用的可能性也就越大。在中国，强调维持国家自主性，但绝对不能以牺牲社会自主性为代价，否则就会陷入"孤立的自主性"陷阱。要实现国家自主性均衡，就要做到国家控制范围缩小，个人和社会自主空间扩大，同时国家能力不缺失。③ 目前的中国社会是一个"强国家、弱社会"的发展状态，要实现国家自主性均衡，从中国的社会治理结构而言，就要放权给社会，"寻求社会通过民主参与、社会运动、自治结社以及舆论影响而对国家政治决策进行参与和影响"④。

党的十八届三中全会提出"要正确处理政府和社会关系，加快实施政社分开，推进社会组织明确权责、依法自治、发挥作用"。提高社会自主性水平，增强社会自治能力是推进国家治理体系现代化与提升国家能力的重要一环。

---

① 卢学晖. 中国城市社区自治：政府主导的基层社会整合模式——基于国家自主性理论的视角 [J]. 社会主义研究，2015（03）：74–82.

② Joel S. Migdal, State in Society: Studying How States and Societies Transform and Constitute One Another[M]. Cambridge University Press, 2001：257.

③ 王彩波，等. 中国经济发展道路中的国家自主性 [J]. 吉林大学社会科学学报，2015（02）：14.

④ 邓正来. 国家与社会——回顾中国市民社会研究 [A]，张静. 国家与社会 [M]. 杭州：浙江人民出版社，1998：277.

可以从以下几个方面着手：

一要提升公民的自主性，增强公民自治能力。没有自主性的个体，就不会建构自主性的社会，因此公民个体自主性的成长在社会自主性的成长中显得非常重要。随着公民在私人生活领域中逐渐获得支配性地位，个人的活动空间变大，权利意识有了很大提升。扩大公民社会自治范围的同时，依法保障公民享有的各项基本权利，当公民权益受损时，公民能够通过法律渠道获得救助和救济。同时，要肯定和鼓励广大公民的政治参与行为，支持公民履行公民权利；还要合理引导和规范公民的政治参与行为，合理、合法的公民参与行为，有助于解决公共事务。因此要提高社区居民议事协商能力，凡涉及城乡社区公共利益的重大决策事项、关乎居民群众切身利益的实际困难问题和矛盾纠纷，原则上由社区党组织、基层群众性自治组织牵头，组织居民群众协商解决。支持和帮助居民群众养成协商意识、掌握协商方法、提高协商能力，推动形成既有民主又有集中、既尊重多数人意愿又保护少数人合法权益的城乡社区协商机制。

二要提升政府的自主性，以服务、监管为原则规定政府的具体职责范围，通过法律明确政府权力清单，严格限定政府的行为边界。制定基层政府在社区治理方面的权责清单；依法厘清基层政府和基层群众性自治组织权责边界，明确基层群众性自治组织承担的社区工作事项清单以及协助政府的社区工作事项清单；上述社区工作事项之外的其他事项，基层政府可通过向基层群众性自治组织等购买服务方式提供。建立基层政府和基层群众性自治组织履职履约双向评价机制。基层政府要切实履行城乡社区治理主导职责，加强对城乡社区治理的政策支持、财力物力保障和能力建设指导，加强对基层群众性自治组织建设的指导规范，不断提高依法指导城乡社区治理的能力和水平。

三是积极培育社会组织，提升社会组织的自主性，完善社会自治的相关法规制度，让社会自治组织分担一部分国家职能。这不仅可以减轻政府的社会管理压力和成本，而且有利于监督国家行为，积累国家治理的"社会资本"。社区社会组织是社区网络治理的必然性主体，政府要明确社区网络治理中的自身定位，在向社会组织购买公共服务的过程中，其身份定位必然是与社会组织平等的。根据民政部办公厅关于印发《培育发展社区社会组织专项行动方案（2021—2023年）》的通知（民办发〔2020〕36号）的规定，开展培育发展社区社会组织专项行动可以从以下几个方面着手："部署、实施培育发展社区社会组织、提高社区社会组织服务能力项目；优先发展领域和重点扶持对象，加大服务性、公益性、互助性社区社会组织支持力度，提升社区社会组织在地域分布、服务对象、业务领域等方面的覆盖面和志愿服务参与度；细化培育扶持、发展质量、内部治理、服务开展等方面工作目标，落实相关部门、街道、居民委员会工作责任，为社区社会组织发展提供政策支持和资源保障。"

从中国现实看，中国既需要一个强大的国家，同时也需要一个强大的社会，国家在选择与社会建立联系、协同关系时，又能保持其自主性将是一种理想化状态。

第二节　治理主体：激励社区利益相关者积极参与

一、提升政府社区网络治理的能力

政府包括中央政府、省级政府、地方政府（市县级政府）以及区街基层政权组织，政府在城市社区网络结构中担任主导者的角色。我国政府在推动社区治理实践过程中担任着不可忽视的角色，在"网格化管理""政社互动""三社联动"（"四社联动""五社联动"）中政府都呈强势主导状态，究其原因有三：一是政府的主要职责是实现公共价值、维护和实现特定的公共利益，这和治理的目的是一致的，通过制定政策法规，指导社区自治提供公共服务；二是我国属于统一的多民族的单一制国家，政府掌握着大量的资源，包括财力和人力资源，政策制定和推行过程中也有着明显的优势，尤其可以采用项目化介入社区自治这一方式，项目的来源主要来自于政府并购买社会组织服务。第三，我国社会组织发育不健全，尚不能承担社会服务的主要职责，需要政府出面对于社会组织加以培育。另外专业社工队伍建设尚未达到专业化和职业化水平，也需要政府加以推动。

（一）推进政府转变职能

政府在社区治理中发挥主导作用，一是倡导、动员作用；二是适当给予经济和政策支持并进行监督、评价等。推进政府转变职能则是对城市管理的公共权力重新配置，将那些原本掌握在政府手中但实际上应属于社区的权力重新赋予社区居委会，使社区居委会在本区域范围内成为治理主体。应该由社区居民自治组织和居民群众自己解决和处理的事务，政府都不应过多干预，而是应该由居民或居民自治组织自行解决。

1. 明确政府和社区居民委员会二者各自的职能范围

这项工作江苏省在"政社互动"实践中通过清单形式列出，明确在基层社会管理和服务中，要将基层政府的职责范围和社区居民委员会的职责范围进行明确区分。我国的法律法规对于基层政府的职能和居民委员会的职能都有明确规定，如《中华人民共和国地方各级人民代表大会和地方各级人民政府组织法》规定街道办事处在本辖区内办理派出它的人民政府交办的公共服务、公共管理、公共安全等工作，依法履行综合管理、统筹协调、应急处置和行政执法等职责，反映居民的意见和要求。《中华人民共和国城市居民委员会组织法》规定居民委员会是居民自我管理、自我教育、自我服务的基层群众性自治组织。居委会的任务是：宣传宪法、法律、法规和国家的政策，维护居民的合法权益，教育居民履行依法应尽的义务，爱护公共财产，开展多种形式的社会主义精神文明建设活动；办理本居住地区居民的公共事务和公益事业；调解民间纠纷；协助维护社会治安；协助人民政府或者它的派出机关做好与居民利益有关的公共卫生、计划生育、优抚救济、青少年教育等项工作；向人民政府或者它的派出机关反映居民的意见、要求和提出建议等。

但在实际操作中，由于居委会长期形成的对政府的强烈的依赖性，同时政府凭借其行政权力和对居民委员会的掌控权力，理所当然向居民委员会转嫁大量行政事务，居委会不得不承担了政府转嫁的大量行政事务性工作，任劳任怨地扮演着"政府的腿"的角色。因此要合理定位政府的角色，调整好政府与社区居民委员会的关系非常必要。

具体做法：在明确政府与居委会各自职能的前提下，建立"准入制"等相应制度，尽量避免政府向社区居委会转嫁行政事务性工作，突出居委会作为自治组织的特点，要求社区居民委员会做到依法自治，在促使政府依法行政的同时，在政府和社区居民委员会之间建立有效协商合作机制，实现双方的有机衔接和良性互动。

2. 理顺政府和居民委员会关系

通过厘清政府和社区居民委员会各自职能，强化社区居委会是居民自治组织的角色，突出二者是合作伙伴关系，不是现实情况中的命令与服从、领导与被领导的上下级关系。《中华人民共和国地方各级人民代表大会和地方各级人民政府组织法》规定街道办事处对基层群众性自治组织的工作给予指导、支持和帮助。而基层群众性自治组织协助街道办事处开展工作，因此政府与社区居民委员会间的关系为服务与监督、指导与协助关系。

要理顺政府和社区居民委员会的关系，简单说来就是各司其职，政府要依法行政，而社区则要依法自治。前者可以确保社区有足够的自治空间；后者则要求社区居民委员会要主动自觉接受政府对其工作的指导。处理好二者间的关系和权限是社区居民委员会步入自治轨道、改变行政化倾向的重要保障。

（二）促进社会自主性成长

社会治理体系是国家治理体系的重要组成部分，实现国家治理体系现代化，要求社会治理体系同样快速成长。政府成长的过程也是社会成长的过程，我国政府恒强而社会恒弱的现象应给予改变。因为在国家与社会关系中二者成为伙伴的前提是双方的差距不应太大，强大的政府治理不可能和弱小的社会治理水平成为伙伴。十八届三中全会明确提出，要"正确处理政府和社会关系，加快实施政社分开，推进社会组织明确权责、依法自治、发挥作用"。

可以从以下几个方面着手：

首先，实现社区减负增效。通过推行社区减负增效可以加快实现社区回归自治本质。据中新网报道，北京市民政局 2016 年统计结果，其中市级下派的工作任务 241 项，需社区盖章证明的工作 32 项，在社区设立的工作机构 40 个，在社区层面开展的评比表彰活动 26 项，在社区加挂的牌子 17 个，诸如除四害领导小组、家长学校、药品安全等各类办公室，都以挂牌形式进入社区。[①] 居委会行政化、万能居委会、社区万能章是社区治理存在的突出问题，制约了社区服务功能发挥，针对这种情况，民政部、中央组织部印发《关于进一步开展社区减负工作的通知》（民发〔2015〕136 号），从依法确定社区工作事项、规范社区考核评比活动、清理社区工作机构和牌子、精简社区会议和台账、严格社区印章管理使用、整合社

---

① 北京社区大力减负 工作事项削减上百项 [EB/OL]. https://www.chinanews.com.cn/df/2016/04-28/7852729.shtml,2016-04-28/2024-07-31.

区信息网络、增强社区服务能力、切实加强组织领导八个方面，开展社区减负工作。通过全面清理社区组织承担的不合理行政负担，推动形成参与广泛、权责明确、协调有力、资源整合、运行高效的现代城乡社区治理体系，不断提升城乡社区治理科学化水平，打通联系服务群众"最后一公里"。各地纷纷开展社区减负工作，北京市在开展社区减负工作后最终确定由社区依法履行的职责主要有23项，由社区依法协助政府工作的主要有13项，需要社区居委会日常出具证明的事项有15项，取消社区工作机构指导目录27项，取消社区评比达标指导目录25项。山东省最终确定社区依法履行职责主要事项有18项，由社区依法协助政府工作的主要事项有21项。南京市则实行"五减两增一考核"。①

中发〔2017〕13号文件将"社区减负增效"列为城乡社区治理短板，明确了社区减负增效工作的五项措施：一是依据社区工作事项清单建立社区工作事项准入制度，应当由基层政府履行的法定职责，不得要求基层群众性自治组织承担，不得将基层群众性自治组织作为行政执法、拆迁拆违、环境整治、城市管理、招商引资等事项的责任主体；依法需要基层群众性自治组织协助的工作事项，应当为其提供经费和必要工作条件；二是进一步清理规范基层政府各职能部门在社区设立的工作机构和加挂的各种牌子；三是精简社区会议和工作台账；四是全面清理基层政府各职能部门要求基层群众性自治组织出具的各类证明；五是实行基层政府统一对社区工作综合考核评比，各职能部门不再单独组织考核评比活动，取消对社区工作的"一票否决"事项。

其次，向社区和社会组织赋权，赋权是要培养社区和社会组织更大的

---

① "五减两增一考核"，即"五减"：取消25项工作任务、48类评比、42个机构、72项台账，整合20条社区网络。"两增"：增加自治服务、便民服务。"一考核"：出台全市社区（村）考核标准，居民满意70%，工作考评30%。

能力，包括其自治能力和发展能力，强调社区和社区社会组织在整个社会政策体系中的重要性，重点是政府在进行公共服务供给决策过程中要赋予本地社区与社会组织更大的参与权并扩大其影响力，以实现政府与公民社会之间复杂的互动关系。赋权要求重新梳理与社会各主体的关系，从而赋予社区和社会组织更多的自主空间，目的是使社会形成自我调节的机制，在中国目前语境下，实现赋权过程需要构建一系列的机制，包括激发社会组织活力，目前经常采取的措施就是政府向社会组织购买服务。在《中华人民共和国城市居民委员会组织法》和相关法律、政策进一步完善的背景下，以社区和社会组织为代表性的社会自主性力量有望在规范的制度和法规下逐渐成长。

（三）政府与社会组织联合培育社区治理相关主体

"社会组织"包含广泛，有服务范围较为广泛的基金会、社会团体与民办非企业单位，也包括社区层面的社会组织和社会工作服务机构。社区治理的主体包括政府、社会组织、社区居委会、志愿者、社区慈善资源、社区居民等。社区治理主体框架的建立一般由基层政府部门与支持型社工组织或枢纽型社会组织联合完成。各地对枢纽型社会组织的界定稍有区别，如北京市对枢纽型社会组织的界定为：由北京市社会建设工作领导小组认定的，对同类别、同性质、同领域的社会组织进行联系、服务和管理的联合型组织。根据市委、市政府授权，"枢纽型"社会组织在政治上发挥"桥梁纽带"作用，在业务上发挥"龙头"引领作用，在日常管理和服务上发挥"骨干"作用。广东省将枢纽型社会组织界定为：通过政府部门认定的，在现有社会组织体系中处于枢纽地位，通过健全的组织系统和有效的服务支持，加强统筹协调与纽带联系，实现同类型、同性质、同领域社会组织的孵化培育、协调指导、合作发展、自治自律、集约服务、党团管理的联合性社会组织。从这两个定义可以看出，支持型社工组织或枢纽型社会组织（包含社会工作机构）目前都是由官方认定的，是党领导下的群众团体，发挥着规划、孵化、评估、督导的功能。

政府在参与社会组织发展以及培育社区治理主体过程中扮演着重要角色。以"三社联动"模式为例，政府在"三社联动"社区治理项目中扮演资金支持者、组织者、监督者及评估者的角色。而枢纽型社会组织的作用也越来越大，对其培育也是各地培育社会组织的极为重要的一环。尤其是培育和服务于社会组织的枢纽型组织更值得关注。各地纷纷开始实践，2012年5月成立的"深圳妇女社会组织服务基地"和"深圳青年社会组织总部"的发展目标都是培育枢纽型社会组织，来孵化和支持一批有特色、有专业能力的社会组织，填补社会服务领域的空白。2012年6月，青岛市首家街道层面的枢纽型社会组织——黄岛区灵珠山街道社会组织发展促进会成立。孵化型社会组织也属于枢纽型社会组织，2007年，上海恩派孵化器项目出现；2009年10月，南京爱德社会组织培育中心成立，这是全国首家由政府和爱德基金会联合共同筹办的孵化型社会组织。2010年3月，深圳市民间组织管理局启动"社会组织孵化实验基地"项目。2010年7月，"上海市社会创新孵化园"成立，成为全国首家由政府、社会组织、企业互动合作、以培育和孵化社会组织为目标的枢纽型社会组织。2023年11月，广东省率先编制枢纽型社区社会组织地方标准《枢纽型社区社会组织建设指南》（征求意见稿）向社会征求意见建议，在全国属于首创。

（四）规范政府购买服务连接社区治理主体

社会组织是实现社区网络治理目标的重要主体，也是促进社区治理发展的重要力量。

一般来说，我国社会组织目前共有三类：一是社会团体，一般是由公民或企事业单位在自愿的基础上组成的并严格按照章程开展活动的社会组织，包括工青妇等人民群众团体、残疾人基金会等社会公益团体、文学艺术团体及学术研究团体。二是民办非企业单位，这类组织一般是由社会团体、企业事业单位和其他社会力量以及公民个人在利用非国有资产基础上举办的、从事社会服务活动的社会组织，分为卫生、教育、文化、科技、民政、劳动、体育、法律服务和中介服务等十大类。三是基金会，这类组织是利用捐赠财产从事公益事业活动的社会组织。这些社会组织基本上都不能直接参与社区服务，大多数都是起到孵化社会组织的枢纽型社会组织的作用。

我国城市社区社会组织主要有两类，第一类是城市社区居民自治组织，包括社区居民委员会、业委会及居民自愿组成的社会团体，这些组织更多带有兴趣、娱乐、志愿和互助性的特点。在中发〔2017〕13号文件中提出要加强基层群众性自治组织规范化建设，促进基层群众自治与网格化服务管理实现有效衔接任务中提到的基层群众性自治组织主要指社区居民委员会。第二类是社区非营利性社会组织，这一类组织是需要进行培育的，其特点是非政府性和非营利性、自愿性和公益性，是需要政府扶持的由政府向其购买服务的组织。这类组织一般是由枢纽型社会组织孵化而来的。

目前，政府更多以项目化的方式购买各类枢纽型社会组织、普通社会组织（尤其是社会服务类社会组织）和社区社会组织的服务，《关于政府向社会力量购买服务的指导意见》（国办发〔2013〕96号）指出"政府购买服务，是指通过发挥市场机制作用，把政府直接提供的一部分公共服务事项以及政府履职所需服务事项，按照一定的方式和程序，交由具备条件的社会力量和事业单位承担，并由政府根据合同约定向其支付费用"。各类社会组织主要包括依法在民政部门登记成立或经国务院批准免予登记的社会组织，以及依法在工商管理或行业主管部门登记成立的企业、机构等社会力量，这些社会组织是协助政府实施社区治理项目、了解居民需求并提供所需服务的组织者和实施者。在实践中，枢纽型社会组织并不直接针对社区提供服务，而是通过孵化或培育的社区社会组织直接面对社区居民，满足居民需求。如图6-1所示，以项目嵌入的方式，通过政府购买为社会组织及社会工作者提供资金方面的支持和保障，有序引导社会力量参与服务供给，为居民提供服务，形成改善公共服务的合力，从而提高社区服务水平，推动社区治理创新。

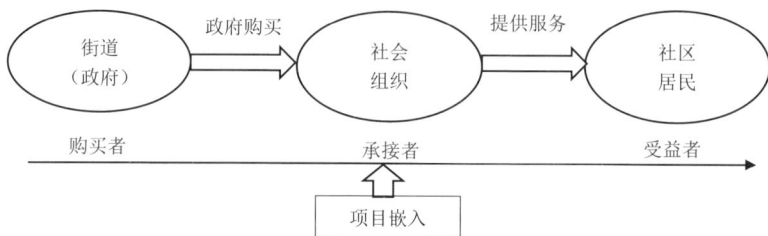

图6-1 政府购买的网络单元的构成

资料来源：作者自行整理绘制。

如：宝鸡市金台区福泽居家养老服务中心是由金台区老龄办业务主管、在金台区民政局登记注册的民办非企业单位，与宝鸡青年教育中心、西秦大姐家政、青少年工作者协会、贝康母婴服务有限公司等几十家机构联手，由政府购买服务、社区搭建平台、社会组织承接，社工和社区志愿者提供专业化的服务，共承接金台区三个街道15个社区500多名居家老人的护理服务，按照标准配备1名社会工作师督导、1名健康管理师、1名心理咨询师、2名管理人员，10名专职养老护理员，注册志愿者200余名。（调研编码：20170705-TS-mzj）

此外，政府也通过项目推介会等方式，促进社会资金支持社区治理服务项目的运行。结合实际组织开展社区服务项目洽谈会、公益创投大赛等社区公益服务供需对接活动，通过服务项目加强对社区社会组织的引导。通过强化项目意识，提升社区社会组织需求调研、项目设计、项目运作水平。推进社区社会组织品牌建设，引导优秀社区社会组织完善发展规划、加强项目宣传，提高品牌辨识度和社会知名度。如：余姚市以公益项目为载体，探索社会组织参与社会公益领域服务的途径。从2013年开始，每年从福彩公益金中出资50万元开展社会组织公益创投活动，长三角公益救援队的"社区防减灾自救互救项目"等43个项目得到了资助，吸引了2100余名志愿者参与，惠及居民群众2000余人。从2015年开始，由市民政局联合多部门开展了"福彩杯"系列公益项目设计大赛，共征集公益项目150余个。其中市蚂蚁公益服务中心的"养养得益，助学四明"公益项目获得了宁波市公益项目设计大赛的二等奖，市长三角公益救援中心的"社区防减灾自救互救项目"获得了宁波市"十佳"公益项目提名奖。三是开展社会组织公益活动。以"党建＋社会组织公益"为品牌，连续三年开展了"姚先锋"党员志愿者活动暨社会组织公益集市。在社会公益资源方面，由余姚农商行慈善基金会连续两年资助开展"余姚乐善杯"宁波市公益项目设计大赛，共征集500余个项目，项目内容涵盖了为老服务、关爱儿童服务、助残服务、救助帮困等领域。通过公益创投、公益项目设计大赛等活动，培育出了专业开展救援的"余姚市战狼公益救援队"，专业助学的"余姚市蚂蚁公益服务中心"和基层社会组织服务平台"凤山街道益家人公益组织孵化中心"等具有影响力的公益组织。[①]（案例来源：余姚市人民政府官网）

二、提高社区居民参与能力

社区居民是社区治理的主要力量。居民既是社区服务的提供者、消费者和社区治理的主体，同时也是社区的管理者。社区治理的结果及成效与居民利益正相关，所以居民既是利益主体也是利益载体，居民同时扮演着社区治理的主要参与者、社区治理的受益者、社区治理的监督者等多重角

---

① 关于市政协十三届三次会议第75号提案的答复 [EB/OL]. https://www.yy.gov.cn/art/2019/6/17/art_1229137406_49118912.html,2019-6-17/2024-6-30.

色，居民可以通过居民代表大会、社会理事会和业委会等途径参与社区治理。但在调研中发现：在实践中，居民往往持漠然的态度，如参加社区选举、社区举办的"百家宴"活动、社区居民意见征询会等，参加这些社区活动或公共事务的往往是同一批居民。（调研编码：20170605-SH-sdm01）

（一）提高社区居民议事协商能力

中发〔2017〕13 号文件中指出，凡涉及城乡社区公共利益的重大决策事项、关乎居民群众切身利益的实际困难问题和矛盾纠纷，原则上由社区党组织、基层群众性自治组织牵头，组织居民群众协商解决。协商标志着社区公共事务的解决是以讨论的方式进行的，社区公共事务的决策要由所有受到影响的公民或利益相关者的参与才能达成，体现的是参加问题讨论的居民或代表必须珍视社区民主参与的理性和公正的价值。在成熟的协商议事中，居民应该扮演两个角色，一是公共事务的参与者，另一个是公共决策的裁判者。通过协商和讨论，可以促使居民公开陈述自己对公共事务选择的偏好。提升居民协商能力既需要协商规则规范化，也需要多次参与协商实践。居民可以在协商参与中学习知识、培养美德，提高能力、增强责任感，通过居民参与协商而赋予公共事务决策的合法性，从而提升社区治理的品质。这也是发展基层民主的基础。基层民主是全过程人民民主的重要体现。具体来说，要健全基层党组织领导的基层群众自治机制，加强基层组织建设，完善基层直接民主制度体系和工作体系，增强城乡社区群众自我管理、自我服务、自我教育、自我监督的实效。并通过拓宽居民有序参与基层治理渠道，保障人民依法管理基层公共事务和公益事业。如：宝鸡市新开路社区所辖三个小区，均属老旧小区，环境卫生差、硬件设施落后且居民爱家护家意识薄弱，社区针对这种现象，召开居民议事会，就社区存在的车辆乱停乱放、垃圾乱堆乱放及院内宠物饲养等突出问题与参会居民代表进行讨论，征求意见，制定相关文明公约，利用社区网格化渠道在小区内广泛宣传，并在小区院内和楼栋口张贴居规民约，做到文明公约人人皆知，人人都是监督员，提高居民爱护家园保护环境的意识。现在社区院内车辆摆放已井然有序，垃圾无外溢现象，社区整体环境已有很大改观，居民的自我监督、自我管理意识有了较大提升，实现了社区问题居民自己发现自己解决的民主自治管理模式。（调研编码：20170705-TS-mzj）

（二）建立社区协商机制

要鼓励和培养居民群众形成协商意识、掌握协商方法、提高协商能力，推动形成既有民主又有集中、既尊重多数人意愿又保护少数人合法权益的城乡社区协商机制。在实践中有很多可借鉴的经验。如沈阳市鲁园社区完善议事协商机制。对居民提出的热难点问题及时梳理归类，组织"两代表一委员"及涉事部门召开议事协商会，共同研究解决措施，通过协商议事社区收益颇丰，对能立即办理的，马上办理并及时向居民反馈。不能马上解决的，及时由"代表和委员"形成提案逐级上报统筹解决。对社区内部事宜，组织居民召开议事会，通过民事民提、民事民议、民事民办，共同研究制定社区居民公约，协商解决居民家中遇到的急难愁盼问题，实现社区事务真正由居民群众说了算。沈阳市河畔新城社区则成立"民主议事站"，主要是由社区党委通过组织各小区业主委员会牵头成立，畅通群众诉求渠道，让小区里的事、房前屋后的事，群众说了算！大家商量办！安徽东至东流镇成立"岗湾之家"议事会，并通过党建引领、平台搭建、力量下沉和结办反馈四大模块，探索构建基层社会治理多元共治新的格局。"作为基层社会治理的'神经末梢'，社区充分发挥基层党组织的引领政治优势，抓实便民便利普惠服务。依托'岗湾之家'协商议事会，秉持'常学常新'的思想继续探索基层治理新方式，交出服务质量和服务态度'双满意'的答卷。"①

具体来说，可以引导社区社会组织在基层党组织领导下，协助基层群众性自治组织带动居民有序参与基层群众自治实践，依法开展自我管理、自我服务、自我教育、自我监督。倡导"有事好商量，众人的事由众人商量"，通过小区自管会等组织形式，发动社区居民和驻社区单位等多方主体围绕公共服务、矛盾调解、建设发展等社区重要事务，定期组织开展议事协商活动。发挥社区社会组织在汇聚民智、收集民意中的积极作用，通过委托开展居民调查等方式，指导社区社会组织发挥收集、反映居民诉求作用，拓展居民群众利益表达渠道。

三、加强社区工作者队伍建设

社区工作者，是指"在社区从事党建、治理、服务工作的全日制专职工作人员，主要包括社区党组织成员、社区居民委员会成员中的专职人员（以下简称社区'两委'专职成员）和社区专职工作人员"。社区工作者是实现"政社互动"（"三社联动""四社联动""五社联动"）的重要主体和人才支撑，事关保障人民安居乐业，事关维护社会安定有序，事关巩固党的长期执政根基，对于加强基层治理体系和治理能力现代化建设具有重要意义。

根据中共中央办公厅国务院办公厅发布的《关于加强社区工作者队伍建设的意见》，社区工作者队伍建设应坚持以下原则：即坚持党的领导、坚持为民服务、坚持问题导向、坚持系统观念和坚持因地制宜。在健全职业体系方面，可以通过严格政治把关、优化工作力量配置和推动职业水平与岗位等级衔接联动；加强社区工作者能力建设方面，可以通过提升政治

---

① 谢博韬. 社区协商让他们的生活更美好 [EB/OL]. https://news.cctv.com/2024/04/13/ARTILIfsGH BcTtPUGhilkPLT240413.shtml,2024-4-13/2024-6-14.

素质为前提，提高履职本领，强化履职能力培训，注重加强群众工作、组织动员、依法办事、矛盾调解、应急处突、协调沟通、信息技术应用等方面的能力训练，提高社区工作者社区治理和服务能力。突出实战实训，灵活运用案例教学、模拟教学、现场观摩等方法，增强解决实际问题能力。持续开展"社区工作法"典型案例征集和培训资源开发工作，推动互学互促。推行"全岗通"工作机制，培养"一专多能"的社区工作全科人才。增强培训机制，建立健全省级以上示范培训、市地级重点培训、县级骨干培训、街道（乡镇）全员培训的分级培训制度，健全由初任培训、在职培训、专项工作培训、实践锻炼等组成的培训体系。另外在完善管理制度及强化激励保障方面进一步加强。

四、统筹发挥社会力量协同作用

中发〔2017〕13号文件指出要积极引导驻社区机关企事业单位、其他社会力量和市场主体参与社区治理。驻区单位有两类：第一类是行政和事业单位，辖区内行政机关、司法公安机关和各职能部门，以及辖区的教科文卫体等单位等。第二类是商店、宾馆、驻区企业、物业公司等，这些辖区单位一般拥有大量的社会资源和物质资源，可以引导其关注社区事务，承担社会责任，尽可能地实现社区资源的共有、共享，与此类单位共同营造共驻社区和共建社区的良好氛围。

中央层面出台的促进社会力量参与社区建设的政策性文件也比较多。《关于进一步推进和谐社区建设工作的意见》（民发〔2009〕165号）指出要进一步健全社区共驻共建机制和社会参与机制，形成全社会共同推进和谐社区建设的合力。《关于加快推进社区社会工作服务的意见》（民发〔2013〕178号）强调要建立健全社会参与机制，鼓励和发动广大社会组织、驻区单位、社区居民、志愿者队伍参与社区社会工作服务。《社区服务体系建设规划（2011—2015 年）的通知》（国办发〔2011〕61 号）中明确指出要力争到"十二五"期末，80% 以上的驻区单位与社区签订共驻共建协议，通过健全和完善共驻共建机制，建立驻区单位参与社区服务评估体系，扩大驻区单位参与社区服务的功能。

作者在调研过程中发现，辽阳市白塔区共驻共建工作很有代表性：首先健全共驻共建机制，包括管理机制、协调合作机制和服务机制。如：白塔区药机社区"安全之家"平台作为搭建共驻共建服务平台，喇嘛园社区建设指导委员会吸收了辖区 8 家市直机关、大中型企事业单位、大中专院校等单位党组织负责人参加，魁星社区党委成立了"非公企业党支部服务站"开展社区同非公企业的互动共建活动。其次选择多角度开展共驻共建实践，包括资源帮扶、思想联建、服务互助、环境共治、文化共建、安全共抓，驻区单位为社区提供了大量的社区互助服务、社区志愿服务、社区文化服务以及社区公益服务。（调研编码：20170513- BT-fm01）

具体来说可以从以下几个方面入手：（1）引导社区与社会组织、社会工作者、社区志愿者、社区公益慈善资源联动开展服务；（2）驻区单位向社区居民开放资源；社区服务企业发展获得支持，市场主体也逐渐进入社区服务领域，并开展连锁经营；（3）通过实施一批项目计划，开展主题活动，培育品牌社区社会组织和品牌活动项目，引导服务型、公益性、互助性社区社会组织广泛参与社区服务；（4）组织开展社区志愿服务活动，建立社区志愿服务站点，搭建服务组织（者）、服务对象和服务项目对接平台，以困难人群和特殊人群为重点开展志愿服务，开展邻里互动服务和互动交流活动，如通过综合包户、结对帮扶等多种方式，重点为社区内低保对象、特困人员、空巢老人、农村留守人员、困境儿童、残疾人、进城务工人员及随迁子女等困难群体提供亲情陪伴、生活照料、心理疏导、法律援助、社会融入等各类关爱服务，构建守望相助的邻里关系，推动社区志愿服务常态化。如抚顺市演武街道以"党建＋共建"模式鼓励辖区居民以志愿者、代办员、网格员身份参与社区治理，各社区党委（党总支）建立志愿者服务队伍，通过便民大集、除雪防汛、小区环境维护等方式参与共建。（5）引导基金会等慈善组织支持社会工作者、志愿者深入城乡社区，依托社区社会组织为重点群体和困难群众提供关爱服务，为兜底保障、社区服务提供支持力量。

第三节　机制提升：调整关键要素以优化网络治理机制

一、从被动需求向主动需求转变

需求（demand）是个经济学名词，通常是指人们有能力购买并且愿意购买某种具体商品的欲望，可以分为单个需求、市场需求两种，前者指的是单个消费者对于某种商品的需求。后者则指全体消费者对于某种商品需求的总和。马斯洛需求层次理论已经从五阶模型发展到八阶模型，但是五阶旧版模型传播较广。马斯洛在五阶旧版模型中把需求分成由低到高五个层次，即生理需求（包括饥饿、渴、性以及睡眠）、安全需求（是深层次的主观性的复杂情形）、社会或爱的需求（建立情感联系，归属某一群体）、自尊的需求（内在价值的肯定及外在成就认可）和自我实现需求（充分发挥潜能，实现理想抱负）。

社区需求是居民对某种服务需求的总和，是一个整体概念，不同的人群对于需求的要求不同，有主动需求和被动需求两种，居民主动选择为主动需求，而居民被动选择为被动需求，属于假设需求，这种需求的获得往往缺少调研和意见征求而是来自于满足需求者的主观想象。社区需求的来源主要是社区居民的意见、要求和建议几方面，可以通过调查问卷、走访交流、座谈会、在线投票、社区观察、社区组织反馈及媒体报道等途径获取这些社区居民的真正的意志体现以及对社区未来发展的展望，所以开展有针对性的、符合社区居民需求的社区公共服务活动才能令社区居民满意。根据复杂人假设，社区居民需求也会不断地出现新的需求和发生变化，这些为"三社联动"或网络治理实践提供了内在的发展动力。

以"三社联动"为例，需求驱动是"三社联动"发展的内在根本驱动力。一方面，"三社联动"模式设计的核心是社区居民，出发点是满足居民需求，是完善社区服务体系并主动回应居民需求的途径；另一方面，在"三社"主体间的联动过程中，社区社会组织以及社会工作者自身发展的需求也得到很好的满足；另外，作为场域的社区能取得良好的整体治理成效。这样，社区社会组织的发展需求得以实现、社会工作者在践行助人自助社会工作理念的同时也满足自身成长及自身发展需求、居民的需求得以回应，通过合理的资源共享和三方优势互补，实现了"1+1+1>3"的功效，这样就最大限度地实现社区公共利益，三方形成良性互动，呈现多赢态势。

社区居民委员会的一项重要任务就是反映居民的意见和要求并提出合理化建议。当社区居民委员会在发现且精准确定社区居民需求后，社区居委会需要依据具体的需求情况来选择符合条件的、专业的社会组织和专业社会工作者介入并共同开展工作，同时开展工作需要的资源与技术性支持需要社区居委会向政府或其他社会力量寻求帮助。如：上海市宝山区淞南镇各居民区社区治理创新实践中"'让居民打钩'社区治理实践活动精准把脉居民需求，各居民区党组织以提供更加优质的服务为目标，通过线上线下渠道认真收集居民意愿，形成涉及微更新、物业调价、活力楼组、矛盾处置、维修资金使用等类别的民生实事项目清单，再根据居民勾选比例排序，确定年度实事项目并加以推进落实"①。

当然需求也是会发生变化的，要定期调研。

二、内部驱动与外部驱动并存

传统驱动机制主要来自于外部，主要表现为政府的政策与文件驱动。

政府是社区结构中元治理主体中的核心成员，政府的驱动方式主要以政策驱动为主。从"网格化管理"到"政社互动"直至"三社联动"（"四社联动""五社联动"），政府都是作为外部支持存在，依国家自主性理论，政府主导的社区治理模式的状况还会长期存在，政府继续做好的就是应以何种姿态进入社区治理体系中，放得过开不符合政府本意，抓得过紧不利于培育社会力量和增强公民自主性意识。项目制运作方式是比较普遍和有效的驱动方式，也比较容易被社会认可，如何规范政府向社会力量购买服务，鼓励有需要的行政机关、事业单位向社会购买公共服务，关注购买服务的有效性和居民认可度是关键性问题。

社区层面的政府购买服务，是一个多方主体互动博弈、合力推进社区治理的协同过程。街道（政府）、社区居委会、社会组织及社区居民是围绕社区购买服务关系密切的四大主体。这四大主体扮演着不同的角色，既是有各自利益诉求的独立主体，要参与政府购买服务各环节的互动博弈；又是政府购买服务的推进者，最后形成合力实现优化公共服务供给的政策目标。

社区网络治理中内驱力也非常重要。内驱力是由心理学家荣格提出来的，主要指的是在需要的基础上产生的一种内部唤醒状态或紧张状态，具体表现是为推动有机体积极活动以达到满足需要的内部驱动力。简单地说，

---

① 精准把脉居民需求，让社区治理有力度、有温度 [EB/OL]. http://sh.people.com.cn/n2/2024/0508/c134768-40836687.html,2024-05-08/2024-06-15.

就是人们做某件事的力量。因此，内驱力与需要基本上是同义词，经常可以替换使用。但严格地说，需要是主体的感受，而内驱力是作用于行为的一种动力，两者不是同一状态，但两者又密切相连，需要是产生内驱力的基础，内驱力是需要寻求满足的条件。社区网络治理的内部驱动力主要来自于居民，也就是来自于居民的内部需求驱动。此处使用内部需求驱动会更符合居民的实际要求。

社区治理网络的驱动机制也是不断调整完善的过程，而且社区治理网络要随特定环境的改变而灵活调整，在继续保证外部驱动以保证政策保障、资金保障的前提下要与社区居民的内部需求驱动联系起来，力争形成二者之间的"共识"。

内外驱动形成"共识"是社区网络治理实现的"中枢神经"，也是社区网络治理行动的方向。在社区治理实践中，已经达成"共识"的利益相关方对于"共识"的影响力是不平等的，总是会存在强弱之分。为了确保社区公共事务的各利益相关方都能够在取得"共识"过程中获得应有之利，应该从以下几个方面着手：一方面，重视对利益相关方的"赋权"，仔细倾听并认真采纳社区社会组织、居民的利益诉求；另一方面，提高利益相关方意见表达的独立性，真正了解利益相关方的意见，最终改进社区网络治理效果。

三、从会议沟通到多载体沟通转变

社区利益相关者沟通的目的在于分享信息，解决共同关注的公共问题。在社区网络治理过程中，社区利益相关者的沟通方式主要是会议沟通，社区治理主体、利益相关方以会议为载体进行沟通，并且以制度化形式固定下来，各种会议形式的存在及例会制度就说明了这个问题。如联席会议的形式普遍存在，但这是一种成本较高的沟通方式，沟通的时间一般比较长，适用于解决较重大、较复杂的问题，面对面的沟通方式可以深入透彻地探讨问题，但这种沟通方式往往存在很多弊端，如参会者迫于某种压力无法做到畅所欲言，容易出现指挥棒效应；参会人员较多容易出现会议偏离主题、意见不一决策困难而导致会议效率低下。

为解决这个问题，首先，应继续增加各类社区联席会议中主体间面对面沟通的机会。尽量杜绝在会议沟通中出现"一言堂"现象，减少自上而下产生的压力，尽量为参会居民、社区社会组织代表创造平等发表意见、相互协商的机会。其次，要采用多载体沟通方式，提高每一次会议沟通的效率。吸纳和组织动员尽可能广泛的社区治理主体和利益相关者参会，尽可能高效地完成既定的面对面会议议题。还可以采用音视频会议系统等先进技术手段，降低召开会议的时间成本和人力成本。很多社区普遍采取的包括微信群、座谈、建议案、议事厅等各种形式在实践中效果显著。

第四节　网络管理：促使社区网络治理机制有效运行

一、提升社区网络治理主体合作意识

参与城市社区治理的主体实现了政府、社会和市场三大部门全覆盖，包括法定机构以及自组织机构，治理主体多元化的特征已经非常明显，这是社区网络治理出现的前提。但是，从对社区治理的实践角度进行观察，参与社区治理的多元主体之间并没有形成真正的合作关系，社区治理主体在总体上仍然处于各自为政、分散治理及局部协作的非理想化状态。

分散治理是指多个治理主体虽然参与所在社区治理活动，但参与程度不高，各个治理主体之间也在行动中缺少默契、合作成效欠佳；在参与治理目标上也缺乏统一性，资源整合和资源投入方面也缺少整体规划，很难形成治理合力。而且，各个治理主体的参与行为或目标期望会受到参与主体所在组织的利益和目标的制约，会表现出一定程度上的倾向性和自利性。如上级党政机关希望社区更好地配合完成政府管理相关事务；社区党组织的日常工作需要关注的主要是对社区党员的教育和管理，加强党员和组织的联系；而物业公司是企业性质，营利则是比物业服务品质更为重要的组织目标；居民活动团队只关注自身的兴趣爱好等。治理主体也有可能会受到直接参与治理活动的组织成员个体利益关注点的影响，与既定目标会发生一定的偏离。如业主委员会成员因为个人私信可能为自己谋取私人利益等。在社区网络治理实现过程中，对社区多元治理主体的合作意识要进行有意识的引导，要尽量克服各个主体间的偏离性和自利性可能引发的不利影响。

要改变这种情况，可以通过向社区治理的利益相关方宣传，提升其参与社区治理的意识和合作意识。政府要从自身做起，树立合作意识。在宣传中除了要强调公民参与的权利、责任、义务等，其他的手段也必不可少，可以通过各类渠道宣传参与社区治理的意义。

笔者在各地走访调查社区的过程中发现，各社区的宣传手段多集中于口号、横幅或者简单的通知，单纯作为一种任务来完成，即为了宣传而宣传，社区居民、社会组织是否知晓、想法如何并不在治理主导者关注范围内。这种宣传方式过于简单、单调，缺乏创新，居民并不感兴趣，无法达到宣传效果。

提升治理主体合作意识可以从以下几个方面着手：

其一，积极帮助社区网络治理的各个主体完成身份转换，实现身份认同。社区社会组织和社区居民在以往的社区治理过程中，经常扮演的角色是非主动执行者或冷漠的批评者，要实现治理主体的身份转换和角色适应，需要所有社区治理主体的共同努力才能完成。特别是政府要在网络治理中充分发挥领导者的作用，加强其他主体间的沟通交流次数，增进主体间的了解及加深对公共事务的认知，促使无意实现身份认同的治理主体体会到自身的价值所在，从而逐渐加深与其他主体之间客观存在的依赖关系并意识到自身的网络治理价值与责任担当，从而提高参与治理的积极性及参与集体治理行动的能力。

其二，对网络治理机制运转信息进行全过程披露。在网络治理机制的运转前期，即形成共识阶段，对与产生共识有关的全部信息，进行充分沟通与全面了解，可以让利益相关者把网络治理机制的共同目标内化为自身目标，进而采取积极主动的自愿行动。在网络治理机制的运转过程中，对相关信息进行及时的、全面的披露，能够最大限度地减少利益相关者之间的误解与摩擦。

二、制定有效的网络管理策略

网络管理是完善网络治理的过程。进入网络的管理者越多，说明网络的吸引力越大，结果就是网络管理者之间的关系越来越复杂，如果能实现有效的网络管理，那么网络治理的结果越好。

（一）促进网络治理主体之间的互动

为改善各个主体间的分散治理状态，除前面所阐述的网络治理的价值外还应注意以下几点：

首先，克服"理性经济人"导致的合作困境。"理性经济人"作为西方经济学的一个基本假设，即假定人都是利己的，而且在面临两种以上选择时，总会选择对自己更有利的方案。参与网络治理的各个主体除了政府部门外，还有公民、第三部门和私营部门，而所有的非政府部门在客观上都代表着特定的群体或者阶层，网络治理理论上要实现的目标是社会公共利益，现实中的治理主体在以平等的地位面对社会问题和经济问题的时候，如何能够避免个人或组织以"理性经济人"的身份追求自身而不是整体的最大利益？因为即使"理性经济人"获得最大收益，也不必然会导致整体收益最高。

其次，克服"搭便车"效应导致的参与困境。搭便车行为是一种不付成本而坐享他人之利的投机行为，是由美国经济学家曼柯·奥尔逊提出的。因为团体利益共享，所以在一个共同利益体中，会有一些个体或组织自觉不自觉产生投机心理，产生即使自己不做，也会有别人去做的心理，而在集体行动中，单独的个体或组织是否出力、出了多大的力，往往难以确定考证的标准。但结果却是显而易见的，搭便车的个体或组织增多，必然导致整体效率降低、集体利益受损。网络治理恰恰需要全体社会成员及社会组织的积极参与以期解决社会公共问题，那么应如何避免参与治理过程中的搭便车现象？另外，一旦搭便车现象增多，参与公共问题的治理主体一旦发现自己必须经过艰难的努力才能获得社会地位与经济效益而不劳而获者却大量存在，必定导致其参与治理的积极性受挫。

（二）推进网络治理主体互动的策略

首先，构建社区治理主体的合作机制。主要体现在社区、社会组织和社会工作者、社区志愿者、社区慈善资源的联动过程中。"联动"的发展目标非常明确，就是通过社区、社会组织和社会工作者以及社区志愿者、社区慈善资源之间联动，形成多方优势互补、资源共享、相互促进的发展局面，目的是有效整合社区资源，促进社区治理水平与公共服务提供能力提升，从而提高社区整体福利水平，满足社区居民需求。具体方式可以从以下几方面着手：一是可以建设社区服务平台，为"五社"主体服务有效聚焦提供场域，在助残、助老、青少年、妇幼及家庭、流动人口和优抚等方面为居民提供服务；二是建设对接政府购买社会组织或社工机构服务的平台，通过项目化运作有效推动"联动"有序运行；三是建设社区服务需求反馈平台，通过社交网络平台以及大数据等技术手段收集整理居民诉求。

其次，构建社区网络治理模式的协调机制。协调机制主要体现在有效处理社区居委会和社区工作站之间的关系方面。社区工作站作为街道派驻至社区的工作机构，主要的工作职能是承担基层政府要求社区完成的各项行政工作并为居民提供公共服务。因此，社区工作站的工作人员都是专职社区工作者，通过专业队伍的专业化工作可以有效实现社区内各类组织机构、功能及多种资源整合；确保社区居民的诉求能够及时被受理；能够确保基层政府派出的任务有专人完成。通过将困扰社区居民委员会的日常行政性工作分离出来，减轻社区居民委员会的负担，可以全心履行其依法自治职能，实现社区自治和社区居民的自我管理、自我服务、自我教育和自我监督的目标。

社区居委会也是在街道办事处的指导和监督下开展工作。

要明确社区工作站和社区居委会二者的职责并互相配合。居委会主要任务是依法协助、监督街道办事处的各项工作在社区的落实情况；反映社区居民意见、诉求等；社区工作站的主要任务是承接各政府职能部门工作，是为了实现居委会的去行政化设立的；二者体现的是"居站分离"的原则，需要认真厘清各自的职能边界。具体做法有：一是要将社区事务分类，行政类事务由社区工作站负责，自治类事务属社区居委会职能范畴，突出居委会的居民自治功能；二是社区居委会要贯彻协商民主的基本理念，凡涉及社区自治类事务都要采用民主协商形式解决，实现社区治理与居民自治的良性互动；三是可以将社会组织纳入基层协商民主主体范围，有效调动居民个体和社会组织参与社区治理的积极主动性。

（三）制定有效的社区网络治理规则

规则有两个特点：一是内容多样化。涉及矛盾或冲突调解、行动规范、公共政策制定等方面。二是富于层次性。包括在组织内部层面设置的各类规则，如社区网络治理主体如何约束自己的行为；也包括组织之间层面的各类规则，如网络治理主体间要通过何种机制、如何达成共识并形成合力以制定有效解决问题的措施。

社区网络治理规则应该具有正式性，制定正式规则明晰治理主体的治理角色、责任与义务；可以赋予治理主体参与社区事务讨论以及平等表达各自见解的机会。在制定正式规则时，要以吸引治理主体广泛参与、常态参与为目标。社区网络治理主体只有在这些正式规则的指引下才能开始合作，并以得到多数主体认可的正式规则作为调和社区多元化价值、化解社区治理主体利益冲突的基本原则。

附　录

附录A　访谈提纲

一、社区网格化管理情况调查提纲

（一）社区工作者访谈提纲

Q1：您能介绍一下您所在社区的网格化管理的基本情况吗？

Q2：您所在社区的网格化管理队伍是怎么构成的？

Q3：您所在对社区的网格化管理队伍是怎么管理的？

Q4：您所在社区的网格化管理主要解决居民的哪些问题？

Q5：您所在社区的网格主要通过什么途径为居民服务的？

Q6：实施社区的网格化管理有哪些保障机制？

Q7：对社区网格化管理主体和工作成效是如何考核的？

Q8：对社区网格化管理工作下一步的工作构想是什么？

Q9：居民对社区网格化管理的感知度如何？

Q10：从社区层面看，您认为现行的网格化管理的机制与体制还有什么问题？

（二）社区居民访谈提纲

Q1：您知道社区网格化管理吗？知道其主要的工作内容吗？

Q2：您了解社区网格化管理过程中建立的信息平台吗？您是否向信息平台反映过问题？

Q3：您觉得实施社区网格化管理后，社区工作人员的工作效率如何？

Q4：您所在社区如果出现一些问题，您会向网格员反映吗？

Q5：您是否配合过社区网格员的工作？请举例说明。

Q6：您觉得实施社区网格化管理后，为您所在社区带来哪些益处？

Q7：您是否愿意参加社区网格化管理志愿者队伍？

Q8：请您为社区网格化管理提一点建议。

二、"政社互动"（"三社联动""四社联动""五社联动"）情况调查提纲

（一）社区工作者访谈提纲

Q1：您知道"政社互动"吗？知道其主要的工作内容吗？

Q2：您知道"三社联动"吗？您认为"三社联动"（"四社联动""五社联动"）内在的关系是怎样的？

Q3：您所在社区有哪些社会组织？这些社会组织是怎么筹备或成立的？各自运转得怎样？

Q4：您所在社区有专职社会工作者吗？如果有，其工作效果如何？跟普通的社区工作人员相比，他们的长处与短处有哪些？

Q5：您所在社区的社会服务项目因何而设？如何实施的？

Q6："政社互动"（"四社联动""五社联动"）如何处理上下级、不同部门之间行政工作的日常工作、突击工作的？

Q7："政社互动"（"四社联动""五社联动"）的考核机制是怎样的？考核要素的结构如何？

Q8："政社互动"（"四社联动""五社联动"）工作下一步的工作

构想是什么？

Q9：居民对"政社互动"（"四社联动""五社联动"）的感知度如何？

Q10：从社区层面看，现行的"政社互动"（"四社联动""五社联动"）运转的机制与体制还有什么问题？

（二）社区居民访谈提纲

Q1：您知道"政社互动"吗？知道其主要的工作内容吗？

Q2：您知道"三社联动"（"四社联动""五社联动"）吗？三社（四社、五社）是什么吗？

Q3：您在看到"三社联动"（"四社联动""五社联动"）的宣传，会主动去了解吗？

Q4：您参加过社区"三社联动"（"四社联动""五社联动"）后举办的活动吗？您觉得这些活动对您有影响吗？

Q5：您对社区实施"三社联动"（"四社联动""五社联动"）的态度是什么？

Q6：您认为"三社联动"（"四社联动""五社联动"）内在的关系是怎样的？

Q7：您希望在"三社联动"（"四社联动""五社联动"）项目实施过程中提供哪些服务？

Q8：您是否愿意参加社区社会组织活动？

附录B 调研名单（部分）

年份	省市区	调研单位	身份	方式	资料编号	收集资料（二手）
2015	杭州市上城区	民政局	负责人	座谈会	20150305-SC-mzj	√
		社区	负责人	座谈	20150305-SC-sq01	√
		社会组织	负责人	座谈	20150305-SC-shzz	√
		社区	居民	访谈	20150305-SC-sq02	
2017	宝鸡市	民政局	负责人	座谈	20170811-BJ-mzj	√
		社区1	负责人	座谈	20170812-BJ-wsy01	√
			居民	访谈	20170812-BJ-wsy02	
		社区2	负责人	访谈	20170813-BJ-sd01	√
			居民	访谈	20170813-BJ-sd021	
		社区3	负责人	访谈	20170813-BJ-hjl01	
		社区4	负责人	访谈	20170813-BJ-xg01	
2014—2017	泰安区	民政局	负责人	座谈会	20140705-TS-mzj	√
		社区	负责人	座谈	20150705-TS-sl01	√
		社区	负责人	访谈	20150705-TS-hql01	√
		民政局	负责人	座谈	20171205-TS-mzj	√
		社区	居民	访谈	20171205-TS-cy021	
		社区	居民	访谈	20171206-TS-cy022	
2018	松原市	民政局	负责人	座谈	20180812-SY-mzj	√
		社区1	负责人	访谈	20180812-SY-zq01	√

续表

年份	省市区	调研单位	身份	方式	资料编号	收集资料（二手）
2018	松原市	社区2	负责人	访谈	20180813-SY-hq01	√
			居民	访谈	20180813-SY-hq021	
			居民	访谈	20180813-SY-hq022	
2017—2022	沈阳市沈河区	民政局	负责人	座谈会	20170505-SH-mzj	√
		社区1	负责人	座谈	20170605-SH-sdm01	
		社会组织	负责人	座谈	201706010-SH-shzz	√
		社区2	居民	访谈	20170705-SH-sdm02	
		社区3	负责人	访谈	2022-2023-SH-xlsq01	多次√
	沈阳市和平区	民政局	负责人	座谈	20170811-HP-mzj	√
		社区1	负责人	座谈	20170812-HP-wal01	√
			居民	访谈	20170812-HP-wal02	
		社区2	负责人	访谈	20180813-HP-czhy01	√
			居民	访谈	20180813-HP-czhy021	
			居民	访谈	20180813-HP-czhy022	
		社区3	负责人	访谈	2022-HP-lysq01 2023-HP-lysq021	多次√
			居民	访谈	2022-HP-lysq022	
2017	白塔区	民政局	负责人	座谈会	20170513-BT-mzj	√
		社区1	负责人	访谈	20170513-BT-fm01	√
			居民	访谈	20170520-BT-fm02	
		社区2	负责人	访谈	20170520-BT-hch01	√
			居民	访谈	20170520-BT-hch02	
2020	太仓市	民政局	负责人	电访	20200213-TC-mzj	√
		社区1	负责人	电访	20200213-TC-xx01	√

续表

年份	省市区	调研单位	身份	方式	资料编号	收集资料（二手）
2020	太仓市	社区1	居民	电访	20200220-TC-xx02	
		社区2	负责人	电访	20200220-TC-xy01	√
			居民	电访	20200220-TC-xy021	
			居民	电访	20200220-TC-xy022	
			居民	电访	20200220-TC-xy023	

说明：①编码：访谈日期——访谈市（区）拼音首字母（大写）——调研单位拼音首字母（小写）（负责人01）（居民02）。

②"√"——包括一手和二手资料。

参考文献

（一）法律、政策文件

[1]《中华人民共和国城市居民委员会组织条例》（1954.12.31）

[2]《城市街道办事处组织条例》（1954.12.31）

[3]《中华人民共和国宪法》（1982）

[4]《中共中央关于经济体制改革的决定》（1984.10）

[5]《中华人民共和国城市居民委员会组织法》（1990.1.1）

[6]《全国社区建设试验区工作实施方案》（1999）

[7]《关于在全国推进城市社区建设的意见》（中办发〔2000〕23号）

[8]《中华人民共和国政府采购法》（2003.1.1）

[9]《物业管理条例》2003.6中华人民共和国国务院令（第379号）；2018.3月第三次修订（国务院令第698号）

[10]《中共中央关于加强党的执政能力建设的决定》（2004.9党的十六届四中全会）

[11]《关于加强和改进社区服务工作的意见》（国发〔2006〕14号）

[12]《国务院关于加强市县政府依法行政的决定》（国发〔2008〕17号）

[13]《关于进一步推进和谐社区建设工作的意见》（民发〔2009〕165号）

[14]《关于加强和改进城市社区居民委员会建设工作的意见》（中办发〔2010〕27号）

[15]《中共中央国务院关于加强社会创新管理的意见》（中发〔2011〕11号）

[16]中央组织部、中央政法委、民政部等《关于加强社会工作专业人才队伍建设的意见》（2011.11）

[17] 国务院办公厅关于印发《社区服务体系建设规划（2011—2015 年）的通知》（国办发〔2011〕61 号）

[18]《关于进一步加强社会工作专业人才队伍建设宣传工作的通知》（民办发〔2012〕25 号）

[19] 民政部关于贯彻落实《社会工作专业人才队伍建设中长期规划（2011—2020 年）》的通知（民发〔2012〕73 号）

[20]《民政部财政部关于政府购买社会工作服务的指导意见》（民发〔2012〕196 号）

[21]《关于进一步加强社会组织宣传工作的通知》（民办函〔2012〕357 号）

[22]《关于加强全国社区管理和服务创新试验区工作的意见》（民发〔2013〕13 号）

[23]《关于社会工作专业人才队伍建设情况的通报》（民办函〔2013〕27 号）

[24] 民政部、财政部联合出台《关于加快推进社区社会工作服务的意见》（民发〔2013〕178 号）

[25] 党的十八届三中全会《中共中央关于全面深化改革若干重大问题的决定》

[26] 关于印发《中国社会服务志愿者队伍建设指导纲要（2013—2020 年）》的通知（民发〔2013〕216 号）

[27]《关于加强社会组织反腐倡廉工作的意见》（民发〔2014〕227 号）

[28]《关于进一步加快推进民办社会工作服务机构发展的意见》（民发〔2014〕80 号）

[29]《关于 2015 年中央财政支持社会组织参与社会服务项目立项的通知》（民函〔2015〕28 号）

[30] 中共中央办公厅、国务院办公厅印发《关于加强城乡社区协商的意见》（中办发〔2015〕41 号）

[31]《关于探索建立社会组织第三方评估机制的指导意见》（民发〔2015〕89号）

[32]《关于进一步开展社区减负工作的通知》（民发〔2015〕136号）

[33]《关于加强和改进社会组织薪酬管理的指导意见》（民发〔2016〕101号）

[34]《关于深入推进城乡社区协商工作的通知》（民发〔2016〕134号）

[35]《关于加强社会工作专业岗位开发与人才激励保障的意见》（民发〔2016〕186号）

[36]关于印发《城乡社区服务体系建设规划（2016—2020年）》的通知（民发〔2016〕191号）

[37]关于印发《2017年中央财政支持社会组织参与社会服务项目实施方案》的通知（民办函〔2017〕29号）

[38]关于贯彻落实《中共中央 国务院关于加强和完善城乡社区治理的意见》的通知（民发〔2017〕87号）

[39]《关于积极推行政府购买服务 加强基层社会救助经办服务能力的意见》（民发〔2017〕153号）

[40]中共中央国务院《关于加强和完善城乡社区治理的意见》（中发〔2017〕13号）

[41]《关于大力培育发展社区社会组织的意见》（民发〔2017〕191号）

[42]关于印发《"互联网＋社会组织（社会工作、志愿服务）"行动方案（2018—2020年）》的通知（民发〔2018〕115号）

[43]《关于进一步加强和改进社会服务机构登记管理工作的实施意见》（民发〔2018〕129号）

[44]《中华人民共和国城市居民委员会组织法》（2019.1.1）

[45]党的十九届四中全会《中共中央关于坚持和完善中国特色社会主义制度、推进国家治理体系和治理能力现代化若干重大问题的决定》

[46]民政部办公厅关于印发《培育发展社区社会组织专项行动方案

（2021—2023 年）》的通知（民办发〔2020〕36 号）

[47] 党中央国务院印发《关于加强基层治理体系和治理能力现代化建设的意见》（中发〔2021〕16 号）

[48]《"十四五"民政事业发展规划》（民发〔2021〕51 号）

[49]《中共中央国务院关于加强基层治理体系和治理能力现代化建设的意见》（2021.4.21.）

[50] 国务院办公厅《关于印发"十四五"城乡社区服务体系建设规划的通知》（国办发〔2021〕56 号）

[51] 党的十九届六中全会《中共中央关于党的百年奋斗重大成就和历史经验的决议》（2021.11.17）

[52]《中国新型政党制度》白皮书（2021.6）

[53]《中国的民主》白皮书（2021.12）

[54] 民政部、中央政法委、中央网信办、发展改革委、工业和信息化部、公安部、财政部、住房城乡建设部、农业农村部印发《关于深入推进智慧社区建设的意见》的通知（民发〔2022〕29 号）

[55]《中华人民共和国慈善法》（2016.3）《中华人民共和国慈善法（修订草案）》（2023.12）

[56]《中华人民共和国地方各级人民代表大会和地方各级人民政府组织法》（2022.3）

[57] 中共中央国务院印发《党和国家机构改革方案》（2023.3.16）

[58]《中共中央办公厅国务院办公厅关于加强社区工作者队伍建设的意见》（2024.3）

[59]《中共中央办公厅国务院办公厅关于健全新时代志愿服务体系的意见》（中发〔2024〕第 13 号）

（二）中文书籍

[1][美] 马克·E. 沃伦. 民主与信任 [M]. 吴辉, 译. 北京：华夏出版社，2005.

[2][法]阿历克西·德·托克维尔. 论美国的民主（上、下）[M]. 董果良，译. 北京：商务印书馆，1997.

[3][美]乔尔·S.米格代尔. 社会中的国家：国家与社会如何相互改变与相互构成[M]. 李杨，郭一聪，译. 张长东，校. 南京：江苏人民出版社，2013.

[4][瑞典]乔恩·皮埃尔，[美]B.盖伊·彼得斯. 治理、政治与国家[M]. 唐贤兴，马婷，译. 上海：格致出版社，2019.

[5][美]斯蒂芬·戈德史密斯，等. 网络化治理：公共部门的新形态[M]. 孙迎春，译. 北京：北京大学出版社，2008.

[6][法]米歇尔·福柯. 规训与惩罚[M]. 刘北成，杨远婴，译. 北京：生活·读书·新知三联书店，2012.

[7][法]皮埃尔·布迪厄，华康德. 实践与反思：反思社会学引导[M]. 李猛，李康，译. 北京：中央编译出版社，1998.

[8][英]A.R.拉德克利夫·布朗. 原始社会的结构与功能[M]. 潘蛟，王贤海，刘文远，知寒，译. 潘蛟，校. 北京：中央民族大学出版社，1999.

[9][美]罗伯特·D.帕特南. 使民主运转起来：现代意大利的公民传统[M]. 王列，赖海榕，译. 南昌：江西人民出版社，2001.

[10][美]罗纳德·伯特. 结构洞：竞争的社会结构[M]. 任敏，李璐，林虹，译. 上海：格致出版社，2008.

[11][法]埃米尔·涂尔干. 社会分工论[M]. 渠东，译. 北京：生活·读书·新知三联书店，2000.

[12][美]约翰·奈斯比特. 大趋势[M]. 梅艳，译. 北京：中国社会科学出版社，1984.

[13][英]迈克尔·博兰尼. 自由的逻辑[M]. 冯红银，译. 长春：吉林人民出版社，2002.

[14][美]邓肯·J.瓦茨. 小小世界——有序与无序之间的网络动力学

[M].陈禹,等,译.北京:中国人民大学出版社,2006.

[15][英]戴维·休谟.人性论[M].北京:九州出版社,2007.

[16][美]拉里·莱恩.都市社会中的社区[M].芝加哥:多塞出版社,1987.

[17][美]R.E.帕克,E.N.伯吉斯,R.D.麦肯齐.城市社会学——芝加哥学派城市研究[M].宋俊岭,郑也夫,译.北京:商务印书馆,2012.

[18][英]S.H.梅因.东西方村落社区[M].刘莉,译.北京:知识产权出版社,2016.

[19][英]马汀·奇达夫,蔡文彬.社会网络与组织[M].王凤斌,朱超威,等,译.北京:中国人民大学出版社,2007.

[20][英]R.A.W.罗兹.理解治理:政策网络、治理、反思与问责[M].丁煌,丁方达,译.北京:中国人民大学出版社,2020.

[21][美]罗伯特·登哈特.公共组织理论[M].扶松茂,丁力,译.北京:中国人民大学出版社,2003.

[22][美]布莱恩·卡普兰.理性选民的神话:为何民主制度选择不良政策[M].刘艳红,译.上海:上海人民出版社,2010.

[23][英]格里·斯托克.作为理论的治理:五个论点[A].俞可平.治理与善治[M].北京:社会科学文献出版社,2000.

[24][英]安东尼·吉登斯.第三条道路:社会民主主义的复兴[M].郑戈,译.北京:北京大学出版社,2000.

[25][美]彼得·埃文斯,迪特里希·鲁施迈耶,西达·斯考切波.找回国家:当前研究的战略分析[M].方力维,莫宜端,黄琪轩,等,译.北京:生活·读书·新知三联书店,2009.

[26][英]大卫·克里斯特尔.剑桥百科全书[M].丁仲华,译.北京:中国友谊出版社,1998.

[27][英]戴维·米勒,波格丹诺.布莱克维尔政治思想百科全书[M].邓正来,中译本主编.北京:中国政法大学出版社,1992.

[28][古希腊] 亚里士多德. 政治学 [M]. 吴寿彭, 译. 北京: 商务印书馆, 1997.

[29][英] 戴维·赫尔德. 民主的模式 [M]. 燕继荣, 等, 译. 王浦劬, 校. 北京: 中央编译出版社, 1998.

[30][美] 约翰·罗尔斯. 正义论 [M]. 何怀宏, 何包钢, 廖申白, 译. 北京: 社会科学文献出版社, 1988.

[31][德] 马克思, 恩格斯. 马克思恩格斯选集第一卷 [M]. 北京: 人民出版社, 1995.

[32][法] 阿历克西·德·托克维尔. 旧制度与大革命 [M]. 冯棠, 译. 北京: 商务印书馆, 1992.

[33][英] 保罗·霍普. 个人主义时代之共同体重建 [M]. 沈毅, 译. 杭州: 浙江大学出版社, 2010.

[34][美] 理查德·C.博克斯. 公民治理: 引领 21 世纪的美国社区 [M]. 孙柏瑛, 等, 译. 北京: 中国人民大学出版社, 2005.

[35][美] 安东尼·唐斯. 民主的经济理论 [M]. 姚洋, 等, 译. 上海: 上海人民出版社, 2017.

[36][美] 爱德华·弗里曼, 杰弗里·哈里森, 安德鲁·威克斯, 拜德安·帕尔马, 西蒙娜·科莱. 利益相关者理论现状与展望 [M]. 盛亚, 李靖华, 译. 北京: 知识产权出版社, 2013.

[37][美] 詹姆斯·N.罗西瑙. 没有政府的治理 [M]. 张胜军, 等, 译. 南昌: 江西人民出版社, 2001.

[38][美] 邓肯·J.瓦茨. 六度分隔: 一个相互连接的时代的科学 [M]. 陈禹, 等, 译. 北京: 中国人民大学出版社, 2011.

[39][美] 埃德加·沙因. 组织心理学 [M]. 余凯成, 等, 译. 北京: 经济管理出版社, 1987.

[40][美] 莱斯特·M.萨拉蒙, 等. 全球公民社会——非营利部门视角 [M]. 贾西津, 等, 译. 北京: 社会科学文献出版社, 2007.

[41][美]加布里埃尔·A.阿尔蒙德，小G.宾厄姆·鲍威尔. 比较政治学：体系、过程和政策 [M]. 曹沛霖，等，译. 北京：东方出版社，2007.

[42][法]卢梭. 社会契约论 [M]. 何兆武，译. 北京：商务印书馆，1980.

[43][德]尤尔根·哈贝马斯. 交往与社会进化 [M]. 张博树，译. 重庆：重庆出版社，1989.

[44][美]西摩·M.利普塞特. 政治人：政治的社会基础 [M]. 张绍宗，译. 上海：上海人民出版社，1997.

[45][美]卡罗尔·佩特曼. 参与和民主理论 [M]. 陈尧，译. 上海：上海人民出版社，2006.

[46][美]约翰·克莱顿·托马斯. 公共决策中的公民参与 [M]. 孙柏瑛，等，译. 北京：中国人民大学出版社，2010.

[47][英]保罗·霍普. 个人主义时代之共同体重建 [M]. 沈毅，译. 杭州：浙江大学出版社，2010.

[48][美]迈克尔·罗金斯，等. 政治科学 [M]. 林震，译. 北京：华夏出版社，2009.

[49][印度]阿玛蒂亚·森. 以自由看待发展 [M]. 任赜，于真，译. 北京：中国人民大学出版社，2012.

[50]北京大学哲学系外国哲学史教研室. 十八世纪法国哲学 [M]. 北京：商务印书馆，1963.

[51]金耀基. 中国政治与文化 [M]. 香港：牛津大学出版社，1997.

[52]陈振明. 公共管理学：一种不同于传统行政学的研究途径 [M]. 北京：中国人民大学出版社，2003.

[53]彭正银. 网络治理：理论与模式研究 [M]. 北京：经济科学出版社，2003.

[54]李维安，等. 网络组织：组织发展新趋势 [M]. 北京：经济科学出版社，2003.

[55] 邓正来. 国家与社会——回顾中国市民社会研究 [A]. 张静. 国家与社会 [M]. 杭州：浙江人民出版社，1998.

[56] 王浦劬. 政治学基础 [M]. 北京：北京大学出版社，2006.

[57] 王沪宁. 政治的逻辑——马克思主义政治学原理 [M]. 上海：上海人民出版社，2005.

[58] 庞树奇，范明林. 普通社会学理论 [M]. 上海：上海大学出版社，2011.

[59] 王名. 中国民间组织 30 年——走向公民社会 [M]. 北京：中国社会科学出版社，2008.

[60] 黄晓勇. 社会组织蓝皮书：中国社会组织报告（2023）[M]. 北京：社会科学文献出版社，2023.

[61] 王名. 社会组织与社会治理 [M]. 北京：社会科学文献出版社，2014.

[62] 康晓光. 权力的转移 [M]. 杭州：浙江人民出版社，1999.

[63] 唐忠新. 中国城市社区建设概论 [M]. 天津：天津人民出版社，2000.

[64] 徐永祥. 社区发展论 [M]. 上海：华东理工大学出版社，2001.

[65] 杨善华，谢立中. 西方社会学理论（下卷）[M]. 北京：北京大学出版社，2013.

[66] 田毅鹏，吕方. "单位共同体"的变迁与城市社区重建 [M]. 北京：中央编译出版社，2014.

[67] 中共中央文献研究室. 十八大以来重要文献选编（上、中、下）[M]. 北京：中央文献出版社，2014.

[68] 中共中央文献研究室. 十九大以来重要文献选编（上）[M]. 北京：中央文献出版社，2019.

[69] 中共中央文献研究室. 十九大以来重要文献选编（中）[M]. 北京：中央文献出版社，2021.

[70] 中共中央文献研究室. 十九大以来重要文献选编（下）[M]. 北京：中央文献出版社，2023.

[71] [美] 罗伯特·D. 帕特南. 使民主运转起来：现代意大利的公民传统 [M]. 王列，赖海榕，译. 南昌：江西人民出版社，2001.

[72] [美] 塞缪尔·亨廷顿，琼·纳尔逊. 难以抉择——发展中国家的政治参与 [M]. 汪晓涛，吴志华，项继权，译. 北京：华夏出版社，1989.

[73] 谢登旺. 社区网络治理之评析 [A]. 海峡两岸"行政改革与公共治理能力现代化"学术研讨会论文集 [C]. 2015：214-223.

[74] 王燕. 论网络治理模式下中国特色的城市社区网络治理：公民治理 [A]. "中国特色社会主义行政管理体制"研讨会暨中国行政管理学会年会 [C]. 2010：1513-1518.

[75] 陆学艺. 历史上最具影响力的社会学名著 20 种 [M]. 西安：陕西人民出版社，2007.

（三）中文期刊文章

[1] 朱亚鹏. 政策网络分析：发展脉络与理论构建 [J]. 中山大学学报，2008（05）：192-199+216.

[2] 李志强. 网络化治理：意涵、回应性与公共价值建构 [J]. 内蒙古大学学报（哲学社会科学版），2013（06）：70-77.

[3] 韩兆柱. 网络化治理理论研究综述 [J]. 上海行政学院学报，2016（04）：103-111.

[4] 夏玉珍，杨永伟. 网络化治理：公共服务供给模式的新路径 [J]. 甘肃理论学刊，2014（03）：21-26.

[5] 李建鸿. 社会资本与组织公民行为—复合式镶嵌观点 [J]. 关系管理研究（台湾），2005（01）：161-178.

[6] 任志安. 网络治理理论及其新进展：一个演化的观点 [J]. 中大管理研究，2008（02）：97-106.

[7] 陈剩勇，于兰兰. 网络化治理：一种新的公共治理模式 [J]. 政治

学研究，2012（02）：108-119.

[8] 朱立言，刘兰华. 网络化治理及其政府治理工具创新 [J]. 江西社会科学，2010（05）：7-12.

[9] 孙健，张智瀛. 网络化治理：研究视角及进路 [J]. 中国行政管理，2014（08）：72-75.

[10] 穆瑞杰，朱春奎. 复杂性网络治理理论研究 [J]. 河南社会科学，2005（03）：81-84.

[11] 陈亚辉. 社区网络化治理模式研究 [J]. 人民论坛，2015（20）：140-142.

[12] 鄞益奋. 网络治理：公共管理的新框架 [J]. 公共管理学报，2007（01）：89-96.

[13] 田星亮. 网络化治理：从理论基础到实践价值 [J]. 兰州学刊，2012（08）：160-163.

[14] 周义程. 网络治理中作为信任建构过程的社会契约 [J]. 学海，2013（04）：164-169.

[15] 刘雨辰. 试析转型期我国公共治理结构的重塑——基于线型治理结构向网络治理结构转换的考察 [J]. 济南大学学报（社会科学版），2012（05）：67-73.

[16] 李静. 政治利益、政治冲突与政治发展关系研究 [J]. 哈尔滨工业大学学报（社会科学版），2017（02）：31-36.

[17] 夏国锋，刘辉. 从"网格化管理"到"网络化治理"——社会管理模式与秩序观的转型 [J]. 湖北文理学院学报，2012（10）：27-30+36.

[18] 杨涛. 从自主自治到复合共治的逻辑演变 [J]. 黑龙江社会科学，2013（01）：29-34.

[19] 王力立，刘波，姚引良. 地方政府网络治理协同行为实证研究 [J]. 北京理工大学学报（社会科学版），2015（01）：53-54.

[20] 刘波，李娜，王宁. 地方政府网络治理风险的实证研究 [J]. 西安

交通大学学报（社会科学版），2013（03）：49-57.

[21] 姚引良，刘波，汪应洛．地方政府网络治理与和谐社会构建的理论探讨 [J]．中国行政管理，2009（11）：91-94.

[22] 陆小成．城市低碳发展的空间网络化治理路径研究——基于"兰州蓝"的经验考察 [J]．中国行政管理，2016（08）：76-80.

[23] 毛羽，方彦晓．用网络化治理的视角探析失独家庭养老模式 [J]．社会科学论，2014（11）：210-215.

[24] 杨蓓蕾，孙荣．城市社区网络治理：内涵、建构与实证 [J]．中国行政管理，2008（09）：87-91.

[25] 陈亚辉．社区网络化治理模式研究 [J]．人民论坛，2015（20）：140-142.

[26] 杨海涛，李德志．我国社区网络治理的障碍与对策探析 [J]．东北大学学报（社会科学版），2012（06）：506-510+515.

[27] 桂玉．社区治理路径的选择——基于政策网络的分析 [J]．云南行政学院学报，2014（03）：103-106.

[28] 吴晓林，郝丽娜．"社区复兴运动"以来国外社区治理研究的理论考察 [J]．政治学研究，2015（01）：47-58.

[29] 王庆华，宋晓娟．共生型网络化治理：社区治理的新框架与推进策略 [J]．社会科学战线，2019（09）：218-214.

[30] 王卫．中国基层协商民主共识形成机制研究——基于"温岭模式"实践的分析 [J]．社会主义研究，2017（04）：105-113.

[31] 李静．关于智慧社区的建设与思考 [J]．管理观察，2015（06）：30-33.

[32] 俞可平．治理和善治引论 [J]．马克思主义与现实，1999（05）：37-41.

[33] 毛寿龙．现代治道与治道变革 [J]．南京社会科学，2001（09）：44-47.

[34] 娄成武, 董鹏. 西方治理理论缘起与发展探析——基于美国公共行政学的视角 [J]. 中共青岛市委党校青岛行政学院学报, 2014（04）: 58-64.

[35] 张卫, 成婧. 中国式社区治理模式的深层分析 [J]. 中南民族大学学报（人文社会科学版）, 2013（05）: 88-92.

[36] 赵永茂. 地方与区域治理发展的趋势与挑战 [J]. 研考双月刊（台湾）, 2008（05）: 21-26.

[37] 席军良. 社区"双重减负"的整体性治理研究——基于 H 省 5 市 15 社区的调查 [J]. 社会科学家, 2016（04）: 36-40.

[38] 胡小君. 从分散治理到协同治理: 社区治理多元主体及其关系构建 [J]. 江汉论坛, 2016（04）: 41-48.

[39] 魏娜. 我国城市社区治理模式: 发展演变与制度创新 [J]. 中国人民大学学报, 2013（01）: 135-140.

[40] 田舒."三社联动": 破解社区治理困境的创新机制 [J]. 理论月刊, 2016（04）: 145-150.

[41] 杜玉华. 马克思社会结构理论视角下的国家治理体系构建 [J]. 华东师范大学学报（哲学社会科学版）, 2014（06）: 100-107.

[42] 夏建中. 治理理论的特点与社区治理研究 [J]. 黑龙江社会科学, 2010（02）: 125-130.

[43] 俞可平. 治理与善治引论 [J]. 马克思主义与现实, 1999（05）: 37-41.

[44] 朱德米. 网络状公共治理: 合作与共治 [J]. 华中师范大学学报, 2004（02）: 5-13.

[45] 朱立言, 刘兰华. 网络化治理及其政府治理工具创新 [J]. 江西社会科学, 2010（05）: 7-12.

[46] 彭正银. 网络治理理论探析 [J]. 中国软科学, 2002（03）: 50-54.

[47] 姜晓萍, 等. 网络化治理在中国的行政生态环境缺陷与改善途径

[J]. 四川大学学报（哲学社会科学版），2017（04）：5-12.

[48] 陈祥荣. 电子政务与电子治理 [J]. 成都行政学院学报（哲学社会科学），2005（05）：53-55.

[49] 谭莉莉. 网络治理模式探析 [J]. 甘肃农业，2006（06）：209-210.

[50] 诸大建，李中政. 网络治理视角下的公共服务整合初探 [J]. 中国行政管理，2007（08）：34-36.

[51] 陆海燕. 社会资本——建构网络治理的支柱 [J]. 理论界，2008（05）：14-15.

[52] 杨志军. 多中心协同治理模式研究：基于三项内容的考察 [J]. 中共南京市委党校学报，2010（03）：42-49.

[53] 徐永祥，曹国慧. "三社联动"的历史实践与概念辨析 [J]. 云南师范大学学报（哲学社会科学版），2016（02）：54-62.

[54] 顾东辉. "三社联动"的内涵解构与逻辑演绎 [J]. 学海，2016（03）：104-110.

[55] 叶南客，陈金城. 我国"三社联动"的模式选择与策略研究 [J]. 南京社会科学，2010（12）：75-80.

[56] 徐选国，徐永祥. 基层社会治理中的"三社联动"：内涵、机制及其实践逻辑 [J]. 社会科学，2016（07）：87-96.

[57] 吕青. 创新社会管理的"三社联动"路径探析 [J]. 华东理工大学学报（社会科学版），2012（06）：7-12.

[58] 李精华，赵珊珊. "三社联动"：内涵、机制及其推进策略 [J]. 学术交流，2016（08）：162-168.

[59] 田毅鹏. 单位制度变迁与集体认同的重构 [J]. 江海学刊，2007（01）：118-124.

[60] 姚引良，刘波，汪应洛. 网络化治理理论在地方政府公共管理实践中的运用及其对行政体制改革的启示 [J]. 人文杂志，2010（01）：76-85.

[61] 毛子丹，柴彦威. 中国城市单位社区治理模式转型路径及其未来

趋势——以北京市毛纺南社区为例 [J]. 城市发展研究，2013（03）：17-22+6.

[62] 华伟. 单位制向社区制的回归——中国城市基层管理体制 50 年变迁 [J]. 战略与管理，2000（01）：86-89.

[63] 李静. 政治利益、政治冲突与政治发展关系研究 [J]. 哈尔滨工业大学学报（社会科学版），2017（03）：31-36.

[64] 王彩波，等. 中国经济发展道路中的国家自主性 [J]. 吉林大学社会科学学报，2015（02）：14.

[65] 陈付龙，赵红全. 公共参与的历史流变：国家与社会关系视界的论证 [J]. 岭南学刊，2016（05）：50-54.

[66] 杨蓓蕾，孙荣. 城市社区网络治理：内涵、建构与实证 [J]. 中国行政管理，2008（09）：87-91.

[67] 吴青熹. 基层社会治理中的政社关系构建与演化逻辑——从网格化管理到网络化服务 [J]. 南京大学学报（哲学·人文科学·社会科学），2018（06）：117-125.

[68] 田毅鹏，薛文龙. 城市管理"网格化"模式与社区自治关系刍议 [J]. 学海，2012（03）：24-30+8.

[69] 王雪竹. 基层社会治理：从网格化管理到网络化治理 [J]. 理论探索，2020（02）：76-80.

[70] 秦上人，郁建兴. 从网格化管理到网络化治理——走向基层社会治理的新形态 [J]. 社会科学文摘，2017（05）：20-22.

[71] 肖唐镖，谢菁. "三社联动"机制：理论基础与实践绩效——对于我国城市社区建设一项经验的分析 [J]. 地方治理研究，2017（01）：40-51.

[72] 渠敬东，等. 从总体支配到技术治理——基于中国 30 年改革经验的社会学分析 [J]. 中国社会科学，2009（06）：104-127.

[73] 龚璇，朱婉君. 创新社会治理 谋求权利公正、义务平等——太仓市"政社互动"的实践与探索 [J]. 唯实（现代管理），2014（08）：25-27.

[74] 唐鸣，魏来. 协商民主的生长逻辑——中国经验的整体性视角和理论研究的整合性表述 [J]. 江苏社会科学，2016（05）：48-60.

[75] 俞可平. 治理和善治分析的比较优势 [J]. 中国行政管理，2001（09）：15.

[76] 顾丽梅. 解读西方的公民参与理论——兼论我国城市政府治理中公民参与新范式的建构 [J]. 南京社会科学，2006（03）：41-48.

[77] 王臻荣. 治理结构的演变：政府、市场与民间组织的主体间关系分析 [J]. 中国行政管理，2014（11）：56-59.

[78] 张雪霖，王德福. 社区居委会去行政化改革的悖论及其原因探析 [J]. 北京行政学院学报，2016（01）：32-38.

[79] 康晓强. 社区社会组织与社区治理结构转型 [J]. 北京工业大学学报，2012（03）：22-25.

[80] 郁建兴，李慧凤. 社区社会组织发展与社会管理创新——基于宁波市海曙区的研究 [J]. 中共浙江省委党校学报，2011（05）：40-46.

[81] 杨贵华. 对当前我国社区民间组织建设的思考 [J]. 科学社会主义，2005（02）：63-65.

[82] 费多益. 作为哲学范畴的"价值"[J]. 自然辩证法研究，2000（12）：1-6.

[83] 叶南客. "三社联动"的内涵拓展、运行逻辑与推进策略 [J]. 理论探索，2017（05）：30-34.

[84] 竺乾威. 数目字管理与人本的回归 [J]. 中国行政管理，2011（03）：29-34.

[85] 闫帅. 民主失灵的逻辑：从理性的无知到理性的胡闹 [J]. 上海行政学院学报，2012（05）：62-70.

[86] 陈伟东. 社区行动者逻辑：破解社区治理难题 [J]. 政治学研究，2018（01）：103-106.

[87] 孙立平. 社会转型：发展社会学的新议题 [J]. 开放时代，2008

（02）：57-72.

[88] 黄冬娅. 比较政治学视野下的国家分殊性、自主性和有效性 [J]. 武汉大学学报（哲学社会科学版），2009（04）：488-494.

[89] 卢学晖. 中国城市社区自治：政府主导的基层社会整合模式——基于国家自主性理论的视角 [J]. 社会主义研究，2015（03）：74-82.

[90] 邱国良，李静，王松阳. 基层治理"五社联动"机制：实践运作、治理限度与优化路径 [J]. 社会工作与管理，2024（01）：70-78.

[91] 任敏，吕江蕊. "五社联动"的缘起、运作逻辑及其何以促进基层治理 [J]. 社会工作，2023（06）：29-41.

[92] 吕方. 以社区能力为中心的城乡社区治理体系现代化——"五社联动"的实践形态及其知识意义 [J]. 济南大学学报（社会科学版），2024（03）：105-114.

[93] 侯紫珍，杨思佳，王可涵，陶芳铭. "五社联动"社区治理模式实践与优化路径探析——以浙江省杭州市C社区为例 [J]. 改革与开放，2024（01）：39-46.

[94] 田凯，黄金. 国外治理理论研究：进程与争鸣 [J]. 政治学研究，2015（06）：47-58.

[95] 肖鸿. 试析当代社会网研究的若干进展 [J].社会学研究,1999(03)：1-11.

[96] 李静. 城市社区网络治理结构的构建——结构功能主义的视角 [J]. 东北大学学报（社会科学版），2016（06）：605-609.

[97] 李静. 网络治理：政治价值与现实困境 [J]. 理论导刊,2017（07）：52-54.

[98] 向德平，高飞. 社区参与的困境与出路——以社区参理事会的制度化尝试为例 [J]. 北京社会科学，2013（06）：63-71.

[99] 陈伟东. 城市基层社会管理体制变迁：单位管理模式转向社区治理模式——武汉市江汉区社区建设目标模式、制度创新及可行性研究 [J].

理论月刊，2000（12）：4-10.

[100] 云治. 民族地区推进社会治理现代化的困境与举措 [J]. 现代经济信息，2017（08）：463-464.

[101] 范如国. 复杂网络结构范型下的社会治理协同创新 [J]. 中国社会科学，2014（04）：100-122+208.

[102] 庞金友. 近代西方国家与社会关系理论的逻辑与特点 [J]. 天津社会科学，2006（06）：65-68+74.

[103] 杨雪冬，季智璇. 政治话语中的词汇共用与概念共享——以"治理"为例 [J]. 南京大学学报（哲学·人文科学·社会科学），2021（01）：74-88+160.

[104] 吴锦良. 政府与社会：从纵向控制到横向互动 [J]. 浙江社会科学，2001（04）：75-80.

[105] 许宝君，陈伟东. "三社联动"到"五社联动"的转换逻辑及实现路径 [J]. 浙江社会科学，2023（09）：80-88+150.

（四）学位论文

[1] 易晋. 我国城市社区治理变革与社会资本研究（1978-2008）——一种制度变迁的分析视角 [D]. 上海：复旦大学，2009.

[2] 夏晓丽. 城市社区治理中的公民参与问题研究 [D]. 济南：山东大学，2011.

[3] 葛天任. 社区碎片化与社区治理——Y市基层社区变迁实证研究 [D]. 北京：清华大学，2014.

[4] 宋晓娟. 共生理论视角下的中国城市社区治理研究——基于对城市社区网格化管理的审视 [D]. 长春：吉林大学，2021.

[5] 杨海涛. 城市社区网格化管理研究与展望 [D]. 长春：吉林大学，2014.

[6] 闫亭豫. 辽宁生态环境协同治理研究 [D]. 沈阳：东北大学，2016.

（五）英文书籍

[1]Dr Walter J. M. Kickert, Eric-Hans Klijn, and Dr Joop F.M. Koppenjan. Managing Complex Networks: Strategies for the Public Sector [M].London: Sage Publications Ltd,1997.

[2]D. Kettle. Sharing Power: Public Governance and Private Markets[M]. Washington，DC: The Brookings Institution, 1993.

[3]Sven Steinmo, Kathleen Thelen, Frank Longstreth, eds. Structuring Politics: Historical Institutionalism in Comparative Analysis[M]. Cambridge: Cambridge University Press, 1992.

[4]Gordon Tullock, Toward a Mathematics of Politics[M]. Michigan：University of Michigan Press,1967.

[5]Joel S. Migdal. State in Society: Studying How States and Societies Transform and Constitute One Another[M].Cambridge：Cambridge University Press，2001.

[6]Christopher Pierson, The Modern State[M]. London and New York: Routledge, 1996.

[7]Robert Leach, Percy-Smith. Local Governance in Britain[M]. New York: Palgrave, 2001.

[8]Talcott Parsons. The Social System[M]. London: Routledge,1991.

[9]Börzel, T.A. What's so Special About Policy Networks? An Exploration of the Concept and Its Usefulness in Studying European Governance[M]. Metro: European University press,1997.

[10]Jessop, B. The Future of the Capitalist State[M]. Cambridge: Polity, 2002.

[11]Warren, Roland L. The Community in America[M]. Chicago: Rand McNally，1963.

[12]GOLD SMITH, WILLIAM DE. Governing by Network: The

New Shape of the Public Sector[M]. Washington DC : Brookings Institution Press,2004.

[13]Helen Sullivan and Chris Skelcher. Working across Boundaries: Collaboration in Public Services[M]. Basingstoke: Palgrave Macmillan,2002.

[14] Peters，G. .American Public Policy[M]. Basingstoke : Macmillan，1986.

[15]Schmitt，P C.. Neo-corporatism and the State[A], in The Political Economy of Corporatism[C], edited by Wyn Grant. London: Macmillan,1985.

[16]Nohria, N.& Eccles, R.G. Face-to-Face: Making Network Organizations Work[A]. In N. Nohria & R. G. Eccles (Eds.), Networks and Organizations: Structure, Form, and Action[C]. Boston: Harvard Business School Press,1992.

[17]DiMaggio. P. Nadel's Paradox Revisited: Relational and Cultural Aspects of Organizational Structure[A]. In N. Nohria &R. G. Eccles (Eds.) Networks and Organizations: Structure, Form, and Action[C]. Boston: Harvard Business School Press,1992.

[18]Nohria, N..Is a Network Perspective a Useful Way of Studying Organizations? [A]. In N. Nohria & R. G. Eccles (Eds.) Networks and Organizations: Structure, Form, and Action[C]. Boston: Harvard Business School Press,1992.

[19]Kooiman J., Governance and Governability: Using Complexity, Dynamics and Diversity[A]. Kooiman J. (ed.) Modern Governance: New Government-Society Interactions[C]. London: Sage Publications,1993.

[20]Polanyi, K., The economy as instituted process[A]. In Polanyi, K., Arensberg, C.& Pearson, H. (eds.）, Trade and Market in the Early Empires[C], New York: Free Press, 1957.

[21]Powell, W.W. Neither Market nor Hierarchy: Network Forms

of Organization[A]. In B. M. Staw & L.L. Cummings (Eds.), Research in Organizational Behavior[C]. Greenwich, CT: JAI Press.1990(12).

[22]Hakansson, H., Sharma, D.D.. Strategic Alliances in a Network Perspective[A]. In Dawn Iacobucci, (eds.), Networks in Marketing[C]. California: Sage Publications, 1996.

[23]Grandori, A.. Preface[A]. In Massimo G. Colombo, (eds.), The Changing Boundaries of The Firm: Explaning Evolving Interfirm Relations[C]. London and New York: Routledge, 1998.

[24]John C. Explaining coordination networks in collaborative partnerships[C]. West Political Science Association Annual Conference,2010(3).

（六）英文期刊文章

[1]Panitch, Fred C.. Recent Theorizing of Corporatism: Reflections on a Growth Industry[J] British Journal of Sociology,1980(31):159−187.

[2]Benassi, M.. Governance Factors in a Network Process Approach[J]. Scandinavian Journal of Management, 1995, 11(3):269−281.

[3]MCGUIRE M. Collaborative Public Management: Assessing What We know and How We Know It[J].Public Administration Review,2006,66(s1):33−43.

[4]Eva Sørensen, Jacob Torfing. Making Governance Networks Effective and Democratic through Meta−governance[J]. Public Administration，2009(2):234−258.

[5]Schout Adriaan, Andrew Jordan. Co−ordinated European Governance: self−Organizing or Centrally Steered[J]. Public Administration,2005,83(1):201−220.

[6]Sørensen E, Torfing J. The Democratic Anchorage of Governance Networks[J]. Scandinavian Political Studies, 2005, 28(3):195−218.

[7]Jessop Bob. The Rise of Governance and the Risks of Failure: the Case of Economic Development[J]. International social science Journal,1998,50(1):29−45.

[8]Robyn K, Mandell M, Brown K. Network Structures: Working

Differently and Changing Expectations[J]. Public Administration Review, 2004, 64(3): 363−371.

[9]Jones, C., Hesterly, W.S., and Borgatti, S. P.. A General Theory of Network Governance: Exchange Conditions and Social Mechanisms[J]. The Academy of Management Review,1997,22(4):911−945.

[10]Gulati, R.. Alliances and Networks[J]. Strategic Management Journal,1998, 19 (4):293−317.

[11]Sørensen E, Torfing J. The Democratic Anchorage of Governance Networks[J]. Scandinavian Political Studies, 2005, 28(3):195−218.

[12]Klijn E H. Governance and governance networks in Europe: An assessment of ten years of research on the theme[J]. Public management review, 2008, 10(4): 505−525.

[13]George A. Jr. Hillery. Definitions of Community: Areas of Areas of Agreement [J]. Rural Sociology, 1955(20):111−124.

[14]R. Rhodes, The new governance: governing without government[J]. Political Studies, 1996 (44):652−667.

[15]KEES VAN KERSBERGEN & FRANS VAN WAARDEN. 'Governance' as a bridge between disciplines: Cross−disciplinary inspiration regarding shifts in governance and problems of governability, accountability and legitimacy[J]. European Journal of Political Research,2004(2):143−171.

[16]O'TOOLE, LAURENCE J. Treating Networks Seriously: Practical and Research Based Agendas in Public Administration [J]. Public Administration Review, 1997 (1): 45−52.

[17]Skelcher, C., Mathur ,N. and Smith, M. . The Public Governance of Collaborative Spaces: Discourse, Design and Democracy[J]. Public Administrati on,2005,83(3):573−596.

[18]Johanson J, Mattsson L G. Marketing Investments and Market

Investments in Industrial Networks[J]. International Journal of Research in Marketing, 1985,2(3):185−195.

（七）学位论文

Wilson E. Towards Accountability in Democratic Network Governance[D]. Dalhousie University, 2015.

（八）报告

[1]Wood Me. Making the Global Challenge of Community Participation in Eco−tourism: Case Studies & Lessons from Ecuador[R].Washington DC: The Nature Conservancy,1998.

[2]United Nations. Popular Participation as A Strategy for Promoting Community Level Action and National Development. New York.1981.

[3]Tang S Y, Daniel A M. Collaborative governance approached through theory[R]. 2009(12).